思想的・睿智的・獨見的

經典名著文庫

學術評議

丘為君　吳惠林　宋鎮照　林玉体　邱燮友
洪漢鼎　孫效智　秦夢群　高明士　高宣揚
張光宇　張炳陽　陳秀蓉　陳思賢　陳清秀
陳鼓應　曾永義　黃光國　黃光雄　黃昆輝
黃政傑　楊維哲　葉海煙　葉國良　廖達琪
劉滄龍　黎建球　盧美貴　薛化元　謝宗林
簡成熙　顏厥安（以姓氏筆畫排序）

策劃　楊榮川

五南圖書出版公司 印行

經典名著文庫

學術評議者簡介（依姓氏筆畫排序）

- 丘為君　美國俄亥俄州立大學歷史研究所博士
- 吳惠林　美國芝加哥大學經濟系訪問研究、臺灣大學經濟系博士
- 宋鎮照　美國佛羅里達大學社會學博士
- 林玉体　美國愛荷華大學哲學博士
- 邱燮友　國立臺灣師範大學國文研究所文學碩士
- 洪漢鼎　德國杜塞爾多夫大學榮譽博士
- 孫效智　德國慕尼黑哲學院哲學博士
- 秦夢群　美國麥迪遜威斯康辛大學博士
- 高明士　日本東京大學歷史學博士
- 高宣揚　巴黎第一大學哲學系博士
- 張光宇　美國加州大學柏克萊校區語言學博士
- 張炳陽　國立臺灣大學哲學研究所博士
- 陳秀蓉　國立臺灣大學理學院心理學研究所臨床心理學組博士
- 陳思賢　美國約翰霍普金斯大學政治學博士
- 陳清秀　美國喬治城大學訪問研究、臺灣大學法學博士
- 陳鼓應　國立臺灣大學哲學研究所
- 曾永義　國家文學博士、中央研究院院士
- 黃光國　美國夏威夷大學社會心理學博士
- 黃光雄　國家教育學博士
- 黃昆輝　美國北科羅拉多州立大學博士
- 黃政傑　美國麥迪遜威斯康辛大學博士
- 楊維哲　美國普林斯頓大學數學博士
- 葉海煙　私立輔仁大學哲學研究所博士
- 葉國良　國立臺灣大學中文所博士
- 廖達琪　美國密西根大學政治學博士
- 劉滄龍　德國柏林洪堡大學哲學博士
- 黎建球　私立輔仁大學哲學研究所博士
- 盧美貴　國立臺灣師範大學教育學博士
- 薛化元　國立臺灣大學歷史學系博士
- 謝宗林　美國聖路易華盛頓大學經濟研究所博士候選人
- 簡成熙　國立高雄師範大學教育研究所博士
- 顏厥安　德國慕尼黑大學法學博士

經典名著文庫175

邏輯研究　第一卷

純粹邏輯學導引

Logische Untersuchungen Erster Band

Prolegomena zur reinen Logik

埃德蒙德・胡塞爾（Edmund Gustav Albrecht Husserl）著

倪梁康 譯、導讀

經典永恆・名著常在

五十週年的獻禮・「經典名著文庫」出版緣起

總策劃 楊榮川

五南，五十年了。半個世紀，人生旅程的一大半，我們走過來了。不敢說有多大成就，至少沒有凋零。

五南忝爲學術出版的一員，在大專教材、學術專著、知識讀本出版已逾壹萬參仟種之後，面對著當今圖書界媚俗的追逐、淺碟化的內容以及碎片化的資訊圖景當中，我們思索著：邁向百年的未來歷程裡，我們能爲知識界、文化學術界做些什麼？在速食文化的生態下，有什麼值得讓人雋永品味的？

歷代經典・當今名著，經過時間的洗禮，千錘百鍊，流傳至今，光芒耀人；不僅使我們能領悟前人的智慧，同時也增深加廣我們思考的深度與視野。十九世紀唯意志論開創者叔本華，在其〈論閱讀和書籍〉文中指出：「對任何時代所謂的暢銷書要持謹愼的態度。」他覺得讀書應該精挑細選，把時間用來閱讀那些「古今中外的偉大人物的著作」，閱讀那些「站在人類之巓的著作及享受不朽聲譽的人們的作品」。閱讀就要「讀原著」，是他的體悟。他甚至認爲，閱讀經典原著，勝過於親炙教誨。他說：

「一個人的著作是這個人的思想菁華。所以，儘管一個人具有偉大的思想能力，但閱讀這個人的著作總會比與這個人的交往獲得更多的內容。就最重要的方面而言，閱讀這些著作的確可以取代，甚至遠遠超過與這個人的近身交往。」

爲什麼？原因正在於這些著作正是他思想的完整呈現，是他所有的思考、研究和學習的結果；而與這個人的交往卻是片斷的、支離的、隨機的。何況，想與之交談，如今時空，只能徒呼負負，空留神往而已。

三十歲就當芝加哥大學校長、四十六歲榮任名譽校長的赫欽斯（Robert M. Hutchins, 1899-1977），是力倡人文教育的大師。「教育要教眞理」，是其名言，強調「經典就是人文教育最佳的方式」。他認爲：

「西方學術思想傳遞下來的永恆學識，即那些不因時代變遷而有所減損其價值的古代經典及現代名著，乃是眞正的文化菁華所在。」

這些經典在一定程度上代表西方文明發展的軌跡，故而他爲大學擬訂了從柏拉圖的《理想國》，以至愛因斯坦的《相對論》，構成著名的「大學百本經典名著課程」。成爲大學通識教育課程的典範。

歷代經典．當今名著，超越了時空，價値永恆。五南跟業界一樣，過去已偶有引進，但都未系統化的完整舖陳。我們決心投入巨資，有計劃的系統梳選，成立「經典名著文庫」，希望收入古今中外思想性的、充滿睿智與獨見的經典、名著，包括：

- 歷經千百年的時間洗禮，依然耀明的著作。遠溯二千三百年前，亞里斯多德的《尼各馬科倫理學》、柏拉圖的《理想國》，還有奧古斯丁的《懺悔錄》。
- 聲震寰宇、澤流遐裔的著作。西方哲學不用說，東方哲學中，我國的孔孟、老莊哲學，古印度毗耶娑（Vyāsa）的《薄伽梵歌》、日本鈴木大拙的《禪與心理分析》，都不缺漏。
- 成就一家之言，獨領風騷之名著。諸如伽森狄（Pierre Gassendi）與笛卡兒論戰的《對笛卡兒沉思錄的詰難》、達爾文（Darwin）的《物種起源》、米塞斯（Mises）的《人的行爲》，以至當今印度獲得諾貝爾經濟學獎阿馬蒂亞．

森（Amartya Sen）的《貧困與饑荒》，及法國當代的哲學家及漢學家余蓮（François Jullien）的《功效論》。

梳選的書目已超過七百種，初期計劃首爲三百種。先從思想性的經典開始，漸次及於專業性的論著。「江山代有才人出，各領風騷數百年」，這是一項理想性的、永續性的巨大出版工程。不在意讀者的眾寡，只考慮它的學術價值，力求完整展現先哲思想的軌跡。雖然不符合商業經營模式的考量，但只要能爲知識界開啓一片智慧之窗，營造一座百花綻放的世界文明公園，任君遨遊、取菁吸蜜、嘉惠學子，於願足矣！

最後，要感謝學界的支持與熱心參與。擔任「學術評議」的專家，義務的提供建言；各書「導讀」的撰寫者，不計代價地導引讀者進入堂奧；而著譯者日以繼夜，伏案疾書，更是辛苦，感謝你們。也期待熱心文化傳承的智者參與耕耘，共同經營這座「世界文明公園」。如能得到廣大讀者的共鳴與滋潤，那麼經典永恆，名著常在。就不是夢想了！

二〇一七年八月一日 於

五南圖書出版公司

導讀

浙江大學哲學系教授　倪梁康

胡塞爾的《邏輯研究》一書共分兩卷，第一卷《純粹邏輯學導引》發表於一九○○年；第二卷《現象學與認識論研究》發表於一九○一年，由六項研究組成，前五項研究構成第二卷的第一部分，第六項研究單獨構成第二卷的第二部分。全書的德文原版共有一千三百多頁。一九一三年，經胡塞爾本人做了較大程度的修改之後，《邏輯研究》又發行了第二版。

海德格和胡塞爾本人都將《邏輯研究》稱之爲現象學的「突破性著作」。[1]直至今日，這部著作始終被公認爲是胡塞爾現象學的最重要著作，並且被普遍視爲是哲學自近代以來最重要的創作之一。其原因在於，這部著作不僅在很大程度上規定了胡塞爾的同時代人，如：海德格、舍勒、尼古拉．哈特曼、沙特、梅洛－龐蒂、英加登、古爾維奇、舒茲等一大批重要哲學家的思維方向，而且它的作用已經遠遠超出了哲學領域。用比利時魯汶大學胡塞爾文庫的教授、著名現象學家魯道夫．貝奈特（Rudolf Bernet）博士的話來說：「這部著

1　參閱海德格：《存在與時間》，圖賓根，一九七九年，第三十八頁。中譯本：陳嘉映、王慶節譯，北京，一九八七年，第四十八頁。參閱胡塞爾：《邏輯研究》，第一卷，「第二版前言」。

作的影響幾乎是無法界定的：從新康德主義、現象學基礎本體論和早期結構主義語言學，到當今語言哲學和認知心理學所提出的問題上，它的影響無處不在。」[2]所以，如果說這部著作提供了理解二十世紀西方哲學或西方思維的基礎，那麼這絕不誇張。就目前而言，西方哲學界一方面有愈來愈多人看到現象學分析和當代語言分析哲學之間所具有的親和力，另一方面有愈來愈多的現象學家和非現象學家開始拒絕在胡塞爾後期思想中所形成的現象學觀念主義，在這種情況下，胡塞爾的這部早期著作所引起的興趣和關注便愈來愈大。

與他的哲學研究一樣，胡塞爾在發表著述方面對自己也要求極嚴。他生前發表的著作與他一生寫下的手稿相比，可以說是微乎其微的。[3]並且，除了《邏輯研究》之外，其他著作幾乎都是現象學的引論性著作。[4]與其他著作相比，《邏輯研究》在這樣兩個方面表現得最爲清晰：一方面是胡塞爾的特殊思維方式，另一方面是他的具體操作方法。換言之，《邏輯

---

2 貝奈特：《哲學著作辭典》，斯圖加特，一九八八年，第四二五頁。

3 即使加上在他去世後由一批現象學家根據其手稿整理發表、現已出至第二十八卷（目前已出至第四十三卷——補記）的《胡塞爾全集》，目前我們所能看到的胡塞爾著述也只占他寫下的全部手稿的極小一部分。

4 由海德格整理出版的《內時間意識現象學》（哈勒，一九二八年。中譯本：倪梁康譯，北京，二〇一〇年／臺北，二〇二二年）是一個例外。而按照胡塞爾的意圖、由胡塞爾的助手蘭德格雷貝根據胡塞爾手稿整理，並由胡塞爾本人審閱過的《經驗與判斷》（布拉格，一九三九年。中譯本：鄧曉芒、張廷國譯，北京，一九九九年），雖然也是一部非引論性著作，但可惜卻未能在胡塞爾去世前出版。

研究》一方面可以引導人們進入胡塞爾的思維體系，另一方面，它又以極爲具體的方式表現了胡塞爾的「工作哲學」；因此，在這兩方面，尤其在後一個方面，《邏輯研究》的作用是胡塞爾生前發表的其他著作所無法比擬的。

這裡發表的是《邏輯研究》第一卷的中文譯本《純粹邏輯學導引》。此卷的前十章主要是胡塞爾對當時在哲學領域占主導地位的心理主義（這也是他自己過去的立場）各種表現形式的批判。胡塞爾在這裡反對任何從心理學的認識論出發來對邏輯學進行論證的做法。這些批判在當時結束了心理主義的統治，而且在今天，無論人們把邏輯定理視爲是分析的還是綜合的，這些批判仍然還保持著它們的有效性。可以說，隨著這一卷的發表，心理主義這種形式的懷疑論連同有關心理主義的討論在哲學史上最終被歸入了檔案。

第十一章「純粹邏輯學的觀念」是連結《邏輯研究》第一卷和第二卷的關鍵。只要認眞研究這一章，那種認爲第一卷和第二卷相互矛盾的假象便會消除。這種假象甚至連海德格在初讀《邏輯研究》時也未能避免：「這部著作的第一卷發表於一九〇〇年，它證明關於思維和認識的學說不能建立在心理學的基礎上，以此來反駁邏輯學中的心理主義。但在次年發表的、篇幅擴充了三倍的第二卷中，卻含有對意識行爲的描述，這些行爲對於認識構成來說是根本性的。因而這裡所說的還是心理學。……由此看來，隨著他對意識現象所進行的現象學描述，胡塞爾又回到了恰恰是他原先所反駁的心理主義立場上。」[5] 海德格每一個初次接觸胡塞爾思想的人，如果他不是特別關注第十一章的內容，恐怕都會得出這種印象。

當然，胡塞爾在《邏輯研究》第一版發表時的思想還不十分成熟，這從第一版和第二版的差異中可以看出，因而他的闡述在某種程度上導致了這種假象的形成。在《邏輯研究》的「第二版前言」中，有兩點須特別注意：

一、胡塞爾認爲，《導引》的第一版「無法完全把握『自在眞理』的本質」，「『自在眞理』的概念過於單一地偏向於『理性眞理』」。

二、胡塞爾指出，《邏輯研究》第一版的第二卷「未能充分顧及到『意向活動』與『意向相關項』之間的區別和平行關係」，「只是片面地強調了意向活動的含義概念，而實際上在某些重要的地方應當對意向相關項的含義概念做優先的考察」。這兩個說明當然也涉及《導引》第十一章中的內容。

儘管如此，胡塞爾思想發展的整個脈絡是不難把握的：在《邏輯研究》第一卷對心理主義所做的批判中，胡塞爾一方面指出心理主義的最終結果是懷疑論，另一方面則說明心理主義的根本問題在於混淆了心理學的對象——判斷行爲和邏輯學的對象——判斷內容。因

---

5 海德格：〈我進入現象學之路〉，載於《面向思的事情》，圖賓根，一九六九年，第八十一頁。中譯本：孫周興、陳小文譯，北京，一九九九年，第九十二頁。

而，對於心理主義來說，判斷內容的客觀性「消融」在判斷行為的主觀性之中，換言之，「眞理消融在意識體驗之中」，這樣，儘管心理主義仍在談論客觀的眞理，「建立在其超經驗的觀念性中的眞理的眞正客觀性還是被放棄了。」[6] 這裡須注意胡塞爾對眞理概念的規定：眞理是建立在超經驗的觀念性中的東西。因此，胡塞爾在這裡所反對的是心理主義用體驗的經驗實在的主觀性，來取代觀念可能性意義上的眞理客觀性的做法。但他並沒有因此而否認意識體驗、判斷行為的「眞理」可以具有客觀性。恰恰相反，胡塞爾一再強調的意識行為與對象的「相即性」，這也就是傳統哲學意義上的「事物與智性的一致」。甚至他還批評心理主義者說：「這些人相信能區分純主觀的和純客觀的眞理，因為他們否認關於自身意識體驗的感知判斷具有客觀性特徵：就好像意識內容的為我的存在並不同時也是自在的存在一樣；就好像心理學意義上的主觀性與邏輯學意義上的客觀性是相互對立的一樣！」[7] 以為意識內容的為我的存在並不同時也是自在的存在，這種做法取消了意識對象所依據的客觀的觀念可能性，取消了自在的、客觀眞理，這是心理主義的過失之一；主張心理學意義上的主觀性與邏輯學意義上的客觀性相互對立，這種做法又抹殺了意識行為所依據的客觀的觀念可能性，取消了意識行為的自在、客觀眞理，這是心理主義的過失之二。只要我們看到，判斷行

6 參閱本書第39節中對西格瓦特的批判。

7 參閱本書第35節中的第一個注釋。

爲的眞理客觀性和判斷內容的眞理客觀性完全可以達到一致，因爲它們都是獨立於經驗實體的觀念可能性，那麼心理主義的謬誤便不會再有市場。胡塞爾在第十一章中所陳述的便是這個思想：「一方面是實事之間的聯繫，這些實事意向地關係到思維體驗（現實的和可能的思維體驗）；另一方面是眞理之間的聯繫，在這種聯繫中，實事的統一本身獲得其客觀有效性。前者與後者是一同先天地被給予的，是相互不可分開的。」[8]可以說，作爲認識行爲的實事構成純粹心理學這門本質的（或先天的、觀念的）科學的對象、作爲認識對象的眞理構成最廣泛意義上的純粹物理學這門本質的（或先天的、觀念的）科學的對象。而對所有這些觀念可能性的形式進行研究的學說就可以被稱之爲「純粹邏輯學」，它「最普遍地包含著科學一般的可能性的觀念條件」。[9]

在《邏輯研究》第一版第二卷中，胡塞爾甚至偏重於研究判斷行爲的眞理客觀性，偏重於純粹心理學的研究，這也就是他後來所說的對意向相關項的含義概念的「片面強調」所在。但這裡所說的「純粹心理學」已經不是指關於人的實在心理本質的學說，而是一門關於純粹意識活動的觀念可能性的學說，一門「現象學的心理學」了。

胡塞爾對《邏輯研究》第一版的反思是在十三年之後，這期間他的思想已由「現象學心

8　參閱本書第62節的開始部分。

9　參閱本書第72節的開始部分。

理學」發展到「超越論現象學」。顯然是在超越論現象學的立場上，他才認爲，在《邏輯研究》第一版中，「自在眞理」的概念過於單一地偏向於「理性眞理」，「意向活動的含義概念」相對於「意向相關項的含義概念」得到了過多的強調。因爲在《邏輯研究》第一卷發表後的六、七年中，關於「構造」的想法就已趨成熟，「對象在意識中的構造」問題已經進入胡塞爾思想的中心。在這種情況下，他對《邏輯研究》第一版的上述感覺便不足爲奇了。胡塞爾這時所考慮的不僅僅是意識活動的觀念性或客觀性，而且更多地是考察作爲意識活動之結果的意向對象的觀念性或客觀性。這樣，借助於先驗還原的方法，一個包容整個意向活動（意識的實項內容）和意向相關項（意識的意向內容）於一身的先驗觀念主義體系便建立了起來。智性與事物的相即性在先驗現象學中表現爲在意識之中意識活動與它所構造的意向對象的一致性。主觀性和客觀性的對立則表現爲心理體驗的經驗實在性與純粹意識的觀念可能性之間的對立。從這個角度上來看，胡塞爾這時倒比《邏輯研究》第一版第二卷更像是回到了心理主義的立場，以至於他這時所主張的看起來恰恰便是他原先在《邏輯研究》第一版第一卷中所反對的，即：「存在在意識中消融」，「客觀性在現象中顯現出來」；[10] 以至於科隆大學胡塞爾文庫主任伊莉莎白·施特雷克教授甚至問道：「先驗現象學本身是否終究還是

10 參閱比梅爾：〈出版者前言〉，載於胡塞爾：《現象學的觀念》，倪梁康譯，上海譯文出版社，一九八六年，第二頁和第四頁。

一門心理學，即一門對心理之物的構造所做的先驗研究，並且最後是對先驗意識的自身構造的先驗研究？」[11]當然，在經過上述對胡塞爾思維發展的反思之後，我們可以看出，他的思路不是一種回復，而是一種向更高層次的邁進，或者至少可以說是一種向更高層次邁進的企圖：由《邏輯研究》第一版第一卷（一九〇〇年）對判斷行為和判斷內容兩者的觀念可能性或客觀性的強調，到《邏輯研究》第一版第二卷（一九〇一年）對意識活動的觀念可能性的關注和偏重，最後達到在與《純粹現象學和現象學哲學的觀念》（一九一三年）處於同一層次的《邏輯研究》第二版（一九一三年）中對一種構造著意向相關項的意向活動所具有的先驗觀念性的主張。這時的「純粹」概念不只是指相對於經驗事實而言的觀念性，而且還意味著相對於實在世界而言的先驗性。胡塞爾這時才達到了他所希望達到的澈底性：一種絕對的觀念主義，一種澈底的反心理主義和反人類主義（反種類懷疑主義）。

這裡還有三點需要補充說明：

一、儘管前面我的論述目的主要在於介紹這裡發表的《邏輯研究》第一卷的大致內容，並建議讀者關注第十一章的論題，但我的論述本身卻不得不超出這一卷的範圍。

二、我前面的論述一再區分第一版《邏輯研究》（即胡塞爾在一九〇〇年的思想）和第

11　施特雷克：〈現象學與心理學——它們在胡塞爾哲學中的關係問題〉，載於德國，《哲學研究雜誌》，第三十七卷，一九八三年，第十九頁。

二版《邏輯研究》（即他在一九一三年的思想），因為第二版由於胡塞爾的修改而與第一版的內容有很大偏離，正如康德《純粹理性批判》的第一版和第二版不盡相同一樣。現在通常見到的《邏輯研究》單行本是由最初出版胡塞爾著作的馬克斯．尼邁耶出版社（德國，圖賓根）提供的，它只是《邏輯研究》一九一三年第二版的再印，因而從中無法顯示出胡塞爾在一九〇〇年至一九一三年這段時間的思想變化。這個缺陷直到一九七五年和一九八四年由內伊霍夫出版社（荷蘭，海牙）分別出版了作為《胡塞爾全集》第十八、十九卷的《邏輯研究》校勘版之後才得以彌補。在這兩卷《邏輯研究》的校勘版中，編者極為仔細地標出了第一版和第二版之間的所有細微差異，為讀者提供了解胡塞爾這一期間思維歷程的可能。

這裡的中文翻譯是根據《邏輯研究》的校勘版進行，雖然這付出很大的精力，但從前面的理由來看，卻是值得一做的。《邏輯研究》的日文譯本在一九六八年至一九七六年間便已分四卷問世，後來卻因不能表現第一、二版的區別而須重譯。《邏輯研究》的中文翻譯則可以免走這一彎路。

三、在理解或論述胡塞爾思想時，我們常常會遇到術語方面的困難。這一方面是因為像「純粹」、「現象」、「眞理」、「先天」、「觀念」等等這些常用的哲學概念被胡塞爾賦予一種或多種新的含義；另一方面的原因則在於，胡塞爾本人還創造了一批新的術語，如「意向活動」、「意向相關項」、「明見性」、「埃多斯」、「越度」等等。讀者在閱讀本書時，會先遇到這方面的困難。我在翻譯的過程中盡可能對一些現象學的中心概念做出解釋，但翻譯的性質和篇幅決定了我不可能將這些概念進行較為完善的說明。這項工作將由我正在撰寫的《現象學概念——含義、起源、發展、中譯》（暫定名）一書來完成（已作為《胡塞爾現象學概念通釋》於一九九九年由三聯書店出版，並於二〇〇七年再版。繁體字版於二〇一二年由五南圖書出版股份有限公司出版。——補記）。

這部著作的翻譯大部分是我在德國弗萊堡大學和比利時魯汶大學留學期間完成的。借此機會，我想在此對幾位為《邏輯研究》中譯本出版提供幫助的師長和朋友致以誠摯的謝意。首先要感謝魯汶大學胡塞爾文庫主任、教授山姆·艾斯林（Samuel IJsselin）博士、魯汶大學胡塞爾文庫教授魯道夫·貝奈特博士和烏爾里希·梅勒（Ullrich Melle）博士。在我計畫翻譯《邏輯研究》的一開始，他們就盡其可能提供我精神上、學術上和資料方面的支持。弗萊堡教育學院教授弗蘭茲·菲爾澤（Franz Filser）博士和弗萊堡大學胡塞爾文庫的漢斯－雷納·塞普（Hans-Rainer Sepp）先生在翻譯上指導我並為我查詢各種資料，對此我深表謝意！這裡還要感謝蘇黎世大學教授埃爾瑪·霍倫斯坦（Elmar Holenstein）博士和日本東京大學教授渡邊二郎博士，他們贈送的日文譯本《邏輯研究》（四卷）和《純粹現象學和現象學哲學的觀念》（二卷）使我有可能參考日文譯名做出翻譯上的選擇。

特別要感謝的是瑞士伯恩大學的現象學家和漢學家耿寧博士（Iso Kern），他為《邏輯研究》的中文翻譯所做的一切，在這裡是無法盡述的！

一九九二年二月於南京

第一卷凡例

一、本書根據瑞士現象學家霍倫斯坦編輯，海牙馬爾蒂努斯．內伊霍夫出版社於一九七五年出版的《胡塞爾全集》第十八卷（即《邏輯研究》第一卷）譯出。這一版本實爲《邏輯研究》的校勘版（見〈導讀〉），因而其中標出經胡塞爾修改過的《邏輯研究》第二版（一九一三年出版，以下簡稱B版）與第一版（發表於一九〇〇年，以下簡稱A版）的差異。B版中增添的部分以及不同於A版的部分，在譯文中以楷體字呈現，並在方括號的注文中再現A版的原文。這類校勘性的注釋以方括號[1]標明，作爲注腳附在當頁。而B版中的其他注則以阿拉伯數字1標明，亦作爲注腳附在當頁。

二、在胡塞爾所用引文中，由他本人附加的文字仍以［ ］符號標出。

三、原著中雖無，但由於翻譯上或說明上的原因而不得不加的文字以〔 〕符號標出。

四、重要的現象學概念、術語亦直接在譯文後用（ ）符號標出原文並收在附後的「概念索引」中備考。

五、書中出現的所有人名連同原文收在附後的「人名索引」中備考。

六、書中出現的所有書名連同原文收在附後的「參考文獻」中備考。

七、各「索引」中的頁碼（如A1／B1）分別爲胡塞爾原著第一版（一九〇〇年）和第二版（一九一三年）的頁碼，這些頁碼在校勘版（一九七五年）中以邊碼的形式標出，在本譯文中也以邊碼的形式標出。

＊編按：「想像」一詞在胡塞爾現象學概念中，與一般含義有所不同。爲區別胡塞爾使用不同詞語表達意義基本相同的概念，本書譯者將「Imagination」、「Phantasie」（含相關詞）分別譯作「想像」與「想象」（可參見譯者《胡塞爾現象學概念通釋》〔臺北，五南圖書，二〇二二年〕頁二三七、三五二說明）。尊重作／譯者區別使用義近詞語原則，本書分別使用「想像」與「想象」。

目次

第五章　對邏輯原理的心理主義詮釋　173

第六章　心理主義對三段論的說明。推理公式和化學公式　201

第一卷編者引論

《邏輯研究》是胡塞爾發表的第二部著作。在它之前是《算術哲學》的第一卷，[1]而《算術哲學》的第二卷從未出版過。《邏輯研究》的德文版在胡塞爾生前一共出了四版。第一版產生於一九〇〇年（第一部分）和一九〇一年（第二部分），「加工後的」第二版產生於一九一三年（第一卷和第二卷的第一部分）以及一九二一年（第二卷的第二部分）。除了修改幾個印刷錯誤之外，一九二二年和一九二八年的另外兩版都是對第二版的未作更動的重印。此外，經胡塞爾授權，一九〇九年出版了第一版第一部分的俄譯本，一九二九年出版了第二版的西班牙譯本。[2]

1 參閱《胡塞爾全集》，第十二卷。

2 文獻資料方面可以參閱後面第二六五頁以後的「文字考證附錄」（中譯本未列出「文字考證附錄」，以下均同。——中譯注）。——爲了避免複雜化，我們在這篇引論中會同樣將第一版的兩個「部分」，亦即在第二版中的兩「卷」標示爲「第一卷或第二卷」。此外，我們在這裡的這個版本中用標號A來稱呼第一版，用標號B來稱呼第二版，B_1和B_2則分別是指第二版的第一卷和第二卷。其他的符號和標號可以參閱後面「文字考證附錄」的第二八九頁。

對於在《胡塞爾全集》框架內的這個《邏輯研究》文本校勘新版本，魯汶胡塞爾文庫和
科隆胡塞爾文庫的主任們一致認爲，要嚴格地區分胡塞爾自己發表並經過一再編輯而核准的
文字與其他的文字：手稿文檔、在胡塞爾自藏本中的批注、在加工方面的草稿和補充性的附
件等等。[3]首先是由胡塞爾自己發表的文字，即除了《邏輯研究》的文字本身以外，唯有第 XII
一版的兩個「作者本人告示」以單獨和並列的方式被收入這個校勘的新版本。

這裡選擇了第二版的文字作爲這個新版本的基礎文本，這是胡塞爾經過一再編輯而確定爲最終意願的文本。同時也顧及到了第三版對印刷錯誤的修改。與第一版的偏差在注腳中得到標明。這裡的《胡塞爾全集》第十八卷（*Husserliana* XVIII）同時包含兩個前言、第一卷，以及作爲附錄的第一卷的「作者本人告示」。

下面的引論在對《邏輯研究》的哲學意義和文獻特點做簡短介紹後會提供一個對第一卷的產生史、出版史、接受史的縱觀，它的最後一節將論及第一卷的論題在胡塞爾以後著作中的進一步發展。

---

[3] 這些文字中的一篇後來被胡塞爾最後的助手歐根·芬克以「《邏輯研究》的一個序言的草稿（一九一三年）」爲題發表在《哲學雜誌》（*Tijdschrift voor Philosophie*）第一輯（一九三九年），第一〇六—一三三頁、第三一九—三三九頁上。它關係到一些原初爲引介第二版，而後爲在〈第二版前言〉（B XVI 及後頁）中提到的〈後記〉而寫下的手稿。參閱舒曼的文字考證研究「關於胡塞爾『爲《邏輯研究》所寫的一個〈序言〉的草稿』的研究」，載於《哲學雜誌》，第三十四輯（一九七二年），第五一三—五二四頁。

《邏輯研究》在很大程度上被視爲是胡塞爾的最重要著作。它之所以有如此的聲譽，要歸功於兩個等值的貢獻：一方面，它按其原初目標設定所追求的那樣，論證了邏輯學是一門純粹的、形式的和自主的科學；另一方面，這些原初提出的任務最終導致了向一門新的「認識論」、即現象學的突破。

原初的各個意圖在第一卷和第二卷的引介文字中得到了清楚的表達。[4]第一卷的意圖有三個：其一，將一門純粹邏輯學的觀念分離於對邏輯學的這樣一些理解：理解爲工藝論，即一種技藝學或一種關於科學思維的指南，以及理解爲一門規範科學，它將純粹邏輯學的形式規律轉變爲規範規律（第一章和第二章）；其二，拒絕對那些從意識本性中被構想出來的邏輯規律做心理學的論證，主張從邏輯基本概念的意義出發進行一種認識論的論證（第三章至第十章）；其三，對純粹邏輯學及其基本概念和任務領域做一個臨時的勾畫（第十一章）。純粹邏輯學被定義爲「觀念規律和理論的科學系統，這些規律和理論純粹建基於觀念含義範疇的意義之中」。[5]而後，第二卷在一系列所謂個別研究中提供了對這門純粹邏輯學的認識

4 首先參閱第一卷的〈作者本人告示〉（在這裡參閱第二六一頁及後頁〔「這裡」是指面前這個《邏輯研究》全集本。以下均同。——中譯注〕）。

5 第一卷的「作者本人告示」，第五一二頁（在這裡參閱第二六二頁）。〔這裡的兩個頁碼分別指〈作者本人告示〉原初刊發的刊物（《科學哲學研究季刊》，第二十四期，一九〇〇年，第五一一—五一二頁）的頁碼與面前這個《邏輯研究》全集本的頁碼。以下均同。——中譯注〕

論的，或者說：現象學的澄清和奠基的「前工作」（Vorarbeiten）。

在一九一三年「第二版前言」的一開始，《邏輯研究》就被介紹爲「一部突破性著作，因而它不是一個結尾，而是一個開端」。[6]胡塞爾借「突破」而抓住了一個表達，這個表達在一九一三年前後一再地出現在這樣的語境中。尤其是在書信中，胡塞爾明確無誤地說明了，這種突破究竟是指什麼。

「納托普（在其對第一卷的書評中）正確地注意到，我爲純粹邏輯學設定的目標本質上與康德的認識批判的目標相合。事實上，我在嘗試一種新的認識批判，但我還不完全擁有它。這是一些開端，它們需要在重要的方向上有所進展。」——致阿爾布萊希特（G. Albrecht）的信，一九〇一年八月二十二日。[7]

「還有一點：我曾寫過有關《邏輯研究》方面的文字。至此之後我便扮演邏輯學家的角色。現象學被視爲是某種類似邏輯學的東西。它與邏輯學的關係並不比它與倫理學、美學和所有類似的學科的關係更多。《邏輯研究》提供了一種邏輯現象學的摸索開

---

6 B VIII。

7 所有被引用的書信與書信草稿都可以在魯汶的胡塞爾文庫中找到原本或一個影本。〔現在所有書信已經收入舒曼編輯的《胡塞爾書信集》十卷本（多特雷赫特，一九九四年）出版。——中譯注〕

端：在這裡完成了現象學一般的第一次突破……」——致施普朗格（E. Spranger）一封信的草稿，約一九一八年。[8]

「人們僅僅看到（……）《邏輯研究》的作者，人們僅僅看到，這些研究對前一代人曾是些什麼，而沒有看到，在這些研究中還曾想產生出什麼，以及在我的進一步的工作中已經產生出什麼。這些研究是對形式的和質料的本體論的一種修復，但與此一致地是『超越論的』本體論的一種突破，它們很快成爲超越論地相對化的『現象學』。本體論與實在世界一樣保留了它們的權利；但它們的最終的、具體完整的（超越論的）意義得到了揭示。接下來（在出版《觀念》時就已經走到了這一步！），我只想對一門超越論的主體性學說，而且是交互主體性的學說進行系統的論證，而原先對形式邏輯和所有實在本體論所抱有的興趣，現在都已蕩然無存。」——致米施（G. Misch）的信，一九三〇年十一月十六日。[9]

8 現在可以參見《胡塞爾書信集》十卷本，同上書，第六卷，第四二〇頁。——中譯注

9 在狄梅爾（A. Diemer）的《埃德蒙德．胡塞爾》的修改後的第二版（邁森海姆／格蘭河畔，一九六五年，第三八二頁及後頁）中得到付印。〔現在可以參見《胡塞爾書信集》十卷本，同上書，第六卷，第二八二頁。——中譯注〕

在最後兩封信中，現象學相對於那些導向它的形式邏輯學問題而具有的特有的重要性得到表露。相反，在第一卷的「作者本人告示」中，胡塞爾的目光還仍指向從對純粹邏輯學的論證到認識論本身的內在的、前後一致的進展過程。

「人們可以說，對邏輯學進行一種認識論的澄清，這個任務與對思維與認識的批判澄清，亦即與認識論本身是相合的。」[10]

就文獻方面而言，《邏輯研究》在胡塞爾的著述中也具有一個特殊的位置。根據他自己的證言，《觀念》第一卷，亦即對他哲學而言的第二部奠基之作的撰寫，「是在六個星期內、沒有作為底本的草稿、於如痴如夢狀態中完成的」。[11]據說後期的著述《形式的與超

10 參閱第五二二頁（在這裡參閱第二六二頁）。

11 致梅茲格（A. Metzger）的信，一九一九年九月四日；參閱（唯一授權的）付印的：科哈克（E. V. Kohak）：「埃德蒙德·胡塞爾：一封致阿諾德·梅茲格的信」，《哲學論壇》，第二十一期（一九六三／一九六四年），第四十八—六十八頁。對此參閱舒曼（K. Schuhmann）：《純粹現象學與現象學哲學。關於胡塞爾〈觀念〉第一卷的歷史—分析專論》，《現象學叢書》（Phaenomenologica）第五十七卷，第二頁及後頁。

越論的邏輯學》和《笛卡兒式的沉思》也是以類似的方式完成的。[12]幾十年貫穿在無數手稿中的思考，在最短的時間裡作爲已成熟的結果被寫下來。《邏輯研究》的情況則不同，它們是一些在幾年時間裡不斷展開、直至付印的最後一刻仍在繼續加工的講座手稿和研究手稿，它們並沒有在此過程中變成一個全面思索和修飾過的整體，沒有達到一個「令人滿意的結局」。[13]就其文獻史和形式而言，它可以被視作一種中間文字：既不是上面所說的那些著述，也不是那些在一九二八年首次在海德格編輯並且現在作爲《胡塞爾全集》之一發表的《內時間意識現象學講座》[14]中的講座手稿和研究手稿。

從胡塞爾的書信中又可以看出，由於這些研究未能完成，他爲之而受到的干擾有多大。這些書信同時使人們能夠設想《邏輯研究》在胡塞爾的生活和生活觀中所具有的位置。在一八九七年三月二十九日致納托普的一封信中，他談到「一種朝向合理世界觀的可靠基點的絕望掙扎」。稍前致封．阿尼姆（Arnim）的一封信也表達了同樣的掙扎：

---

12 參閱凱恩斯（D. Cairns）：《與胡塞爾、芬克的交談》，一九三一年十二月二十六日（文稿存於魯汶胡塞爾文庫；準備發表在《現象學叢書》系列中）。〔該書已於一九七五年作爲《現象學叢書》第六十六卷出版。——中譯注〕

13 參閱致梅茲格（A. Metzger）的信，一九一九年九月四日；同上書，第六十三頁。

14 參閱《胡塞爾全集》，第十卷。

「這種朝向一個堅實的支點、朝向一個可靠的基點、朝向一個眞正科學之物（作爲某種不是被發明、被製作的東西，而是作爲自在存在者只能被發現的東西）的頑強掙扎，這種與所有那些從根本上不認爲自身具有客觀束縛力的立場和準理論所做的抗爭——它們決定著我的生活的成功與失敗、幸福與不幸……」——致封．阿尼姆的信，一八九六年十二月二十二日。

即便是在屈從那些將這部準備多年的著作付諸發表的要求時，胡塞爾也無法避免內心的矛盾。但是，看起來最終這種感受還是在他那裡占了上風：他感到已經爲自己和他人獲得了一個堅實的出發點。

「（第二卷）的論述清楚地表明：這些研究根本不適於以這種形式發表，而是應當作爲基礎服務於對一系列相互關聯的認識論主要問題的較爲簡短的、更爲系統的探討。但情況是這樣的：我不能再去考慮有哪些足夠成熟的舉措。這部著作或者只能以現有的方式出版，或者根本就不再能出版。而我可以確定，這些內容有發表的理由，儘管它們的構形還不完善。無論如何，這是一部嚴肅的書，它有可能幫助他人通達那些我至此還不能突進到的目標。此外，我還在繼續工作；我做的認識批判尚未完成；我現在才眞正覺得自己是個開端者。[15]我能夠如此，這就足矣；我相信這是現實的開端，它會允許一種健康的成長；因此，十年後再出一卷新的！」——致納托普的信，一九〇一年五月一日。

「發表《邏輯研究》時，我只是帶著一種痛苦不堪的邏輯良知（因而與我親近的人不得不將它從我這裡勉強地奪走），我雖然不知道爲什麼，但卻感受到：我還不具有完全純粹的哲學基礎，並且還不具有純粹的方法，不具有全面清晰的工作視野。」——致梅茲格的信，一九一九年九月四日。[16]

「而在我的十四年哈勒私人講師時期裡最終產生出了一個開端：《邏輯研究》，它爲我提供了支持和希望。我可以用它來治癒自己了。」——致凱恩斯的信，一九三〇年三月二十一日。

對於胡塞爾的朋友和支持者（首先是斯圖姆夫和里爾[17]）來說，要求胡塞爾發表這些研

---

15 「開端者」的原文是「Anfänger」，基本的意思是「初學者」，但因後面繼續在這個語境中提到「開端」（Anfänge）一詞，故前後連貫地譯作「開端者」。——中譯注

16 參閱致梅茲格的信，一九一九年九月四日；同上書，第六十三頁。也可以參閱致布倫塔諾的信，一九〇五年一月三日。

17 致阿爾布萊希特的信，一八九九年十一月二十一日，轉引自後面第XXX頁，以及一九〇一年八月二十二日。

究的理由之一在於這樣一個希望：可以爲自一八八七年以來作爲私人講師在哈勒大學工作的胡塞爾弄到一個適當的職業位置。當然，由於胡塞爾在與他那個時代的重要邏輯學家們的爭論中無所顧忌，此後爲他提供這方面幫助的意願還是不多。

「我當時眞眞切切不是一個熱衷於顧及公眾和政府的、『追求上進的私人講師』。那樣的人會同時多而頻繁地發表著述。他會在其問題與方法中聽憑時尚的左右，他會在其中盡可能地依據那些有影響、有名望的人（馮特、西格瓦特、埃德曼等等），並且至少會避免對他們做澈底的駁斥。我所做的恰恰與這一切相反，……我幾乎把所有舉足輕重的人物都變成了敵人。而這最後的結果乃是因爲，我爲自己提出問題並且走了我自己的路，……」——致布倫塔諾的信，一九〇五年一月三日。

在完成這個一般性引論之後，以下的闡述將侷限在《邏輯研究》第一卷上。但同時也會繼續留意這兩卷的統一性，這是爲胡塞爾所一再堅持的統一性。它會透過下面對產生史的展開而得到證實。

對統一性的這種強調在（胡塞爾的）兩種傾向之間動搖不定：其一是認爲第一卷中對心理主義的原則反駁需要透過第二卷中對範疇意識的現象學分析來加以補充，其二是認爲第一卷爲對邏輯學進行現象學論證提供了批判性的、從錯誤偏見中開闢出道路的前工作。

「我現在倒是希望，第二卷能夠提供這樣的證明，即我與心理主義的爭論不是一個空洞的原則之爭，不是一個膚淺地繞著實事辯來論去的爭論，而是建基於一個對認識體驗現象學的極爲嚴肅的透澈研究之上。」——致邁農的信，一九〇〇年八月二十七日。[18]

「只有透過一門純粹的現象學——它不是心理學，不是關於動物實在的心理特性和狀態的經驗科學——心理主義才能得到澈底克服。」[19]

「同時代的批評令人驚異地始終沒有看到這兩卷的內在統一，這個統一無非在於對相關性（korrelativ）考察方式的方法原則的實現。但爲了給主—客統一的研究創造一個恰當的起點，首先需要在任何錯誤的主體化面前努力地維護客體的客體性，在這裡是邏輯構成物的客體性。」[20]

18 付印於《哲學書信。選自邁農的學術通信》，金德林格（R. Kindlinger）編，格拉茲，一九六五年，第一百頁。

19 第二卷〈引論〉，$\mathrm{B}_1$7。

20 〈埃德蒙德．胡塞爾〉，載於《哲學辭典》，由豪爾（E. Hauer）、齊根富斯（W. Ziegenfuß）、榮格（G. Jung）修訂，柏林，一九三七年，第六分冊、第四四八頁；參閱這部辭典的完整版，在榮格的參與下由齊根富斯編輯，柏林，一九四九年，第一卷、第五七〇頁（由芬克編審，但由胡塞爾署名的「自述（Selbstdarstellung））。也可以參閱「關於胡塞爾『爲《邏輯研究》所寫的〈序言〉的草稿（一九一三年）』的研究」，同上書，第三一四頁及後頁。

關於產生史

一八八四—一八八七年

胡塞爾於一八八四/一八八五的冬季學期和此後的夏季學期在維也納等地選聽了布倫塔諾的一門課程，它以「基礎邏輯學以及在它之中的必要改造」爲題，討論「一門描述的智識心理學的各個系統連結的基本成分」。[21] 一八九六年十二月二十九日，他從哈勒寫信給布倫塔諾，說他「正在勤奮地使用貝克博士的邏輯學筆錄（『新的和舊的邏輯學』）」。[22]在這同一封信中第一次出現了「邏輯研究」一詞。胡塞爾報告說，他「眼前」所從事的「主要是關於算術的基本概念和原則的邏輯研究以及更高的分析」。

一八八七年夏季學期，胡塞爾在哈勒選聽了斯圖姆夫的講座「哲學的邏輯與百科」。在胡塞爾的遺稿中可以找到這個講座的一段速記筆錄，以及後一年的一份膠版印刷的斯圖姆夫邏輯學—記錄，帶有題詞「贈胡塞爾博士——卡爾．斯圖姆夫〔縮寫〕」。[23]

XVIII

21 參閱〈回憶弗蘭茲．布倫塔諾〉，克勞斯（O. Krauss）：《弗蘭茲．布倫塔諾。連同斯圖姆夫和胡塞爾的文章》，慕尼黑，一九一九年，第一五三、一五七頁。關於布倫塔諾的維也納邏輯學講座可以參閱布倫塔諾：《關於正確判斷的學說》，由邁爾—希勒布蘭特（F. Mayer-Hillebrand）編輯，伯恩，一九五六年。

22 參閱〈回憶弗蘭茲．布倫塔諾〉，同上書，第一五八頁。

23 文庫標號 Q13 和 14。

布倫塔諾和他的學生斯圖姆夫將邏輯學與亞里斯多德相銜接地定義爲一種「工藝論」，並且依據十九世紀英國經驗主義者而判定邏輯學對心理學有一種依賴關係。

「正如我不認爲，邏輯學的技藝連同丈量術並不是從唯一的一個學科獲得其眞理的，而認爲它們更多是從不同的學科獲得其眞理的，同樣，我現在和過去都會毫不遲疑地主張，在理論學科中，心理學與邏輯學的關係最近。」——布倫塔諾致胡塞爾的信，一九〇五年一月九日。[24]

「我們把邏輯學理解爲實踐的認識論、正確判斷的指南。它被視爲是屬於哲學的，因爲它最大部分的前提是從一門哲學科學，即心理學那裡獲得的。」[25]

由胡塞爾的老師們所講授的這種對邏輯學的心理學奠基與他以前的那些數學老師們（埃斯特拉斯所宣導的從心理學引入數學基本概念的觀點相接近。[26]

---

24 付印於布倫塔諾：《眞理與明見性》，克勞斯編，萊比錫，一九三〇年，第一五五頁及後頁。

25 斯圖姆夫：《邏輯學—記錄》，一八八八年：Q13，第一頁。對此參閱一八八七年邏輯學講座中的闡述：Q14，第一—四頁。

26 參閱胡塞爾《算術哲學》的〈編者引論〉，埃萊（L. Eley）撰，《胡塞爾全集》，第二十三卷，第XXIII頁及後頁。

在其一八八七年的教授資格論文中，胡塞爾同意在「近代邏輯」中所提出的觀點，即：
邏輯學的任務是「一門實踐學科（一門正確判斷的工藝論）」[27]的任務，以及心理學是一門 XIX
奠基性的科學。

一八九一年

胡塞爾的第一本書《算術哲學》在與弗雷格的爭論中表達了一種對心理學與數學或邏輯學和認識論之間關係的批判性態度，這個態度一目了然地與斯圖姆夫在同一年的一個出版物中所擺明的中介心理主義和批判主義（即康德式的對先天的維護）的立場相合。[28]胡塞爾對

27《論數的概念》，哈勒/薩爾河畔，一八八七年，第四頁及後頁。這篇教授資格論文作爲在《胡塞爾全集》第十二卷中（第二八九—三三九頁）的補充文字而重新得到付印。——我們引用胡塞爾的著述始終按照各個原本頁碼。

28〈心理學與認識論〉，載於《皇家巴伐利亞科學院哲學—語言學類的論文》，第十九輯（一八九一年），第四六六—五一六頁。關於胡塞爾對這篇文章的回溯（A/B 52）可以參閱第四六八頁：「後面我們將用『批判主義』這個表達來標示那種試圖把認識論從所有心理學基礎中解放出來的認識論觀點，用『心理主義』這個表達（可能是埃德曼首先使用的）來標示那種把所有哲學研究，尤其是也把所有認識論研究回歸爲心理學的做法；……」博伊斯·吉布森（W. R. Boyce Gibson）（參閱〈從胡塞爾到海德格。博伊斯·吉布森一九二八年弗萊堡日記選錄〉，史匹戈博編，載於《不列顚現象學學會評論》，第二輯，一九七一年，第七十頁）似

當時流行的這個哲學派別的心理主義趨向的追求絕非毫無擔心、毫無疑義。他所宣導的是一種仔細反思過的、具有確定範圍的心理主義立場。對於弗雷格的觀點，即心理學無法爲數學的論證作任何貢獻，以及對於弗雷格爲一種純粹邏輯學的奠基所做的辯護，即「將算術奠基於一種形式定義的結論上」的做法，胡塞爾寫道：[29]

乎從與胡塞爾的對話中得出這樣一個印象，即胡塞爾從斯圖姆夫那裡收益「不是很多」。這個印象幾乎禁不起對原始資料的歷史研究。

29 第一三〇頁及後頁。對此參閱斯圖姆夫，同上書，第五〇一頁：「如果我們現在將心理學的特別任務與認識論的特別任務相互對立，那麼我們就只須對幾個已經交織在一起的考察進行擴展。

……對概念起源的研究，無論是對那種帶有絕對內容的概念，還是對那種具有相對內容的概念的研究，都是心理學的一個古老任務。如果我們說，『一個概念不能自爲地被設想，而只能在一個具體的表象中被把握到，只能是以彷彿被埋入到這個表象中的方式，或者，用一種比較有標示性的、類似透過體視術而顯現出來的形象說法：只能透過通常的抽象途徑而被把握到』，而這種說法是正確的，那麼，與那種任務相一致的就是對各個具體的表象進行規定，並且對這些使得相關概念的抽象得以可能的表象的各個因素或變化方式進行最爲仔細的特徵描述……

相反，尋找最普遍的、直接昭然的眞理則是認識論的事情……」

「但人們只能定義邏輯的複合物。一旦我們遭遇那些最終的基本概念，一切的定義 XX
活動就都結束了。沒有人能夠定義這樣的概念，如質性、強度、地點、時間以及如此等等。同樣的情況也適用於那些基本關係和建基於這些關係之上的概念……人們在這種情況中所能做的僅僅在於：指明它們從其中或從其上抽象出來的那些具體現象，並且清楚地揭示這種抽象過程的種類；……因此，人們在對這樣一個概念（……）的語言闡釋方面所能合理要求的僅僅是做出確定：這種闡釋必須適合於將我們置入到一個正確的心境之中，使我們能夠在外感知和內感知中自己取出那些被意指的抽象因素，或者說，使我們能夠在我們心中再造那些爲構成這個概念所必需的心理過程……。這樣一種情況恰恰出現在數的概念那裡，因此我們可以認爲，如果數學家在其體系的頂點不去給出那些數的概念的邏輯定義，而是去『描述人們如何達到這種概念的方式』，那麼就其自身而言，這是根本無可指責的；……」

與其他同時代的關於數的概念的理論不同，胡塞爾在《算術哲學》中明確堅持：並非所 XXI
有「心理學的前提」（例如在時間中的延續）都進入到概念的內容之中。[30]

---

30 第二十四頁及後頁。關於胡塞爾在這幾年中的有限心理主義立場也可以參閱〈論符號邏輯（符號論）〉，一八九〇年，載於《胡塞爾全集》，第十二卷，第三五八頁及後頁，以及施羅德（E. Schröder）的書評：《邏輯代數》，第一卷，萊比錫，一八九〇年：《哥廷根學報》（一八九一年），第二五七頁及後頁。

透過對教授資格論文的副標題（《心理學的分析》）和《算術哲學》的副標題（《心理學的和邏輯學的研究》）[31]的選擇，胡塞爾清楚表達了他的立場。只要分析伸展到概念上，那麼，在他當時看來，這些分析要想「達到確定的結果」，[32]就根本不可能不是心理學的。除了「關於數學表象的起源問題」之外，胡塞爾在《邏輯研究》第一版的〈前言〉[33]中還提到「實踐方法的形成」，將它稱作這樣一個領域，對於這個領域而言，心理學分析在他看來是明白清晰而且富於教益的，並且他如今在《導引》[34]中便把心理學的管轄權限制在這個領域上。《算術哲學》還傾向於把「算術作爲數的關係的科學」還原爲計算術，即「從被給予的數中導出被尋找的數的方法」，[35]而《邏輯研究》則已經明白無誤地對方法論的體系

---

31 這個副標題在《胡塞爾全集》版的《算術哲學》中沒有得到準確的再現。（胡塞爾的教授資格論文標題爲：《論數的概念——心理學的分析》（一八八七年）；擴充後發表的著作標題爲：《算術哲學——心理學的和邏輯學的研究》（一八九一年）。一九七〇年出版的《胡塞爾全集》版（第十二卷）的《算術哲學》第一卷的副標題則是《邏輯學的和心理學的研究》。——中譯注）

32 《論數的概念》，第八頁。

33 A/B VII。

34 即《邏輯研究》第一卷的標題《純粹邏輯學導引》。以下均同。——中譯注

35 第十三章。——布倫塔諾於一九〇五年一月九日致胡塞爾的一封信（付印於布倫塔諾：《眞理與明見性》，同上書，第一五四頁）洩露了這個傾向的來源。在這封信中，布倫塔諾爲一種幾乎可以疑爲「操作主義的」

地位做了限制。

一些評注者在給《算術哲學》打上「心理主義」的烙印時，通常只是指明胡塞爾本人在其爲《邏輯研究》第二版所寫的序言或後記的各草稿中所說到的一點：由於受這樣一個認識的引導，即一個集合並不是一個實事性的統一，不是建基於那些被合計在一起的實事之內容中的統一；並且由於同時受布倫塔諾這樣一個學說的誤導，即心理之物只能與物理之物相對立，而觀念的存在無非是臆想，因此胡塞爾在《算術哲學》[36]中維護這樣一個命題：各個集合體的概念僅僅透過對合計行爲的反思才得以成立，而換言之，也就沒有觀念的客體性與它們相符合。然而，總數的概念是否並不同於合計的概念，這方面的疑慮按照胡塞爾一九一三年[37]的說法已經「從最初的開端起」就折磨著他，「並且一直伸展到所有——如我後來所指稱的——範疇概念上，並且最終以另一種形式伸展到無論哪一種客體性的概念上」。

還原辯護，即把數學還原爲「計算術」：「尤其是微分計算的發明，難道它不也是一種方法操作的發明嗎？而且，即使是那個比牛頓更勝一籌的萊布尼茲，他對某種標示方式的實證確立，也表明自身是一種巨大的進步。」

36 第十二頁及以後各頁，第七十六頁及以後各頁。

37 「爲《邏輯研究》所寫的一個〈序言〉的草稿」，同上書，第一二七頁。

一八九四年

事實上，一八九三年秋撰寫、[38]一八九四年發表[39]的〈對基礎邏輯學的心理學研究〉，就已經開始與這種向抽象內容與具體內容之區分的「心理活動方式」的回溯保持距離。

「我徒勞地在對抽象之物與具體之物的意識之間努力尋找最細微的區別。人們說，抽象就是自爲地關注；但是，爲了從一個總覽的背景中分割出一個抽象的具體並使它成爲特殊研究的對象，不也需要這個『抽象』嗎？」[40]

在這篇文字的最後一節，[41]胡塞爾在依據《算術哲學》的同時主張，對直觀的和代現的基本過程的心理學研究對「先天」科學具有重要意義。但他在這裡同時也明確地承認了，沒有心理學基礎研究，也仍有可能增進對符號思維的邏輯理解。值得注意的是，胡塞爾在其「關於一八九四年德國邏輯學著述的報告」[42]的範圍內所做的「關於基礎邏輯學的心理學

38 手稿 F III 1，第一四三頁及後頁。

39 《哲學月刊》，第三十卷（一八九四年），第一五九—一九一頁。

40 同上書，第一六七頁。

41 第一八七—一九一頁。

42 《系統哲學文庫》，第三卷（一八九七年），第二二四—二二七頁。

研究」一文的作者本人告示中（撰寫於一八九六／一八九七年，[43]發表於一八九七年，亦即在弗雷格的一八九四年的《算術哲學》書評和在他自己一八九六年的心理主義問題講座之後），仍然對他關於「認識心理學與邏輯學」的闡述做了毫無保留的介紹，並且還在這個報告中要求，用對直觀現象和代現現象或統覺現象的「描述的和發生的研究」來「爲任何一門判斷學說奠基」。[44]

在一八九四這同一年，弗雷格對《算術哲學》的書評發表。[45]除了其他以外，弗雷格批評了〔胡塞爾〕將概念與表象混爲一談的做法，以及透過注意力的轉向和對表象的心理行爲的反思來獲得抽象概念的做法。[46]

「胡塞爾談到，弗雷格的批評是他眞正唯一要感謝的。它切中了要害。」[47]

43 參閱一八九七年一月十六日致納托普的信，以及一八九六年一二月二十二日致封．阿尼姆的信。

44 同上書，第二三六頁及後頁。

45 《哲學與哲學批判雜誌》，第一〇三卷（一八九四年），第三一三—三三二頁。

46 同上書，第三一六頁及後頁。

47 〈博伊斯．吉布森（W. R. Boyce Gibson）一九二八年弗萊堡日記選錄〉，同上書，第六十六頁。參閱後面 A/B 169。

一八九四—一八九五年

一八九四/一八九五年冬，胡塞爾在「做了較長時間休息之後」重新轉向「演繹科學的邏輯學研究（《算術哲學》第二卷）」。他希望能在一八九五年初完成它。[48] 一八九五年夏，他做了「關於演繹科學的較新研究」[49] 的講座。根據《邏輯研究》第一卷「前言」，[50] 正是在對演繹科學的研究中提出的問題，使他對邏輯之物建立在心理學基礎上的可能性產生出原則性的懷疑。

一八九六年

在一八九六年十二月二十二日致封·阿尼姆的一封信中第一次記錄了一個新的出版意圖，它取代了出版《算術哲學》第二卷的計畫：「我對邏輯研究的純粹加工有了長足的進展。」關於「日期」，信中提到「下個夏季」。胡塞爾通常把《邏輯研究》的準備工作估算爲整整十年。因此他在一篇手稿[51] 中談到「十年的辛勞、孤獨的工作」，《邏輯研究》在此

---

48 致邁農的一封信草稿，一八九四年十一月二十日；致邁農的信，一八九四年十一月二十二日；後者付印於邁農：《哲學書信》，同上書，第一〇〇頁。

49 手稿：K I 25。

50 A/B V 及以後各頁。

51 F III，第一三七頁 b。

期間「獲得愈來愈新的、愈來愈確定的構形」。但這裡所引書信提到的著書計畫，看起來卻直接回溯到這一年的邏輯學講座。

根據「第二版前言」，[52]《導引》「就其基本內容來看僅僅是對一八九六年夏秋在哈勒所做的兩個相互補充的講座系列的加工」。在胡塞爾的遺稿中的確可以找到內容豐富的一批手稿「出自一八九六年邏輯學」，[53]它們的第一部分內容正是《導引》的問題域。

這個第一部分有足足五分之四的篇幅都用來討論對一門作爲形式學科的純粹邏輯學如何與一門作爲實踐科學和規範科學的邏輯學劃界的理論問題，亦即一個在《導引》中被集中在前兩章或前四章論述的課題。最後的五分之一涉及對邏輯學的心理主義論證的反駁，這個反駁以兩種方式成爲可能：其一是透過對悖謬的結論的證明，其二是透過對成見的剖析。由於缺乏時間，胡塞爾僅限於對成見的反駁，同時他引述了在《導引》的核心部分，即第八章中所討論的那三個成見。借助於彌爾和海曼斯的主張而進行的對悖謬結論的揭示，在《導引》

XXIV

---

[52] B XII。

[53] K I 20。這個講座的確切日期，胡塞爾一再地搖擺於一八九五年與一八九六年之間。在胡塞爾遺稿中還可以找到與《導引》的論題域相關的幾份更爲泛泛的、更多是殘篇性質的手稿（K I 57、59、61等），對這幾份手稿的評估（和確定日期）要以對一九〇〇年前的所有手稿的系統透徹研究爲前提，必須留待給以後的編輯出版的意圖去處理。也可以參閱胡塞爾在這幾年中的「私人筆記」，比梅爾（W. Biemel）編，載於《哲學與現象學研究》，第十六輯（一九五六年），第二九四頁及後頁。

中先行於對成見的處理（第25—26節和第30—31節），在這裡則以緊湊的篇幅出現在與第二個成見的關聯中。

在第一部分指明了純粹邏輯學是作爲方法論的邏輯學的基礎之後，胡塞爾在內容上多出一倍的第二部分中過渡到對這門純粹邏輯學的系統建構上。這些相關的闡述就其構架來看以及就其大部分內容來看既不與《導引》的最後一章相合——這一章扼要地設想了純粹邏輯學的觀念，但也不與《邏輯研究》第二卷相合。它們更多地提供了純粹邏輯學的一個輪廓，這個輪廓依據了傳統純粹邏輯學的三分：即關於概念、關於命題（判斷）和關於推理的學說。

《導引》不僅僅是對一八九六年邏輯學講座的一個風格上的加工。這種加工至多表現在第4—8節中。此後只還有一些零星的段落在語句上或多或少與一八九六年的手稿相合。另一方面，除了相對主義的論據（第七章）以外，贊成和反對心理主義的所有主要論據都已經可以在這份文檔中找到。《導引》與講座文字的區別，除了論述純粹邏輯學觀念的結尾一章、關於懷疑論的相對主義一章以及尤其是對第三個成見的擴展了的討論（它在手稿中只是簡要地被勾畫出來）以外，主要就在於文獻辨析的篇幅。在第一部分，即科學論部分，對康德和康德追隨者（赫巴特）的辨析——胡塞爾責備他們將方法論和理論基礎科學混爲一談——被大爲縮減了。相反，在第二部分中對彌爾、斯賓塞和海曼斯的批評則不僅擴展爲獨立的一章，而且還有新的文獻辨析補充進來：對西格瓦特（第29節、第39節）、埃德曼（第40節）——他的名字甚至沒有在邏輯學講座的以邏輯學中的心理主義爲題的第一部分中被提到過——和對「思維經濟學」（第九章）的拒絕性辨析，以及對萊布尼茲、康德和康德追隨者赫巴特和朗格以及鮑爾查諾（第十章）的（至少是部分的）認同性辨析。

撇開被胡塞爾注明日期是一八九七年的最後兩章以及一些零星的補充和加工不論，[54]不能排斥這樣的可能性，即胡塞爾同樣已經在一八九六年就完成了對補充部分的加工，[55]有可能是在同年的秋天緊接著第二個沒有被保存下來的講座中完成的。胡塞爾在《導引》中就說過在一八九六年夏秋有兩個相互補充的講座系列。另一方面，在一九〇〇年七月八日致納托普的一封信中，胡塞爾談到，《導引》「完全可以在一年半前」就出版，也就是說，並不能早於一八九八年。

XXVI

關於對這些補充的文獻辨析的評判，應當提到胡塞爾自己所推薦的評判之一：

「我還要說的是，在我的各個批判中，我對心理主義的批駁的意義最鮮明地表現在對埃德曼的極端主體主義的批判中（《導引》〔第40節〕）。」——致赫金（W. E. Hocking）的信，一九〇三年一月二十五日。

---

54 參閱對科內利烏斯的發表於一八九七年的《心理學》一書的引用，在第九章的正文中，雖然只是在第一段中。

55 在一八九七年三月十四/十五日致納托普的一封信中，胡塞爾在對邏輯學和數學進行比較之前，以一種對《邏輯研究》的殘篇式概論談到了對彌爾和海曼斯的辨析。也可以參閱一九〇〇年七月八日的信；這兩封信在後面第XXXII頁及以後各頁上得到引用。

在一八九六年講座的與《導引》論題域相合的部分中，以及在被引用的斯圖姆夫著述中，心理主義者與批判主義者，以及零星的還有心理主義與觀念主義，作爲敵對者被拉入到一場相互間的爭鬥中。但與《導引》不同，在講座中從未引證過斯圖姆夫的著述，並且在講座的這個部分中，同樣也沒有指名道姓地引述過那些作者，即，鮑爾查諾、洛采、弗雷格、納托普，以及數學流形論的促進者們（康托爾），胡塞爾本人和評注者們通常把對心理主義立場的克服歸之於他們的影響。

一八九七年

胡塞爾於這一年的春季與納托普有一段密切的書信往來。除了數學問題以外，這些通信還涉及胡塞爾的著書計畫。一八九七年三月二十九日，胡塞爾感謝納托普「對我的哲學煩惱和工作有如此使我感到寬慰的興趣」。他覺得，在納托普這裡，他找到了他「多年來」已丟失的「科學交往」。這段從一月延伸到三月的通信的出發點是胡塞爾「關於一八九四年德國邏輯學著述的報告」[56]以及關於特瓦爾多夫斯基《關於表象的內容和對象的學說》的一個書評。[57]由於納托普本人已經爲《系統哲學文庫》撰寫了一篇關於此書的評論，因此他建議胡

56《系統哲學文庫》，第三卷（一八九七年），第二一六—二四四頁。

57 維也納，一八九四年。——胡塞爾未發表的這篇書評（參閱手稿：A I 7，第二十二—二十八頁以及N II 2）

塞爾將他的書評擴展爲一個較大的批判性研究。胡塞爾不想從事此事。

「我現在沒有時間撰寫批判性的論文或一部關於內容與對象的著述。我正在寫一部更大的著作，它是針對我們這個時代的主體主義—心理主義邏輯學的（即針對我作爲布倫塔諾學生自己以前所持的立場）。在這裡肯定不會缺乏一併處理這個相關區別的機會。」——致納托普的明信片，一八九七年一月二十一日。

一八九七年三月八日，納托普請胡塞爾——如果後者在他的書中想「討論我的觀點」的話——檢驗《心理學引論》、[58]「論心理學的前問題」、[59]「概念、判斷和對象性認識中的量與質。超越論邏輯學的一章」，[60]「以及或許甚至更早的」論文「論對認識的主觀論證和客觀論證」。[61]儘管胡塞爾報告說，他「已經在幾周前」仔細考慮了上述除「量與質」論文

預計將發表在計畫中的一卷《胡塞爾全集》中，這卷包含胡塞爾一八九〇年至一九一〇年期間的論文與書評。〔該書已於一九七九年作爲《胡塞爾全集》第二十二卷出版。——中譯注〕

58 弗萊堡，一八八八年。

59 《哲學月刊》，第二十九期（一八九三年），第五八一—六一一頁。

60 同上書，第二十七期（一八九一年），第一—三十二頁、第一二九—一六〇頁。

61 同上書，第二十三期（一八八七年），第二五七—二八六頁。

之外的著述，並且「在個別問題上不斷受到啟示」，[62]他的回答給人的印象仍然是：他是透過納托普的信才注意到某些一致性。

> 「您的親切告知給我帶來愉快的驚喜：我曾不言自明地認爲，您和所有反心理學的邏輯學家一樣，[63]也堅持認爲邏輯學就其本質而言是規範性的，同時規範特徵不應分離於（在確切的詞義上的）邏輯規律。與此相反，我在您的那些論述中發現，您明確強調一種我在與此相關的（自去年十二月中已經差不多可以付印的）撰述中已經完整（in extenso）展開了的觀點。」——致納托普的信，一八九七年三月十四／十五日。

胡塞爾還提到他們的闡述的其他相合點：邏輯學與數學的平行，以及將矛盾律闡釋爲這樣一個規律，這個規律所涉及的不是在一個意識中相互矛盾的表象的實在不相容性，而是它們的觀念不相容性、它們的不共同爲眞。

---

62 「儘管在個別問題上不斷受到啟示，我仍然不能獲得對您立場的完全理解。」——致納托普的信，一八九七年三月十四／十五日。

63 在一封同樣被保存下來的書信草稿中還有：「B〔博爾查諾〕除外」。

XXVIII

在胡塞爾於擬就《邏輯研究》期間「密切地接近了」的[64]所有同時代作家中，唯有納托普是能夠爲胡塞爾不僅在對純粹邏輯學的先天理解方面，而且也在對其認識論的論證方面提供引導的人。納托普和胡塞爾兩人都將他們的關係評價爲一種趨同關係。

「您內容豐富的來函給我帶來極大的快樂。在我們充滿懷疑的研究中與他人在同一條道路上相遇，這是一種如此罕見，卻又如此不可或缺的慰藉。由於我們是從完全不同的方面和無相互接觸地得出相同的結論，這種一致性就更爲奇特。」——納托普致胡塞爾的信，一八九七年三月二〇日。

「我們的差異具有決定性的趨向，即趨向於減少。——但願它們最終聚合爲零。」——胡塞爾致納托普的信，一九〇一年七月九日。

在與納托普的通信後不久，胡塞爾撰寫了《導引》的最後一章，很可能也撰寫了倒數第二章。[65]在最後幾封書信中的一封信裡，他寫到，他現在正撰寫「困難的中間部分：認識中

---

64 A/B VIII。

65 致納托普的信，一九〇〇年七月八日，後面在第 XXXIII 頁及後頁上被引用。

的主觀要素和客觀要素」。[66]一個月後他向阿爾布萊希特（G. Albrecht）抱怨，「我的研究停頓下來，我們曾對以一部巨著的形式出版這些研究寄予如此大的希望」。[67]

一八九八年

一八九八年六月六日，胡塞爾在哈勒做了一個「關於邏輯學任務的報告」。[68]報告的內容是《導引》的命題。

根據《危機》[69]中的一個歷史說明，「大約在一八九八年」，「經驗對象與被給予方式的普全相關性先天」的「首次突破」便已進行。胡塞爾將它等同於「『超越論現象學』的首次突破」。[70]在《導引》中，這個突破只是在零散的幾處並且主要是在最後的部分才能把

66 致納托普的信，一八九七年三月十四、十五日，後面在第XXXII頁及後頁上被詳細論述和評注。

67 一八九七年四月十八日。

68 手稿：**K I 29**。與在**K I 29**中找到的列印邀請函不同，《皇家弗里德里希聯合大學一八九八年四月一日至一八九九年三月三十一日年鑑》（哈勒/薩爾）第二十二頁上所標明的報告日期並不是在六月六日，而是在五月二十七日。

69 《歐洲科學的危機與超越論的現象學》，《胡塞爾全集》，第六卷，海牙，第二版，一九六二年，第一六九頁，注一。

70 同上書，第一六八頁。

握到。[71]所有這幾處在一八九六年的講座中都找不到記錄。對於一八九六年的講座以及對於《導引》的最早和最大的部分而言，處在注意力中心的是另一種相關性，不是那種導致將邏輯學作爲形式學科和作爲超越論學科雙重地建構起來的相關性，而是那種對一方面是作爲一門理論的（「純粹的」）學科、另一方面是作爲一門規範的─實踐的學科（「工藝論」）的邏輯學之雙重構建得以可能的相關性。

在《導引》中，對邏輯學的心理學論證這個爭論問題，最初是與那個基本上是次要的[72]邏輯學雙重性——即邏輯學作爲一門理論學科和作爲一門規範─實踐學科——連結在一起出現的。作爲理論科學，邏輯學不依賴於所有心理學和事實科學。但只要它還是工藝論、方法論，那麼心理學，而且是經驗心理學，就會一同參與對它的奠基。[73]這個在《導引》中的主導性思路的特點就在於，對那些與邏輯規律相一致的明見性體驗的研究，被視爲是邏輯工藝論的任務，並且，就它們不是奠基於邏輯命題的內涵之中，而是奠基於心理學之中而論，它們也被視爲是自然科學的心理學的任務！[74]

---

71 首先參閱 A/B 第一一〇及後頁、第一一二頁（第一一一頁注）、第一三七頁及以後各頁。

72 A 240/B 239。

73 A/B 59/159/161 等。

74 A/B 182、186。

XXX

當在《導引》中談及對純粹邏輯的課題域進行改變（Umwendung）的可能時，這裡所涉及的幾乎全都是那種將純粹邏輯規律改造（Umformung）爲規範規律的做法。由於邏輯規律性是這樣一種規律性：它們一方面建基於其基本概念之中，並且自在地有效，另一方面卻只是在意識體驗本身之中被給予，因此它們具有雙重性；而在這種雙重性中所包含的另一種改變的可能性，只是在《邏輯研究》第二卷的「引論」中才以適當強調的方式得到表達。要想從歷史上正確地理解《導引》，這樣一個事實是非常重要的：改變邏輯規律的這兩種形式都是可能的。而這個事實只是在《形式的和超越論的邏輯學》中才明確地成爲探討課題。[75]

一八九九年

一八九九年秋，胡塞爾決定付印《邏輯研究》。[76]他在校樣上仍做修改。六份平裝的樣書在十二月交到哈勒的教席教授手中。這些樣書或是不包含任何序言，或是包含一個不同於現有前言的序言。[77]

75 參閱後面第 XLIX 頁及以後各頁。

76 致納托普的信，一九〇〇年七月八日。

77 參閱「作者本人告示」，第五一一頁（這裡是第二六一頁），以及第二版前言，B XIII。

「她〔胡塞爾太太馬爾維娜〕以捨己的努力日復一日地閱讀校樣，或者爲我做筆錄，而時間有時會如此緊迫，以至於我半夜還要趕到火車站，以便印刷工第二天一早能夠拿到已經完成的、且常帶有很大改動的清樣。印刷是從十月十五日開始的，每週三個印張，每個印張校對三次。現在已經有十六個印張在排版中，並且會在約兩天內經過最後一校。而後《導引》便結束了。接下來我會休息幾天，以便再繼續做下去。在此期間我收到了《導引》的六冊平裝本，是給幾位這裡的教席教授們的。正在提出一個新的〔第三個〕動議：在〔教育〕部裡建議，並且這次是最有力地建議：給我一個預算內的位置。這事是由里爾提出的，他竭力地說服我按原樣出版我的這些研究。因此我託人把清樣交給他，而在收到第一組的五個印張之後，他已經在同事面前表達了他的不遺餘力的、幾近誇張的讚賞。」——致阿爾布萊希特的明信片，一八九九年十一月二十一日。[78]

一九〇〇年

一九〇〇年五月二日，胡塞爾在哈勒的哲學學會做了一個「論對邏輯學的心理學論證」

---

78 也可參閱致納托普的信，一八九九年十二月七日。

的報告。在唯一保存下來的、胡塞爾自己寫的記錄[79]上有兩點引人注目：其一，心理學的問題侷限在由《導引》所主張的立場上。在《邏輯研究》第二卷中所展開的視角始終未被提及。其二，在一八九六年講座中明確地提到能夠反駁心理主義的「兩條途徑」，即透過追蹤它的悖謬結論以及分析它的成見。與一八九六年講座一樣，這次報告「偏好」的是後一條途徑。

同樣是在一九〇〇年，胡塞爾與出版商約定，「將自去年十一月底除前言等等之外已被付印的《導引》另冊出版」。[80]胡塞爾前言上標明的日期是一九〇〇年五月二十一日。萊比錫的法伊特公司（Veit & Comp.）出版社將第一卷的出版和第二卷的印刷拖延至七月。由此造成的結果是與法伊特的決裂，哈勒的馬克斯．尼邁耶（Max Niemayer）承接了這兩卷的出版。[81]

在對產生史做了編年的概述之後，還需要交待一下胡塞爾原初的出書計畫。

79 胡塞爾：「論對邏輯學的心理學論證」——關於胡塞爾所做的一個報告的未發表報導，由胡塞爾本人撰寫、萊納（Rainer）編輯。引自哈勒「哲學學會」記錄簿，一九〇〇年夏季學期；一九〇〇年五月二日第一場，載於《哲學研究雜誌》，第十三輯（一九五九年），第三四六—三四八頁。

80 致納托普的信，一九〇〇年七月八日。

81 致納托普的信，一九〇〇年七月八日，以及致邁農的信，一九〇〇年八月二十七日；後者付印於：同上書，第一〇一頁及後頁；也可以參閱同樣被保存下來的致邁農的詳細書信草稿，一九〇〇年八月二十六日。

從所有的跡象看，胡塞爾開始時考慮只寫唯一的一卷，它應當包含三個部分：第一部分是批判性的，它反駁對邏輯學的心理主義論證，即是說，它與現在的《導引》的前九章或前十章相合；第二部分是系統性的和建構性的，它提供對純粹邏輯學的一種認識論的或現象學的論證，就這個部分而言，現在的第二卷的各項個別研究或者是作爲前工作，或者是作爲首次的撰寫而得以啟動的；最後還有一個第三部分，它應當透過一種可能比《導論》現在的結尾一章更廣泛的論述來展開純粹邏輯學的觀念。主要是致納托普的兩封信和出自一九〇〇年的一個《邏輯研究》第二卷序言的殘篇草稿，使得人們可以對這個計畫有所估測。[82]第一封信同時還提供了對作爲胡塞爾出發點的問題狀況的一種觀察。但我們感興趣的主要是最後一句關於「困難的中間部分」。「認識中的主觀要素和客觀要素」的表述，使人回憶起納托普的文章「論對認識的主觀論證和客觀論證」，[83]它的論題常常讓人想到《邏輯研究》第二卷。

「在我的研究中，我從邏輯學的工藝論出發並對它的理論基礎提出問題。這便引向

---

82 也可以參閱「爲《邏輯研究》所寫的一個〈序言〉的草稿（一九一三年）」，同上書，第一二五頁。——胡塞爾和他的妻子在被保存下來的一八九六年和一八九九年通信中從未談到過兩卷，而是始終只說到一本書，即便是一本「巨著」。

83 《哲學月刊》，第二十三輯（一八八七年），第二五七—二八六頁。

在心理學的邏輯學和（傳統意義上的）純粹邏輯學之間的爭論。前者提出，邏輯學是實踐心理學的一個部分；但純粹邏輯學卻想成爲一個獨立的（儘管是一個被納入到實踐邏輯學中的），與所有心理學都無關的領域。兩派提出的那些論據都被反駁。心理學家僞造了邏輯規律的意義——除了其他以外，我在這裡也提出爲您所觸及的相反論據（主要與彌爾和海曼斯有關）——絕對的精確性變成了最爲粗糙的、涉及完全不同客體的經驗普遍性。此外，在這裡還詳細討論了『狀況的』模糊性、與正常性的不可避免的關聯（在正常思維狀況中的正常人，以及如此等等），在它們後面常常隱藏著作爲要素的眞正邏輯規律。純粹邏輯學所提出的命題是有力的，但卻沒有提供證明，因爲它提出，純粹邏輯規律的規範特徵是本質性的，卻沒有讓人理解，對判斷和思維活動而言的規則怎麼可能不建基於心理學之中；其他論據的特殊內涵也爲心理學家提供了一些反駁的把柄。

我詳細論證了我自己的立場，首先是提供對邏輯命題和代數命題的對照——即又令人喜悅地與您的學說相一致。我表明，這兩種命題的規範形式都是一個理論內涵的重大改變……

但是，與數學的比較在我的位置上不只是一個比較：整個純粹數學：純粹總數論和純粹序數論、純粹量論、組合論、純粹流形論（……），我願意相信，整個在萊布尼茲意義上的普全數學模式（mathesis universalis）都可以被納入到純粹邏輯學中。但我把幾何學視爲例外，這只是因爲我（在與我自己奮鬥了很久之後）已經放棄了對它做不同於力學的評估……[84]對基本概念和基本定律的指明、對相屬的理論的系統展開——這些理論構成形式眞理的無限領域，或者易言之，構成先天可能的演繹形式規律、理論規律的無限領域——，我會將這些視爲純粹邏輯學的任務。它分裂爲一系列相對獨立的理論，這些理論一部分在『數學學科』的標題下爲人所知，並受到自己的專家的探討，而哲學的任務在這裡和以往一樣，都在於：在將目光超越出技術性的東西……之上的同時，去認識那些合理的基礎和聯繫。

對這個趨向的闡述會因爲論證說明的廣度而獲得更大程度的說服力，這些闡述應當構成我的著述的結尾；現在我還在撰寫困難的中間部分：認識中的主觀要素和客觀要素。」——致納托普的信，一八九七年三月十四/十五日。

「我的《導引》來得很遲，而且並不完全是以我在幾年前就已經向您預告過的形式。那時候，我希望能夠在粗略的主要特徵中討論最重要的、屬於對一門純粹邏輯學之闡明的認識論基本問題，同時又無須事先進行所有那些我已於其中糾纏多年的、詳盡的細節研究。我無法滿足這個意向。遺留下的許多含糊之處、須待闡明之處太多了，而我草擬的東西無法讓我感到滿意。所以我不得不改變我的計畫。今天我交給您的《導

---

84 此後是幾段關於幾何學這個例外，以及關於數學和邏輯學的親緣性與關聯的較長闡述。

引》，除了最後兩章以外，當時就已經全部完成。也就是說，我只是在主要問題上附加了對在我面前浮現的純粹邏輯學觀念的思索，並且（在我們通信之後不久）便想要導出一系列對根本性的、現象學的和認識論的個別研究的闡述。直至去年秋天我才決定付印，但隨即又在這些可惡的個別研究的開端上停頓下來。最後還是把這些完全可以在一年半前出版的東西單獨出版。」——致納托普的信，一九〇〇年七月八日。

「它們〔第二卷的各項研究〕在多年來集中的和完全針對問題的研究中被記錄下來，起先只是爲了給我自己提供一種在認識現象學的領域中的……細節描述和分析的清晰性。自撰寫《導引》以來，即就主要部分而論是自一八九六年以來，我就特別在意對純粹邏輯學進行闡明，並且我想，在對與此相關的現象學領域進行了透徹研究之後，以及在與《導引》本身的連結中，可以接下來對認識論的基本問題做一個僅限於那些貫穿性的主要特徵方面的澄清。

可惜沒有再做出這樣一個在系統上完成了的闡述。在邁出每一步之後又重新堆積起來的種種困難，使得我即便進行了長期的和最爲緊張的工作，也不可能達到這整個領域的邊緣，並且不可能使所有重要的現象學關係達到令人滿意的清晰性。

由於外部情況的不利，繼續和完成這些廣泛全面的研究的可能性眞正成爲問題，因此我不得不把我的這些研究按其現有的完成狀況付諸出版，並且只對它們做那些爲文獻目的所要求的表達方式上的改善……」[85]

《邏輯研究》第一卷帶有一個《純粹邏輯學導引》的副標題，但後一卷卻像一八九六年邏輯學講座第二部分所做的一樣，「並沒有提供邏輯學的一個體系」，而同樣只是一個「前工作」，但不再是批判性的前工作，而是在「從認識論上澄清以及在對邏輯學的未來建造」[86]方面建構性的前工作；胡塞爾在一九一二年還將它稱之爲「純粹邏輯學基礎工作」。[87]胡塞爾所說的「下面第二卷的個別研究所要達到的」[88]對純粹邏輯學的一個系統概述，更多是由第一卷的結尾一章提供的。《純粹邏輯學導引》是一個標題，在這個標題下面，人們不僅可以將第一卷的前九章或前十章合攏在一起思考，而且可以將整個第二卷合攏在一起思考。事實上，根據前面所引的一九〇〇年七月八日致納托普的信，人們完全可以提出這樣一種猜測：胡塞爾原初就是打算把它用作全書的標題。[89]

85 寫於一九〇〇年的一個第二卷〈序言〉的草稿：手稿：M III 2 II 6，第二頁 a 和 b。

86 第二卷〈引論〉，A 16。

87 第一卷第二部分〈前言〉，B2 IV。

88 A 228/B 227。

89 在《形式的與超越論的邏輯學》第八十五頁上，胡塞爾不再把第一卷介紹爲《純粹邏輯學導引》，而是介紹爲「第二卷的現象學研究引論」。

如果按照原初的計畫和對不同部分的原初安排，或許有些誤解便會較難產生，而胡塞爾現在就不得不在那些書信和在爲第二版所寫的一個序言或後記的草稿[90]中與這些誤解進行鬥爭，並且爲了克服這些誤解而不得不一再指出，《導引》的問題域會透過第二卷，尤其是透過第六研究而得到補充和「闡明性的昭示」。[91]這裡所指的是，在邏輯規律的先天地位被把握到了之後，始終還需要闡明，「客觀性的『自在』爲什麼會被表象，就是說，爲什麼在某種程度上又會成爲主觀的；對象是『自在』的並且在認識中『被給予』，這句話是什麼意思？」[92]而且對這個問題的澄清需要展開一門新的心理學和認識論，這也正是胡塞爾很快便從名稱上透過現象學的標題而想區別於舊有科學形式的那門科學。

在第六研究的尤其是第44節和第65—66節中，胡塞爾的心理主義—問題域的兩個中心點受到探討：觀念的起源，它不再是在對相應行爲的反思中，而是在這些行爲的對象中被找到，以及對實在規律、規範規律和觀念規律的區分。胡塞爾在《導引》的結尾一章中指明了上述第44節。[93]他在那裡繼續說，對於邏輯學來說，至關重要的並不是概念的心理學「起

90 同上書，第一一五頁。

91 致霍金的信，一九〇三年一月二十五日。

92 第二卷〈引論〉，A 9（參閱B1 8）。

93 B 244。

源」，而僅僅是——在概念史上富有啟發意義[94]——這樣一種「起源」，他在第一版將它稱作概念的「邏輯學」起源，在第一版自藏本的邊注[95]上將它稱作概念的「認識論」起源，而在第二版中則將它稱作概念的「現象學」起源。

胡塞爾的反心理主義的態度並不僅僅建基於對其成見和對其悖謬結論的批判性揭示上，而且同樣並且眞正「澈底地」建基於對意識的現象學分析上。這種分析在指明範疇直觀之可能性的過程中達到極致，正是在這種直觀中，那些對純粹邏輯學來說基礎性的範疇成爲明見的被給予性。

94 關於胡塞爾對「邏輯學」和「認識論」或「認識批判」這些概念的使用（關於對《邏輯研究》這個概念的理解）可以參閱他一九〇五年一月三日致布倫塔諾的信：「在論戰性分析的基礎上，我在結尾一章試圖設想一種未來可以獨立地建構起來的『純粹邏輯學』的觀念，它本身可以或窄或寬地被理解，全看人們究竟只是想把它當作純粹數學來建造，僅僅在與數學相同的精神中進行建造；還是將它與那種本眞哲學的、與對它的認識批判理解相關的澄清連結在一起。後者就是我在《邏輯研究》中的態度。我現在覺得，把純粹邏輯學與認識批判分離開來要更爲實際一些。」也可以參閱《導引》，A 224。

95 文庫標號：K IX 4。

關於出版史

一九〇〇年

如前所述，在《導引》付印後和在普遍發表前發生了更換出版社的事情。取代萊比錫的法伊特公司的是哈勒的馬克斯．尼邁耶出版社。《導引》的第一版一共可以分出三個「版本」：第一，「六冊平裝本」，正如前面也已提到的那樣，不帶有現在的前言，於一八九九年十二月被寄到哈勒的各個教席教授那裡；第二，一批於一九〇〇年七月寄發的樣書（贈本、書評本？），[96]它們標明的出版社是法伊特公司，還有第三，在書籍業中流散的尼邁耶版本。

一九〇五年

一個因讀大學而在歐洲滯留的美國人皮特金（W. Pitkin）向胡塞爾提出他的打算：完成一個《邏輯研究》的英譯本。[97]胡塞爾爲此而考慮對第一版的文字做一個修訂，但他想等

---

96 從書信資料中可以推導出，這些法伊特版本的樣書送交給了邁農、納托普和舒佩等人。至此爲止只找到了寄給納托普的樣書。參閱第二六五頁及後頁上的〈文本考證附錄〉。

97 皮特金致胡塞爾的信，一九〇五年二月八日。

這個計畫確定後再著手此事。[98]從現存的稀少文獻中還無法看出，在胡塞爾的《邏輯研究》自藏本中是否會有某些批注可以回溯到這個打算上，以及胡塞爾在此考慮對《導引》究竟做多大程度的加工。

「……是的，我甚至傾向於對原文本身做一個仔細的修訂，並且[99]對那些已經引起誤解的部分、或對那些透過偶爾的偏離和自身誤解而被歪曲的部分進行修飾性的改造。英文的新版本或許可以享受一個優先，即作爲眞正改善了的新版本而勝出原版本……考慮到幾處，我不能允准對這部著作按其現有狀態做一個簡單的翻譯。」——致皮特金的一封信的草稿，一九〇五年二月十二日（？）。

「也許，正在運作中的我的《邏輯研究》的一個根本改善過的英譯本也會有所助益。」——致貢佩爾茲（H. Gomperz）的一封信的草稿，一九〇五年二月十八日。

這個方案因多個出版商的拒絕而失敗，其中的一個出版商似乎還向詹姆斯索取了一份鑑定。

---

[98] 致皮特金的一封信的草稿，一九〇五年二月十二日〔？〕。

[99] 刪除了下列文字：「對它透過補充以及透過縮減」。

「但我對其決定寄予最大期望的那個唯一出版商最終還是拒絕了這個籌劃，並且是出於以下理由：根據所有的預測都無法賣出一百冊譯本。在這個意見上他也受到詹姆斯的支持。」——皮特金致胡塞爾的信，一九〇五年八月二十日。

胡塞爾把爲他所敬重的詹姆斯的拒絕態度歸結爲後者對《邏輯研究》的反心理主義的一種誤解。

「胡塞爾認爲，詹姆斯只看過《導引》，並且很不喜歡它的反心理主義。」[100]

「只因爲我的《邏輯研究》問世時，所舉的反心理主義旗幟被許多心理學家所誤解，並且這部著作被視爲在心理學上是無關緊要的，別人就不得不將我所做過的工作再做一遍，這對我來說終究不是一種舒適的意識。」——致迪爾（E. Dürr）一封信的草稿，一九〇七年八月二十一日。

XXXVIII

100 凱恩斯：《與胡塞爾、芬克的交談》，一九三二年八月十三日。——史匹戈博否認詹姆斯曾做過一個鑑定。參閱〈詹姆斯對埃德蒙德·胡塞爾究竟有哪些了解。關於皮特金的可信性〉，載於《生活世界與意識。阿隆·古爾維奇紀念文集》，恩布雷（L. E. Embree）編，埃文斯頓，一九七二年，第四〇七—四二二頁。

一九〇九年

一九〇九年出版了《邏輯研究》第一卷的一個俄譯本。著名的俄羅斯哲學家弗蘭克（S. L. Frank）在前言中把胡塞爾的立場稱之爲「觀念論的客體主義」，[101]並且描述了《導引》對不同哲學流派所具有的重要意義，這些流派在當時的俄國顯然是當下的：康德哲學、經驗批判主義、[102]實用主義和文化哲學的懷疑論：胡塞爾的態度與康德處在雙重關聯之中：康德一方面前無古人地探討了觀念的心理學起源與觀念的邏輯含義之間的區別，另一方面卻透過他的矛盾的分析對心理主義做了推進。經驗批判主義所提出的思維經濟原則被承認爲是認識心理學的一個合理的目的論原理。然而，一旦有人提出能夠用它來取代眞正的認識論分析的要求，就必須予以堅定的拒絕。胡塞爾對懷疑論相對主義的批判可以擴展到在《邏輯研究》出版後才興起的實用主義上，並且連同它對科學眞理的維護而最終「也具有一個廣泛的文化哲學的意義」。[103]

---

101 胡塞爾在一九〇五年二月十二日致皮特金的一封信的草稿中談到一種「認識批判的客體主義」。

102 早在一九〇四年，胡塞爾就報告過一個「非常有智慧和使人有好感的莫斯科私人講師（維克托洛夫 Wiktoroff）」的來訪，他在做「對阿芬那留斯－馬赫實證主義的批判研究」。——致道伯特的信，一九〇四年五月。

103 胡塞爾本人在兩年之後也將「在相對主義方面更甚於」實證主義的「實用主義」以及文化哲學的或文化歷史的懷疑主義納入到他的批判範圍之中，載於《邏各斯》，第一輯（一九一一年），第二八九－三四一頁（以書的形式重新爲斯基拉奇（Szilasi）編輯出版，法蘭克福／美因河畔，一九六五年），參閱第二九六頁、第三二三頁及以後各頁。

無法找到胡塞爾本人對這個《邏輯研究》第一譯本的表態。

一九一三年

加工過的第二版。對第一卷的加工很大部分都只是一些微小的風格改動和對已做陳述的清晰化。沒有提出心理主義爭論的新論據。就對在此期間進行的現象學構建的配合而言，它們幾乎毫無例外地涉及本質現象學、對在觀念直觀中的本質分析的強調、[104]對意向活動—意向相關項的關係的突出，[105]以及對現象學與通常的心理學的區分。[106]即使是對第二卷的附加指明也是與本質的課題域有關。[107]超出對意向活動—意向相關項之相關性的強調之外的唯有一個附錄，它顯示的是超越論的課題域，即客體性本質所具有的與思維本質的「奇特的親和性」。[108]所有這些內容上的進一步展開，都是從第八章起才顯示出來。

---

104 參閱 A/B 171、A 245/B 244 及後頁、A/B 254。

105 參閱 A/B 171、186 及後頁、A 245/B 244。

106 參閱 A/B 190、212。

107 B 244 及後頁。

108 B 254。

對第一卷的加工沒有標明確切的時間點。在《邏輯研究》加工上的一個最初的、又中斷了的開端所給明的日期是一九一一年。[109] 如果根據其他說明來推斷，那麼對第一卷的確定處理可能是在一九一三年四月中至五月底進行的。按照第二版[110]的一個自藏本上的一個筆記的說法，這個排版是「一九一三年七月一日」完成的。引人注目的是，在帶有夾頁的第一版自藏本中，胡塞爾做的批注一條也沒有被接受到加工後的版本中。[111]

XL

一九二二年和一九二八年

第三版和第四版，除了對幾個印刷錯誤的校正以外未作改動。

一九二九年

由於奧爾特加．伊．加塞特（Ortega Y Gasset）的倡議，一九二九年出版了《邏輯研究》的西班牙譯本。對於這個譯本，胡塞爾的條件是以第二版爲基礎，這一版因而再次被證實爲是最終意願的文本。

---

109 第二版前言，B XVII；致道伯特的信，一九一一年三月四日。

110 文庫標號：K IX 5，第 XVII 頁。

111 參閱〈文本考證附錄〉，後面第二六七頁，以及前面第 XXXVI 頁。

「鑒於您最友好地告知我，正在準備出版我的《邏輯研究》的一個學術上可靠的譯本，因此我不想拒絕提供我的允准，前提是要把較新的版本作爲基礎（第二版或更後的版本）。」——致《西方評論》（*Revista de Occidente*）編輯部的信，馬德里，一九二九年六月十九日。

奧爾特加．伊．加塞特「應當爲我那三卷的西班牙譯本而受到感謝，據説它們會產生巨大影響。事實上，已經有（我曾寫信告訴過你）不少於四千五百冊的書被賣出（比一九〇〇年出版後的前兩年在德國賣出的更多）。」——致阿爾布萊希特的信，一九三四年十一月二十六日。

一九三六年

胡塞爾又致力於「仍然不可或缺的《邏輯研究》」的英文翻譯。

「剛才我給法伯……寫了信。我向他建議，將仍然不可或缺的《邏輯研究》翻譯出來。」——致凱恩斯的信，一九三六年八月二十日。[112]

112 最終在一九七〇年出版了一個英譯本：*Logical Investigations*，芬德萊（J. N. Findlay）譯，兩卷本，倫敦／紐約。

關於書評史

在這個對書評和其他相關文獻的概覽中，被顧及到的只是那些在胡塞爾這方面又做過表態的書評和相關文獻。它們全都是一些在一九一三年以前對第一版所發表的討論。

胡塞爾對《邏輯研究》的文獻反響的第一個反應可以在一九〇一年八月二十二日給他的朋友阿爾布萊希特的一封信中找到。

「里爾曾以一種幾乎比對第一部分還要誇張的方式談論過第二部分。我更看重斯圖姆夫、狄爾泰和利普斯的表述。」

「馬赫在他的《力學》[113]第四版中（用兩頁半紙）詳細地討論了我的指責（《邏輯研究》第一部分），並且非常敬重地對待我。」

「我還要對你說，至今爲止發表的對第一部分的書評完全顯示出我的著作被珍視爲一個重要的出版物。舒佩和納托普已經在幾篇文章中對它做了辨析。」[114]

---

113 胡塞爾在這裡所指的是馬赫的《發展中的力學：對其歷史—批判的闡述》（Die Mechanik in ihrer Entwicklung, hinstorisch-kritisch dargestellt），一八八三年。——中譯注

114 參閱前面第 XIII 頁上這封信的繼續。

《邏輯研究》題獻給了斯圖姆夫。自該書出版以後，斯圖姆夫便「孜孜不倦地」[115]致力於胡塞爾在職業上的進一步發展。他在其科學論的著述「科學引論」[116]中承認胡塞爾對一門本己的、不同於心理學的科學的分離，它被用來「研究思維內容本身的內部結構」，但他選擇「本質論」（Eidologie）爲其標題，而不是像胡塞爾那樣選擇「純粹邏輯學」。同時他借著對其一八九一年「心理學與認識論」論文的指明而反對那個從協力廠商提出的心理主義指責。[117]斯圖姆夫將判斷行爲的產生和接續的因果規律與內在於實事狀況的結構規律對立起來。[118]

狄爾泰曾於一九〇四／一九〇五年在柏林大學做過一個關於胡塞爾《邏輯研究》的討論課。[119]在他這方面還沒有對第一卷的心理主義問題域的直接表態。狄爾泰似乎對在第二卷中

115 致阿爾布萊希特的信，一九〇一年八月二十二日。

116 《皇家普魯士科學院一九〇六年論文集》，柏林，一九〇七年。在胡塞爾的自藏本中可以找到許多贊同的邊注和底線。

117 第三十三頁。

118 第二十八頁、第三十三頁、第六十一頁及以後各頁。

119 參閱沙普（W. Schapp），〈回憶胡塞爾〉，載於《埃德蒙德·胡塞爾 一八五九—一九五九》，《現象學叢書》，第四卷，海牙，一九五九年，第十三頁，以及皮特金致胡塞爾的信，一九〇五年四月九日。

所論述的認識論的描述奠基更感興趣。[120]

利普斯在《導引》中曾作爲一個心理主義的代表而遭到抨擊。胡塞爾的論據使他覺得有必要對他的立場做一次審核。最初的一個讓步性表態可以在一九〇三年的一篇文章[121]中找到。在一九〇三年十二月八日的一封信中，利普斯開玩笑地敘述說，他會督促他的學生去寫一篇題爲「胡塞爾的心理主義」的爭論文章。當然，從這封信中可以看出，他並不理解，在證明了邏輯學的自主性之後，仍然會有一個合法的「心理學」問題留存下來，即超越論哲學的問題：邏輯的客觀觀念性如何能夠成爲思維者的認識財富。

120 參閱〈精神科學之奠基研究〉（一九〇五年），載於《狄爾泰全集》，第七卷，萊比錫／柏林，一九二七年，第十頁、第十四頁、第三十九頁及以後各頁；此外還可以參閱胡塞爾：《現象學的心理學》，《胡塞爾全集》，第九卷，第五頁及以後各頁。

121 〈「心理學爭論點」的繼續〉，載於《心理學與感官生理學雜誌》，第三十一輯（一九〇三年），第七十八頁。對此參閱里爾（一九〇三年六月八日）致胡塞爾的信：「您或許可以對利普斯（一位極其認眞的研究者）在『心理學爭論點』中所做的讓步感到滿意了……如果邏輯學不建基於心理學之上，即不依賴於心理學的方法，那麼人們是否還在說，它屬於心理學，就是完全次要的了……利普斯恰恰處在這個回撤的過程中——爲此我們不必與他在語詞上糾纏。」關於利普斯的另一個明確的表態，里爾在一九〇四年五月十五日寫道：「您大概讀到了利普斯所寫的對您的論述：『我認爲胡塞爾是一個特別敏銳和深刻的思想者』，而且在前一句中他聲明，從您那裡學到了東西。」

在其《發展中的力學》第四版[122]中，馬赫在涉及胡塞爾《邏輯研究》第一卷時堅持認爲，在區分邏輯過程時須要對心理學的和邏輯學的提問方式進行原則性的區分。在其回信中，[123]胡塞爾又探討起這個他本人在《導引》中特別就思維經濟所談及的區分，並且，除此之外還做出表示，他的關於思維經濟的一章「主要是針對阿芬那留斯學派，並且尤其是針對科內利烏斯的」。他之所以一併提到馬赫的名字，乃是因爲他當時認爲，馬赫的那些著述助長了將眞正的認識批判澄清還原到認識實踐問題域上的做法。

舒佩在他「論心理主義與邏輯學的規範特徵。對胡塞爾《邏輯研究》的一個補充」[124]的文章中所提供的，與其說是一個《導引》的書評，不如說是一個從胡塞爾闡述出發，對他自己新康德主義立場的介紹。從所有跡象看，他並沒有注意到，由他所闡述的對邏輯學的規範特徵的理解，恰恰就是爲胡塞爾所指責的那種理解。

最詳盡和最仔細的書評出自納托普之手。[125]在對胡塞爾的各個論據做了多頁篇幅的概括

122 萊比錫，一九〇一年，第五二五頁及以後各頁。

123 一九〇一年六月十八日，付印於黑勒（K. D. Heller）：《恩斯特·馬赫》，維也納，一九六四年，第六十一—六十四頁。

124 《系統哲學文庫》，第七卷（一九〇一年），第一—二十二頁。

125 〈論邏輯方法問題。涉及Edm. 胡塞爾的《純粹邏輯學導引》〉，載於《康德研究》，第六輯（一九〇一年），第二七〇—二八三頁。

XLIII

之後，納托普在胡塞爾的進攻面前爲康德和「今日的批判主義」辯護，並且表達了這樣一種猜測：胡塞爾在繼續進行邏輯研究的過程中最終會不得不走到與康德所走的相似道路上。在一九〇一年九月七日的信中，胡塞爾爲其「深入而友好的書評」致謝。同時他對納托普的兩點不滿做了簡短的陳述。第一個不滿在於，胡塞爾沒有追問「客觀之物與主觀之物，或觀念之物與實在之物的內部的、合乎認識的並因此而是邏輯的連結關係」，而只是「對它們做了截然的和純然的區分」，以至於「一個恰恰是邏輯上的彆扭（Mißbehagen）」得以留存下來。[126]第二個不滿涉及胡塞爾的一個注釋：「一大批新康德主義者都屬於心理主義認識論的領域」，以及一個事實：他在這裡只引述了朗格。[127]此後還可以在一九一三年爲《邏輯研究》所寫的一個序言或後記的草稿中發現與納托普書評的更新的關聯。[128]

> 「這個『邏輯彆扭（Unbehagen）』在第二卷中或許還會常常出現，並且肯定會出現。在繼續的進程中也正需要不斷進行新的澄清，直至在各方面都達到絕對的準確和清晰，而且一切都統一協調。在這個從不同方面發出並向不同方面鑽研的工作中，這個

---

126 同上書，第二八二頁。

127 同上書，第二八〇頁；參閱 A/B 93（注三）。

128 〈爲《邏輯研究》所寫的一個〈序言〉的草稿〉，同上書，第一一三頁及以後各頁、第一一四頁。

「彆扭的」片面性會獲得其自然的補充。——難道拉斯維茲（Laßwitz）、克勞澤（Krause）、施奈德（Schneider）、文德爾班、或許還有利普曼等等不是「新康德主義者」嗎？而他們都是心理主義者和相對主義者。」——胡塞爾致納托普的信，一九〇一年九月七日。

胡塞爾對帕拉基斯（M. Palágyis）在《現代邏輯學中心理主義者與形式主義者的爭論》一書[129]中的論爭所做的回答主要在於對誤釋的糾正。只有對他與鮑爾查諾與洛采的關係的具體說明是新的。[130]對洛采的柏拉圖詮釋的領會為胡塞爾首次開啟了對「在其現象學的素樸性中起初還無法理解的鮑爾查諾的設想」的理解。胡塞爾所說的「現象學的素樸性」，是指缺少一種在觀念性以及與它們相一致的意識之間的關係理論。

胡塞爾在其為第二版所寫的一個序言或後記的草稿中更詳細地論述了這個與鮑爾查諾的距離，並且將它也延展到洛采那裡。只要鮑爾查諾和洛采涉及邏輯學的認識論奠基，他們都會以矛盾的方式對它們做心理主義的理解，鮑爾查諾的理解是經驗主義的，洛采則是人類主

129 萊比錫，一九〇二年。——胡塞爾的回答載於《心理學與感官生理學雜誌》，第三十一輯（一九〇三年），第二八七—二九四頁。

130 第二九〇頁。

義的。[131]這個計畫中的序言或後記應當對《邏輯研究》所遇到的「典型誤解」進行辨析，[132] XLV
即是說，對那些「向心理主義的回落」[133]和柏拉圖主義[134]以及與《邏輯研究》的產生史和歷史地位相關的誤解[135]進行辨析。

胡塞爾在這裡還引用了多個書評。[136]但他只是指名道姓的提及已說過的納托普的論文，

131 〈爲《邏輯研究》所寫的一個〈序言〉的草稿〉，同上書，第三二三頁及以後各頁。

132 第二版前言，B XVI及後頁。

133 〈爲《邏輯研究》所寫的一個〈序言〉的草稿〉，同上書，第一一五頁、第三二九頁及以後各頁。

134 第一一八頁及以後各頁。

135 第一二四頁及以後各頁、第三三三頁及以後各頁。

136 布瑟（L. Busse）的書評，載於《心理學與感官生理學雜誌》，第三十三輯（一九〇三年），第一五三－一五七頁（「唯一一篇完整（包含兩卷）的」書評）；基（A. Ki）的書評，載於《德國文學中心報》，第五十二輯（一九〇一年），第九六四－九六五頁；納托普的書評，載於同上書；盧克維特（G.-H. Luquet）的書評，載於《法蘭西與國外哲學評論》，第五十一輯（一九〇一年），第四一四－四一八頁；馮特：〈心理主義與邏輯主義〉，載於《短篇著述》，第一卷，萊比錫，一九一〇年，第五一一－六三四頁。除了這些討論和其他幾個告示以外，在胡塞爾的遺稿中還可以找到海德格的表態：〈關於邏輯學的較新研究〉，載於《天主教德國的文學評論》，第三十八輯（一九一二年），第四六八－四七二頁。海德格在康德學派哲學的範圍以內研究了心理主義的問題域，並且認爲，這個問題「今天的決斷有利於超越論－邏輯學的觀點，這個觀點自七十年代以來便爲赫爾曼·柯亨及其學派以及爲文德爾班和里克特從根本上所宣導」。在涉及胡塞爾

以及馮特的「長篇的、而且眞正卓越的論文」：〈心理主義與邏輯主義〉。馮特從根本上承認在《導引》中的心理主義批判。他所反對的是對心理學的「邏輯主義」構想，亦即一種根據邏輯範疇來建構的心理學，他相信在《邏輯研究》的第二部分可以發現這樣一種心理學。[137]對《導引》的問題域而言，有趣的是那個胡塞爾在《觀念》第一卷[138]中引用過的指責，按照這個指責，胡塞爾對邏輯學的奠基會窮盡於同語反復（Taotologie）之中。馮特在這裡觸及到一個心理主義者的「邏輯」論據，這是一個胡塞爾本人在《導引》中沒有深入分析，但卻爲納托普所引述過的論據：一種循環（idem per idem）說明的危險。[139]這個循環論證的指責

XLVI

時，他接受了納托普的判斷（《康德與馬堡學派》，柏林，一九一二年，第六頁），「他們（馬堡學者）只能愉快地贊同胡塞爾的出色論述（……），但他們所能做的並非只是從這些論述中去學習」。但在海德格看來，「胡塞爾的深刻的和極爲貼切地表述出來的研究」的意義在於，「它們實際上已經違反了心理學的禁令，並且推動了那些已被注意到的原則說明」（第四六七頁）。海德格在他的博士論文《心理主義中的判斷學說》中（萊比錫，一九一四年，第一頁及後頁）幾乎逐字逐句地重複了他的這個表態。

137 參閱「爲《邏輯研究》所寫的一個〈序言〉的草稿」，同上書，第三三二頁及以後各頁。

138 第三〇二頁（《胡塞爾全集》，第三卷）。

139 「論對認識的主觀論證和客觀論證」，同上書，第二六一頁：「如果人們透過一個已經原初包含在認識內容中的關係來論證認識的對象性，那麼這很容易被視爲是一種循環（idem per idem）說明；那種更多地回溯到主體的說明似乎是更爲根本的說明……」

正好與在胡塞爾那裡對心理主義文獻中的倒逆（hysteron próteron）論證的指責[140]相對立。

在這個聯繫中還需要提及胡塞爾與布倫塔諾之間的通信，主要是在一九〇四—一九〇六年間的通信。[141]胡塞爾試圖在這些通信中根據他老師的詢問而向他說明自己的觀念的繼續發展。討論的主要是把邏輯學劃分爲一門工藝論和一門純粹理論的做法、心理學與邏輯學的關係、邏輯眞理的「實現」以及它們的經驗主義相對化。胡塞爾保證說，《導引》並不是針對布倫塔諾及其學生的，因爲布倫塔諾雖然提出對邏輯學的心理學奠基，卻從未將邏輯學的規律加以人類主義的相對化。

「此外，我的《導引》並不是針對您和您的學生的。其實（au fond）我相信，我們之間在這些一般問題上並不存在如此大的差異，我只是認爲對一些個別區分的強調很重要，而您相信它們是可有可無的……」——一九〇五年三月二十七日。[142]

140 A/B 206 及以後各頁，也可以參閱 A/B 88 及後頁。

141 這個通信中的兩封布倫塔諾的信（一九〇五年一月九日和四月三〇日）已經發表在布倫塔諾的《眞理與明見性》中，由克勞斯編，萊比錫，一九三〇年，第一五三—一六一頁。

142 與此相反的說法可以參閱前面第 XXVII 頁上引用的致納托普的信，一八九七年一月二十一日。

在《出自經驗立場的心理學》的一個一九一一年的部分新版中，布倫塔諾在一個增補中在某些學生對他所做的心理主義指責面前爲自己辯護。[143]在一九一一年十一月十七日寫給胡塞爾的一封信中，他說在這裡所想到的並不是胡塞爾。儘管如此，胡塞爾在這裡仍然爲布倫塔諾的論戰感到震驚，就像布倫塔諾當時必定也曾對胡塞爾「遠離開那些對我的學術培養最有影響的人與著作」[144]的做法感到震驚一樣。

關於胡塞爾對《導引》論題域的繼續展開

對心理學與邏輯學關係之新詮釋的第一階段在《邏輯研究》出版之後就立即開始了。它首次表現在「關於一八九五—一八九九年德國邏輯學著述的報告」（一九〇三年）中。此後它在綱領性的論文〈哲學作爲嚴格的科學〉中得到表達。在《觀念》第一卷（一九一三年）中，它獲得了其最終的形態。

在第一卷的「作者本人告示」[145]中以及在第二卷的引論中，[146]胡塞爾接著布倫塔諾

143 《論心理現象的分類》，萊比錫，一九一一年，第一六五—一六七頁；參閱《出自經驗立場的心理學》，第二卷，萊比錫，一九二五年，第一七九—一八二頁。

144 第一版前言，A/B VII 及後頁。

145 第五一二頁（這裡是第二六二頁）。

146 A 8、18、21。

所提出的劃分而將發生心理學和描述心理學加以相互對立。透過將心理事件還原到其他的、最終是生理的事件上，發生心理學對心理事件進行因果的說明。[147]它的方法是歸納（Induktion）。在《導引》中，涉及對邏輯學的心理學奠基時唯一受到討論的就是這種心理學。與此相反，描述心理學的任務則在於對「內經驗的被給予性」的澄清。它的方法是直觀（Intuition）。

胡塞爾在一九〇三年就已經不再同意用描述心理學來標示他的認識體驗的現象學分析。這個做法的原因在於，傳統的描述心理學將它所研究的體驗和體驗類理解爲人的體驗和體驗類，即是說，理解爲在客觀—時間上可規定的自然事實，而胡塞爾的純粹現象學分析則將任何關於心理體驗的心理物理的和物理的依賴性的假設，連同對物理自然的實存設定都懸置起來。[148]

147 胡塞爾本人在其《邏輯研究》前的發生分析中僅僅侷限於內心理的發生。與「發生的」和「靜態的」概念相反，「發生的」和「描述的」這兩個概念並不與「說明的」和「描述的」概念完全一致，並且與此相應地也不會完全相互排斥。

148 「關於一八九五—一八九九年德國邏輯學著述的報告」，「第一條項」，載於《系統哲學文庫》，第九卷（一九〇三年），第一一四頁；「第三條項」，同上書，第三九七頁及以後各頁。對此參閱一九〇三年一月二十五日致霍金的信：「如果我反對『心理主義』，即透過『心理學』來論證純粹邏輯學（等於普遍數理模式）與認識批判，那麼這裡所說的『心理學』便是指發生心理學、作爲自然科學的心理學，它們在形上學和認識而後，論述的重點開始從歸納說明的心理學的發生角度轉向更爲普遍的經驗角度，[149]以及從將它當作一門「關於事實、關於實際的事情（matters of fact）的科學」——這是在《導引》中主宰的心理學，儘管當時談到的是作爲一門自然科學的心理學——來探討轉向將它當作一門「關於實在的科學」[150]來探討。對這個批判的擴展最突出地表現在「哲學作爲嚴格的科學」[151]一文中。與對心理主義的指責相並列的是對自然主義的指責；與對相對化的指責相並列的是對觀念的自然化的指責。自然主義在與事物特性的類比中，把心理體驗的特殊規定理解爲「實在特性」，它們在其變化中受物體世界作用的決定，並以心理物理相結合的方式與物體世界構成同一個實在—因果相關聯的自然。與這種對經驗心理學之爲事實科學

論方面與物理的自然科學一樣素樸（naiv）。如果要對心理學的概念做更廣泛的理解，以至於可以談得上透過心理學對認識批判的論證，那麼就必須再加上作爲先天心理學的先天規律的整個領域，而這門先天心理學就不再是人的或動物的心理學，更不是經驗心理學；它含有對人的意識有效的規律，因爲這些規律（正是作爲先天的）對任何意識有效。」

149 參閱第二卷〈引論〉，A 8：「一種……描述的（而非某種發生心理學的）理解」；B 6：「一種……描述的（而非一種經驗心理學的）理解」。

150 參閱《觀念》第一卷，第三頁（《胡塞爾全集》，第三卷）。

151 同上書，尤其是第二九四頁及以後各頁。

和實在科學的雙重定義相對，《觀念》第一卷[152]提出作為埃多斯科學或本質科學以及作為超越論科學或觀念科學的現象學。如前所述，為第二版而作的《導引》的加工幾乎完全侷限於這一點：在將純粹邏輯學還原為一門事實科學的做法面前，更為清晰地強調這門學科的本質特徵。

從超越論現象學的立場出發，在這個第一階段上同樣已經涉及邏輯心理主義的問題，[153]但這個問題在二十年代才得以廣泛地展開，即在對《現象學的心理學》（一九二五年）[154]講座的一個簡短引介中，以及詳細地在《形式的與超越論的邏輯學》（一九二九年）的著作中；後者用許多節的篇幅[155]來對《導引》的主要課題做一個深入的重審，同時並沒有「在個別點上束縛於那些需要修改的論述」。[156]胡塞爾本人將這個重審評價為一種「對邏輯心理主義之反駁的一個不同尋常的擴展並且同時也是澈底化。」[157]

邏輯學作為一門純粹的、理論的學科和作為一門規範—實踐的學科所具有的兩面性在

---

152 第三頁及後頁，對此參閱第一二六頁及後頁。

153 參閱〈為《邏輯研究》所寫的一個〈序言〉的草稿〉，同上書，第一一五頁及後頁。

154 《胡塞爾全集》，第九卷，第二十頁及以後各頁。也可以參閱在同一卷中的附錄四，第三六四頁及以後各頁。

155 《形式的與超越論的邏輯學》，哈勒/薩爾河畔，一九二九年，第一三六頁（《胡塞爾全集》，第十七卷）。

156 尤其是第8—11節、第56—57節、第62—69節、第99—100節。

157 同上書，第一五一頁。

《導引》中構成了處理心理主義問題的出發點和主線，而在《形式的與超越論的邏輯學》中，這個兩面性被簡稱爲「歷史邏輯學的兩性同體（Zwitterhaftigkeit）」。它「並不帶來本質上新的內涵，而只帶來不言自明的主觀說法」。[158]在這部後期著作中，這個問題域主宰著邏輯學所具有的這個在哲學上唯獨被視爲有意義的兩面性，即作爲一門形式科學和一門超越論科學的邏輯學的兩面性。

形式邏輯學劃定了一個含義單位的領域，這些含義單位在它們的意義內涵中並不包含與實在主體束縛於其上的那些主觀體驗的關係，同樣，它們的觀念規律性也不對實在的事實性做出陳述。即使它們並不隱含任何「實在的事實」，它們卻還是與「可能的事實」相關聯。命題邏輯要求對命題的所有可想象的個案都有效。觀念對象以類似的方式與可能的主體相關聯，並且是與具有一種特定先天結構的主體相關聯。正如對一個作爲物質的、多面的對象的事物的經驗要依據於一個具有完全特定的結構的主體，即一個具有以動感方式被引發的感性感知的主體，這種感知可以根據一種特定的風格而被轉移到回憶和其他的當下化中；與此完全相同，純粹邏輯學的先天也依據於心理種類的相關性先天。超越論邏輯學所從事的便是那些爲邏輯的對象性所本質要求的意識體驗，這些對象性便是在這些體驗中以主體的方式構成自身，並且成爲明見的被給予性。必須將邏輯學的這種主觀奠基嚴格地區分於在其範疇意義

158 同上書，第三十九頁及以後各頁，參閱第二十七頁及後頁。

L

上的客觀論證。[159]

在《形式的與超越論的邏輯學》中，心理主義的問題或對心理主義的指責得到了擴展，也就是說：從對邏輯學的非實在含義構成物的心理學化，亦即把意識體驗的觀念對象還原爲體驗本身[160]的指責，擴展到對把所有意向對象性（無論是物理事物還是觀念）都還原爲對它們來說是相關的和內在的心理素材的指責。這種還原的特徵被描述爲心理主義的實證主義變異或休謨變異。[161]另一方面，心理主義的問題或對心理主義的指責也得到了一種闡明，因爲這裡明確指出了在自我朝向的近代哲學中對超越論的主體性與實在的、心理和心理物理地被統攝的主體性的混淆。澄清作爲在意識中成爲明見的自身被給予性的觀念性的邏輯對象的構造，以及排斥客觀世界的自然客體，這些做法的無前設的基礎並不處在那個心理學的和心理物理被統攝的、與應被排斥的自然以實在—因果的方式連接在一起的主體之中，而是僅僅處在超越論的主體之中，任何改造和統攝都以這個主體爲出發點。對這兩種主體被給予性的混淆是心理主義的認識論變異或笛卡兒變異的特徵。[162]

LI

159 《現象學的心理學》，第二十二頁及以後各頁，第三十七頁及以後各頁；《形式的與超越論的邏輯學》，第一五四頁及後頁、第一六二頁、第二二七頁及以後各頁，如此等等。

160 對此參閱第二個成見：《導引》，A/B 167 及以後各頁。

161 《形式的與超越論的邏輯學》，第一四八頁及後頁，第一五二頁及後頁。

162 同上書，第一三六頁、第一九九頁及以後各頁、第二三二頁及以後各頁。

在這些聯繫中，即在對自身有效的客體性和在種類一致的主體性的揭示中、在對心理主義指責的擴展和深化中，在《導引》中被一同牽扯到心理主義批判之中的傳統超越論哲學——「超越論的心理學仍然是心理學」[163]——獲得了一個更具差異性的評判。在涉及康德學派的認識批判時，對經驗—心理學論證的拒絕與在《導引》中一樣又受到贊同，但現在卻沒有再去構建一門可以作爲其基礎的先天心理學，[164]以及沒有再將形式邏輯學——它的有效性已經素樸地（「在超越論的素樸性中」）被預設——納入到那種根據自然和自然科學而展開的超越論提問中。[165]

胡塞爾明確堅持：向超越論構造意識的回溯，「既不會對邏輯構成物的觀念客體性，也不會對實在世界……產生任何改變」。[166]

「自在眞理」的存有，並且以其方式也包括世界的實存，都是「無疑的自明性」，它們「肯定具有明見性的地位」。[167]但它們仍然是「素樸的明見性」，只有在堅持對相應對象性的直向目光朝向時，它們才能無限制地主張自己。在超越論觀點中所實施的對這些明見性及

163 《導引》，A/B 93，參閱 A/B 123。
164 《現象學的心理學》，第四十一頁；《形式的與超越論的邏輯學》，第二二六頁及以後各頁；參閱第一五一頁。
165 《形式的與超越論的邏輯學》，第二二八頁及以後各頁。
166 同上書，第二三三頁。
167 同上書，第一七六頁，參閱第二二二頁。

其先天結構的課題反思，很快就促使「一種尷尬的，但卻不可避免的相對性」顯露出來。[168]
邏輯構成物的明見性並不比實在世界的明見性更少，而內在的心理體驗的明見性是一種預
設的明見性。[169]邏輯規律充滿了觀念化，例如：在向「如此繼續下去（und so weiter）」的
重複的無限性連同其主體相關項「可以一直繼續下去（man kann immer weiter）」的回溯 LII
中——「這是一種顯然的觀念化，因爲事實上沒有人能夠一再繼續下去」[170]——，以及在對
所有客觀之物「一勞永逸地」和「對任何人」都有效的要求中。[171]

但是，這種「產生於自然明見性中的『成見』」不可以被混同於「在通常的、壞的意義上的成見」，任何一個在時間上和以交互主體的方式一再被重新證實的明見性都不會帶有後一種成見。[172]這種「產生於自然明見性中的」成見所展示的不僅僅是一個對構造它們的意識體驗的超越論研究而言的標籤或主線。[173]它們在任何超越論觀點之前就已經標示著一個對恰

---

168 同上書，第二五七頁、第二三〇頁、第二三九頁。

169 同上書，第二三二頁、第二四九頁及以後各頁。

170 同上書，第二六七頁。

171 同上書，第一七二頁及後頁。

172 同上書，第二四四頁。

173 《現象學的心理學》，第四十七頁；《笛卡兒式的沉思》，《胡塞爾全集》，第一卷，第八十七頁等等。

恰是這些體驗的進程而言的「規則結構」。[174]它們作爲「規整性的觀念」[175]起作用，並且本身就是一般認識之可能性的條件。

除了心理學和邏輯學的關係之外，《導引》結尾一章所提出的那些關於純粹邏輯學的觀念及其任務，連同對第二卷第三研究和第四研究的類似論述，在這些後期著述中又得到了「揭示」，最深入地是在《形式的與超越論的邏輯學》中，這個揭示同時也應當是一個「補充和批判性的界定」。[176]在這裡所涉及的尤其是在《導引》中便作爲第一任務而被提及的對純粹含義範疇和純粹對象性範疇（第67節[177]）的確定，以及被稱爲第三任務的對一種系統的理論學或流形論（第69—70節[178]）的構建。自《觀念》第一卷起，胡塞爾便說明，對純粹對象性的強調，或者也可用現在的說法，對形式—本體範疇的強調，是在新的、非形

174 《笛卡兒式的沉思》，第九十頁。

175 《形式的與超越論的邏輯學》，第二四五頁、第二五七頁，參閱第二二二頁。

176 同上書，第九十一頁。

177 參閱《觀念》第一卷的回溯引證，第二十三頁、第四十頁；《現象學的心理學》，第四十一頁；《形式的與超越論的邏輯學》，第七十三頁及以後各頁。

178 參閱《觀念》第一卷的回溯引證，第十七頁、第一三六頁；《形式的與超越論的邏輯學》，第七十八頁及以後各頁、第八十八頁及以後各頁。

上學的形態中對「一種爲康德主義和經驗主義所唾棄的先天本體論之舊觀念」[179]的恢復。對理論學的進一步發展首先關係到對在《形式的與超越論的邏輯學》中展開的邏輯學的三個層次的組合，即邏輯學作爲判斷的形式學、作爲結論學和作爲眞理學的三個層次，即是說，將那些超出這些純粹演繹的理論之上的實事先天組合爲一個普全的數理模式（mathesis universalis），同時，對理論學的進一步發展還關係到用一門質料的本體論來對分析的－形式的本體論進行補充。[180]

當這一卷的主要文字已經付印時，胡塞爾文庫的主任和《胡塞爾全集》的出版者海爾曼·列奧·梵·布雷達教授於一九七四年三月三日意外而過早地與世長辭。在他臨終前不久，我還有機會將這個引論交給他討論和核准，在此之前，他已經在文本評判和文本構形過程中，用他豐富的歷史經驗和編輯經驗，向我提供了多方面的諮詢和支援。同樣應當感謝的還有帕托契卡（J. Patoka）教授翻譯了一九〇九年的「俄譯本主編前言」，馬施克（G. Maschke）先生爲《導引》的新版所做的各種準備工作；承擔了第二卷出版的科隆胡塞爾文庫的博士潘策（U. Panzer）女士在解決共同的文本校勘問題的過程中合作；馬堡大學文獻館的布雷德豪恩（U. Bredehorn）轉讓了胡塞爾文庫所未知的那些胡塞爾致納托普

---

179 《形式的與超越論的邏輯學》，第七十五頁。

180 同上書，第八十九頁及以後各頁、第一三四頁。

的信件；阿弗－拉勒芒（E. Avé-Lallemant）博士、霍爾茲海（H. Holzhey）博士以及舒曼（K. Schuhmann）教授提供了極有價值的、對這個引論的前期稿本的補充材料；巴羅弗（E. Baruffol）和帕爾潘（R. Parpan）校對了校樣，最後還有，魯汶胡塞爾文庫的所有工作人 LIV
員營造了友好的工作氛圍。

埃爾瑪・霍倫斯坦

《邏輯研究》

第一卷

《純粹邏輯學導引》

懷著敬意與友誼
謹將此書獻给
卡爾・斯圖姆夫

前言

各項邏輯研究的發表以這部《導引》[1]爲始。這些研究的產生與一系列無法避免的問題有關，它們不斷地阻礙並最終中斷了我多年來爲從哲學上澄清純粹數學所做努力的進程。除了有關數學基本概念和基本明察的起源問題之外，我所做的努力主要與數學理論和方法方面的難題有關。那些根據傳統邏輯學或無論做了多少改革之後的邏輯學的闡述來說必定是顯而易見的東西，即：演繹科學的合理本質及其形式統一與符號方法，在我對實際現有的演繹科學所做的研究中卻顯得模糊可疑。我分析得愈是深入，便愈是意識到：負有闡明現時科學之使命的當今邏輯學甚至尚未達到現時科學的水準。

我在對形式算術和流形論（Mannigfaltigkeitslehre）[2]——它是一種凌駕於特別的數的

1 即這部《純粹邏輯學導引》的簡稱，以下均同。——中譯注

2 「流形」概念在德文日常用語中是指雜多、多樣、紛繁複雜。自一八五四年德國數學家黎曼將其作爲幾何學概念提出後便成爲幾何學的專業術語，在數學上泛指歐幾里得三維空間的面積概念，「流形論」是關於流形的數學理論。該數學概念的中譯名出自文天祥詩：「天地有正氣，雜然賦流形。」胡塞爾關於流形論的思考與他在哈勒時期的親密朋友、集合論的創始人、數學家格奧爾格·康托爾（Georg Cantor, 1845-1918）有關。後者於一八八三年便在萊比錫出版了《一門普遍流形論的基礎》（*Grundlagen einer allgemeinen Mannigfaltigkeitslehre*）。他對胡塞爾的最大影響很可能是在其流形論方面的思考與表述。胡塞爾本人在一八九一／九二年前後曾專門在「集合與流形」的題目下探討過康托爾的相關問題（參見胡塞爾：《算術與幾何研究（選自一八八六—一九〇一年遺稿）》，《胡塞爾全集》，第二十一卷，海牙：馬爾

形式（Zahlenformen）和廣延形式（Ausdehnungsformen）的所有特殊性之上的學科和方法——的邏輯探究中遭遇了特別的困難。它迫使我進行極爲廣泛的思考，這種思考超出較爲狹窄的數學領域而朝向一門關於形式演繹系統的一般理論。這裡只須較爲確定地標示出當時湧向我的各個問題系列中的一個問題系列。

將形式算術普遍化，或者說，對形式算術進行改動，使它在基本不改變其理論特徵和計算方法的同時擴展到量的領域以外，這種可能性是顯而易見的；它必定會喚起這樣一種明察，即量這種東西根本不屬於數學之物的或「形式之物」的以及建基於它們之中的計算方法的最普遍本質。我在「數學化的邏輯學」中接觸到一種確實是無量的（quantitätslos）數學，而且是一門無可爭議的關於數學形式和方法的學科，這門學科所探討的一部分是古典的三段論，一部分是新的、對傳統而言始終陌生的推理形式；在與這門學科接觸的過程中，許多重要的問題在我腦海中形成：關於數學一般的普遍本質問題，關於量的數學系統和無量的數學系統之間的自然聯繫或可能界限的問題，尤其像是關於算術的形式與邏輯的形式之間的關係問題。我很自然地必須從這裡出發去繼續探詢關於那些有別於認識質料的認識形式之本質的 A VI B VI

蒂努斯·內伊霍夫出版社，一九八三年，第十一號文本，第九十二—一〇五頁，尤其是第九十五頁）。即使康托爾後來不再使用「流形論」這個概念，而是用意義更爲廣泛的「集合論」的術語來取而代之，胡塞爾在他自己的相關論著中仍然在自己的意義上維持使用「流形」與「流形論」這些概念。——中譯注問題，關於形式的（純粹的）和質料的規定、眞理、規律之間區別之意義的問題。

但我還在一個完全不同的方向上糾纏於普遍邏輯學和認識論的問題。我以那時流行的信念爲出發點，即堅信：無論是演繹科學的邏輯學還是邏輯學一般，對它們的哲學啟蒙都必須寄希望於心理學。據此，在我《算術哲學》的第一卷（也是唯一發表的一卷）中，心理學的研究占了極大的篇幅。我對這種心理學的奠基從未感到過完全滿意。在論及數學表象的起源問題，或者在論及確實是由心理因素所決定的實踐方法的特定形成時，我感到心理學分析的成就是清晰而富於教益的。然而，思維的心理聯繫如何過渡到思維內容的邏輯統一（理論的統一），在這個問題上，我卻無法獲得足夠的連貫性和清晰性。此外，數學的客觀性以及所有科學一般的客觀性如何去俯就心理學對邏輯的論證，這個原則性的懷疑就更使我感到不安了。由於我的建立在流行心理學信念——用心理學分析來邏輯地啟蒙現有的科學——之上的全部方法以此方式發生了動搖，我便愈來愈迫切地感到需要對邏輯學的本質，尤其是對認識活動的主觀性和認識內容的客觀性之間的關係做出普遍批判的反思。每當我對邏輯學提出一定的問題並期望從它那裡得到解答時，它總是讓我感到失望，以至於我最後被迫決定：完全中斷我的哲學—數學研究，直到我能夠在認識論的基本問題上以及在對作爲科學的邏輯學的批判理解上達到更可靠的明晰性爲止。　A VII B VII

在顧及那些曾經引導過我的嚴肅而實際的動機的同時，我獨立地做出了與流行的邏輯學派別分道揚鑣的決定；在這些多年勞作的成果、這些對純粹邏輯學和認識論的新論證的嘗試發表之際，我相信我所說的這種獨立性不會遭到誤解。確切地說，我自身的發展進程引導我，一方面在邏輯學的基本信念上遠離開那些對我的學術培養最有影響的人與著作，另一方面則很大程度上接近了其他一些研究者，以往我未能充分地估價他們的著述，因而在工作中也未曾從這些著述中得到足夠的啟迪。遺憾的是這裡必須放棄對這類研究的文獻上和校勘上的補充說明。至於我對心理主義邏輯學和認識論所做的坦率批評，這裡可以用得上歌德的一句話：「沒有什麼能比對已犯過的錯誤的批評更嚴厲了。」 A VIII B VIII

一九〇〇年五月二一日於哈勒／薩爾河畔[1]

[1] 在A版中還有：胡塞爾博士、教授。

第二版前言

這部已缺貨多年的著作以哪種形式再版，這個問題給我帶來不少煩惱。對我來說，《邏輯研究》是一部突破性著作，因而它不是一個結尾，而是一個開端。在完成付印之後我便立即繼續我的研究。我試圖完整地把握住現象學的意義、方法和它在哲學方面的可能影響，試圖繼續全面地考察已提出的各種問題，同時我也試圖在所有本體的和現象學的領域內尋找並把握與之類似的問題。可以理解，隨著研究領域的擴展，隨著對錯綜複雜的意向「變異」（Modifikation）以及對相互交織的意識結構認識的深入，有些在第一次進入這個新領域時所得出的見解會產生某些出入。而遺留的含糊性則得以澄清，多義性得以消除；一些孤立的說明以往無法受到特別的重視，現在則在向大的聯繫的過渡中獲得了基礎性的意義。——簡言之，原初的研究所獲得的不僅僅是大量的補充，而且還有重新的評價；從擴展和深入後的認識角度來看，甚至連原初的闡述順序也不再顯得十分妥當。這種進步以及這種在研究領域上的擴展究竟具有何種意義及達至何種程度，這已經在我最新出版的《純粹現象學與現象學哲學的觀念》第一卷——付印於《哲學與現象學研究年鑑》（一九一三年）的第一卷——中得以表明，並會在即將出版的後兩卷中更清楚地得到表明。

起初我曾希望，我有可能在發現並探究了純粹現象學和現象學哲學的根本問題之後再進行一系列系統的論述；只要這些論述把這部舊著所含的不可缺少的內容加以篩選和合理的整理，納入這些新的論述，使這些內容在其中也一起發揮效用，那麼這部舊著的再版便是可有可無的。在實施這個想法的過程中，我卻產生了重重顧慮：諸項研究雖已具體實施，但尚須在文字上加以統一；對大部分內容要做新的闡述；對疑難之處或許還要做修改；就這

B IX

些工作的範圍與難度來看，要實現這個計畫還得花費多年的時間。因而我決定首先起草《觀念》。[1]它應當提供關於新現象學的（由於它完全建立在實際研究的基礎上）普遍而又豐富的介紹：關於現象學的方法，它的體系問題，它使哲學成爲嚴格的科學以及使經驗心理學合理地理論化的能力。爾後，《邏輯研究》應當再版，並且是以一個新的形式再版，它盡可能與《觀念》的立場相符合而且能有助於引導讀者進入到眞正現象學和認識論的工作方式中。因爲，這些研究如果能使對現象學感興趣的人感到有所幫助，那是因爲它不僅僅提供一個綱領（更不是那種高高在上的綱領，哲學總是被視爲這樣一種綱領），而是提供了現實進行著的、對直接直觀到和把握到的實事的基礎研究嘗試；這種研究是批判地進行的，它自己並沒有在對立場的闡釋中喪失自身，而是保留了對實事本身和對關於實事的研究的最後發言權。在效果上，《觀念》應當依據《邏輯研究》的已有效果：如果讀者透過《邏輯研究》而精密地探討了一組基本問題的話，那麼《觀念》便能夠以它自己的方式說明讀者獨立地進一步發展，這種方式便是：從最終的根源上進行闡明；描述純粹意識的主要結構並系統地指明在純粹意識中尚待研究的問題。

對我計畫中的第一部分的論述相對來說比較容易，儘管一鼓作氣完成的《觀念》前兩卷（對我來說它們是根本性的）由於篇幅過大而須分開出版，說到底，僅僅第一卷也就可以暫

BX

1 即前面提到的《純粹現象學與現象學哲學的觀念》，以下均同。——中譯注

時滿足我。而完成我的第二個打算的困難則要大得多。內行人會一眼看出，要想把這部舊著完全提高到《觀念》的水準是不可能的。這將意味著重新撰寫這部著作——意味著一種永無兌現的拖延（eine Verschiebung ad kalendas graecas）。相反，完全放棄修改，僅僅機械地重印，這對我來說雖然輕鬆，卻缺乏認眞，它與我出《邏輯研究》新版的目標相距太遠。我能允許所有那些疏忽、徬徨、自身誤解（儘管它們在第一版中難以避免而且可以原諒）再 B XI
次去迷惑讀者，讓讀者在對本質的明確把握過程中，增加不必要的困難嗎？

現在只能試一試中間道路，顯然這是要做出某種自我犧牲的。因爲這意味著我得保留某些屬於這部著作的統一風格的模糊性甚至謬誤。對於舊著的修改，以下準則是發揮決定作用的：

一、新版中不允許保留任何我無法完全堅信值得進行仔細研究的東西。從這點來看，可以允許有個別的錯誤留存下來，只要它們能夠作爲眞理的自然基底、作爲重新評價眞理的好的動機而發揮作用。我在這裡也可以說，出自當代一般哲學流派——它們基本上還是這部著作形成的那十年裡的那些流派——的讀者會像本書作者所經歷過的一樣，首先只是發現通向某個現象學或邏輯學的基底的通道。只有在可靠地掌握了現象學的研究方式之後，他們才會認識到，某些在他們以往看來是無關緊要的細微差異的區分，實際上卻具有根本性的意義。

二、修改所有可修改之處，同時卻不從根本上改變舊著的進程和風格；最主要的是：始終以最堅定的方式表達出那些在這部書中達到突破的思想動機；而在第一版中，當時還在遲疑和動搖的作者，對這些思想動機的闡述是時而清晰、時而模糊的。

三、在闡述的進程中將讀者逐漸地提高到一個相對上升著的明察總體水準上，並能在其中跟隨這部著作的原初特徵。這裡須提醒的是：這部著作具有一條系統連結各項研究的紐帶，但它不是文獻意義上的一部書或著作。在這部書中，人們會經歷一種從低水準到高水準的不斷提升，會在這種上升性的工作中獲得愈來愈新的，然而又與已有的認識不無關聯的邏輯學的和現象學的明察。新的現象學層次不斷出現並且規定著對原有層次的理解。舊著的這一風格使得我有可能對它進行加工，讓它有意識地引導讀者在最後一項研究中基本達到《觀念》所處的那個階段，並且，這項研究中原先所容忍的那種模糊性和不澈底性將得到明晰的澄清。

在這些準則的意義上，我開始工作。首先對於兩個交付出版的部分（《導引》和第二卷的第一部分）而言，我的印象是：付出的巨大辛勞沒有白費。當然，我必須時而補充，時而刪除，時而重寫個別句子，時而重寫整節或整章。思想內容變得更爲縝密並且在各方面都變得更爲豐富；儘管已經放棄了任何校勘性的補充附錄，這部著作的——尤其是第二卷的——整個篇幅還是不可避免地擴大了，這就是第二卷爲何分成兩部分的原因。

關於各個研究以及這些研究的新構形還有以下幾點說明：《純粹邏輯學導引》就其基本內容來看僅僅是對一八九六年夏秋在哈勒所做的兩個相互補充的講座系列的加工，因而其中的闡述較爲生動，有助於效果。這篇文字在思想上一氣呵成，所以我相信可以不必澈底的改動它。另一方面我認爲有可能從中間開始對這些闡述做許多重要修改，刪除疏忽，最明確地說明要點。當然，還有幾個欠缺，包括某些根本性的欠缺——例如「自在眞理」的概念過於

B XII

片面地偏向於「理性眞理」（vérités de raison）——則不得不保留下來，因爲它們屬於此書的統一水準。第六項研究（現在是第二卷的第二部分）在這方面提供了必要的闡釋。

我覺得再用新的批評，甚至用反批評來加重有關心理主義的爭論是不太合適的，這些批評和反批評不可能再提出絲毫新的思想了。需要明確強調的是這部產生於一八九九年[2]的著作與那個時代的關係。自這部著作發表以來，有幾位我視爲（邏輯）心理主義代表人物的著述者從根本上改變了他們的立場。例如：利普斯自一九〇二年以來在他那些極爲重要和獨創的著述中所表述的觀點便完全不同於他在這裡被引用的著作所具有的觀點。此外，不可忽略的是，還有一些著述者在此期間試圖重新論證他們的心理主義立場，而我當時的闡述無法顧及到這些。

B XIII

至於新版的**第二卷**，其中的「引論」得到了澈底的修改，原先的「引論」動搖不定，與這裡實際闡述的各項研究所具有的意義和方法相距甚遠。在第二卷出版之後我就立即發現了它的缺陷，並也很快便有機會（在《系統哲學文庫》一九〇三年第九卷[3]發表的一篇書評

---

2 《導引》（無〈前言〉部分）在一八九九年十一月便完成了付印。參閱我自己在《科學哲學季刊》，一九〇〇年，第五二一頁及後頁上做的〈作者本人告示〉。

3 這裡原先爲胡塞爾所標明的「第十一卷」有誤。原文爲：「XI. Band」，即「第十一卷」，但實際上應當是「第九卷」，即「IX. Band」的誤寫。《邏輯研究》的所有版本，包括目前的全集校勘版仍然保留了這個錯誤。——中譯注

上，第三九七—三九九頁）對我將現象學標示爲描述心理學的誤導做法提出異議。幾個原則性的要點已經在那裡得到了言簡意賅的刻畫：在內經驗中進行的心理學描述顯得與外在進行的對外部自然的描述相等同；另一方面它與現象學的描述相對立，現象學的描述排除任何對內在被給予性的超越解釋，也排除那種作爲實體自我的「心理行爲和狀態」的超越解釋。這篇評論指明（第三九九頁）：現象學的描述「不涉及經驗個人的體驗或體驗層次；因爲它對個人、對我的和其他人的體驗既一無所知，也一無所測；它不提這類問題，它不做這類規定，它不設這類假說」。在這些年和隨後的幾年中，我對現象學的本質獲得了完整的反思明晰性，它逐漸地將我引向關於「現象學還原」的系統學說（參閱《觀念》第一卷，第二篇）；這種明晰性不僅在對「引論」的重新加工中，而且對後面的整個研究文字都發揮了效用，可以說，整個著作因此而達到了一個本質上更高的明晰性階段。

B XIV

在第二卷第一部分的五項研究中，第一項研究（「表達與含義」）在新版中也保留了其「純準備工作」的特徵。它引起人們思考，它將現象學初學者的目光引向含意意識所含的最初的，然而卻已十分困難的問題上，但它並不已經能夠充分勝任對這些問題的處理。它對待那些機遇性（okkasionell）含義（確切地說，所有經驗的直言判斷都屬於這些含義）的方式是強制性的。——這是由於《導引》無法完全把握「自在眞理」的本質而帶來的必然結果。

這裡必須指出這項研究所含的另一個缺陷，它在這一卷的結尾處才能得以自明並受到糾正：它未能顧及到「意向活動」（Noetischen）與「意向相關項」（Noematischen）之間的區別與相應（這種區別與相應在所有意識領域中所具有的基礎作用在《觀念》中才得到完

B XV

全的揭示，但在這部舊著最後一項研究的許多個別闡述中，有關這些作用的說明已經達到突破）。因此，「含義」作爲觀念所具有的根本性的雙重意義未能得以突出。作者只是片面強調意向活動方面的含義概念，而在某些重要的地方實際上應當優先考慮意向相關項方面的含義概念。

第二項關於「種類的觀念統一與現代抽象理論」的研究具有某種封閉性，這是指其風格而言，但也指其侷限性而言；這一點使作者覺得無法期望澈底的改造它，即便它也得到大量的個別修訂。「觀念」的類型在這裡仍然未得到闡釋，需要對它們做出基本本質性的區分，與它們相應的「觀念直觀」（Ideation）當然也要得到基本本質性的區分。這項研究的目的僅在於：使人們學會在一個類型，如由「紅」的觀念所代表的類型中，看到觀念，並學會說明這種「看」的本質。

第三項「關於整體與部分的學說」的研究得到了澈底的改進，儘管在這裡無須做出任何令人不滿的妥協，無須進行任何增補的糾正或深化。這裡須做的是：更好地幫助發揮這項研究的眞正意義，以及在我看來它所獲得的重要結果的效用，消除這裡的闡述所含有的多方面的不完善性。我有這個印象：這項研究被讀得太少。對我自己來說，它曾提供過極大的幫助，而且它是充分理解以後各項研究的一個根本前提。

第四項「關於獨立和不獨立的含義的區別以及純粹語法的觀念」的研究與第三項研究相似。我的立場在這裡也沒有變化。我對這項研究的文字不僅做了修改，而且還在內容上做了某些充實，這些充實實際上暗示了我即將發表的邏輯學講座的內容。

第五項「關於意向體驗及其『內容』」的研究必須受到深入的修改。在這裡，現象學的主要問題（尤其是現象學判斷學說的主要問題）得到了探討；在未改變這項研究的結構和基本內容的情況下，對這些問題的認識能夠上升至一個更高的清楚和明晰的階段。我不再同意對純粹自我的否定；但我仍然在縮減和修改後保留了與此有關的論述，以此作爲與納托普的有趣爭論的基質（參閱他的新著《普通心理學》，第二卷，一九一三年版）。第7節「心理學與自然科學的相互分界」被我全部刪除，它經常被引用，卻不夠明晰，並且在整個上下文的聯繫中是可有可無的。我過於保守的地方也許僅僅在於，我害怕觸動這部書中的舊術語，因而保留了「稱謂表象」（nominale Vorstellung）這個根本不合適的用語。

重新加工後，現在正在付印的第六項研究，也是現象學關係中最重要的一項研究，構成本書第二卷的第二部分。我很快便堅信，僅僅根據原先的闡述對舊內容做逐節的修改是不夠的。雖然這裡的問題組成也應當始終是唯一決定性的東西，但我已對這些問題有了進一步的認識，而且又不願放棄那些「準則」進行妥協。因此，我便完全放手地進行工作並加進了許多新的章節，以便科學地貫徹那些在第一版中未得到充分探討的重大課題，這就使得這項研究的篇幅得以大幅地增長。

與在《導引》一樣，我在第二卷中（第四項研究中有個小小的例外）也沒有去分析那些對我的批評，我不得不遺憾地確認，這些批評幾乎完全建立在對我闡述意義之誤解的基礎上。因此，我認爲更爲有益的是，以一般形式去討論對我的哲學追求及其歷史歸類的典型誤 B XVI

解，這個討論我安排在第二卷的結尾，亦可說是一個後記。讀者在讀完《導引》後可以讀一讀這個附錄，這樣可以及時避免這些看似不言自明的誤解。

這部著作附加了一個由哲學博士生魯道夫·克萊門斯先生仔細制定的詳細索引。我在這裡要衷心感謝一些友好的幫助。首先應感謝私人講師阿道夫·萊納赫博士；兩年前，當我剛開始深入考慮重新修改的可能性時，他就熱情而又在行地站在我一邊。校對的辛苦則由於漢斯·利普斯先生和哲學博士生簡·海林先生的幫助而從根本上得到減輕。

胡塞爾

一九一三年十月於哥廷根

引論

第1節　有關邏輯學的定義和有關各種邏輯學學說的本質內容的爭論

「無論是在邏輯學的定義上還是在對這門科學本身的探討上，都存在著巨大的意見分歧。這是可想而知的，因爲這裡涉及的是這樣一個對象：大多數著述者在涉及它時，往往只是爲了表達他們的不同思想，才採用了同樣的語言。」[1]自從彌爾用上面這些話引出他那極有價值的邏輯研究工作以來，已經幾十年過去了，海峽[2]這邊與對岸的重要思想家們爲邏輯學付諸了最大的努力，並不斷用新的闡述豐富著邏輯學的文獻；但直至今日，這兩句話仍然可以被視爲是邏輯科學的恰當寫照，我們至今仍然遠遠未能達到在邏輯學的定義上和在各種邏輯學本質學說的內涵方面的全面統一性。但這並不是說當代邏輯學給人的印象與本世紀中期的邏輯學完全一樣。尤其是在這位傑出的思想家的影響下，我們在邏輯學中所發現的三大流派：即心理學的、形式的和形上學的流派中，第一個流派所擁有的代表人物，已經在數量上和在重要性方面遠遠超過了其他兩個流派；但其他兩個流派也始終在成長著。在對邏輯學的各種定義中所反映出來的有爭議的原則問題仍然是有爭議的；而彌爾對各種系統論點的學說內涵的概括，則仍然有效甚至更加有效，即各個著述者只是爲了表達不同的思想才採用 A4 B4

1 彌爾：《邏輯學》（翻譯：貢沛爾茲），〈引論〉，第一節。

2 指英吉利海峽。——中譯注

同樣的語言。這種狀況並不僅僅是針對那些產生於不同陣營的論述而言。我們所說的最活躍的一派，即心理學的邏輯學這一派，也僅僅是在其學科劃界方面以及在其根本目的和方法方面，表現出信念上的統一；然而，如果我們用「所有人對所有人的戰爭」（bellum omnium contra omnes）這句話來形容那些被宣導的學說，尤其是形容那些對傳統公式和學說所做的相互對立的解釋，那麼人們幾乎無法指責這是誇張。如果有人想要劃分出一批含有實事的命題和理論，從而使我們能夠在其中看到我們這個時代邏輯科學的堅實組成以及它留給未來的遺產，那麼這個嘗試一定是徒勞的。

第2節 對原則問題做新說明的必要性

科學的現狀在於，它不同意將個體的信念與普遍有效的眞理區分開來，在這種狀況下，向原則問題的回溯便始終是一項需要一再重新著手解決的任務。這一點尤其適用於那些在各個流派的爭論中和在對邏輯學的確切劃界的爭論中發揮關鍵作用的問題。誠然，在最近幾十年中，恰恰是對這些問題的興趣開始淡漠了。在彌爾對漢彌爾頓的邏輯學做了出色的抨擊，以及在特倫德倫堡進行了那些雖然不是同樣富有成果，卻同樣著名的邏輯研究後，這些原則問題似乎已經得到了解決。隨著心理學研究的蓬勃興起，邏輯學中的心理主義流派占據了上風，於是，這時所有的努力都僅僅集中在一個目標上，即：根據那些被視爲有效的原則的尺度，去全面的建造邏輯學這門學科。然而，在此期間，眾多的重要思想家們所做的，使

A5
B5

邏輯學科學地循序漸進的嘗試卻並沒有獲得澈底的成效，這種狀況令人產生如下的揣度：一項有效的研究必須具備明確的目標，而上述嘗試所追循的目標是否已得到足夠的澄清？

但對一門科學的目標的理解是表現在對這門科學的定義之中的。當然，我們不可能認爲，對一門科學之領域的相即概念定義必須先行於對這門學科的成功研究。對一門科學的定義反映著這門科學的發展階段，隨這門科學一同前行的是對其對象的概念特徵以及對其領域的界定和地位的認識。與此同時，定義的適當程度，或者說，在這些定義中表現出來的對領域的理解的適當程度，也反作用於科學本身的進程，這種反作用根據這個定義偏離眞理的方向的不同，而或大或小地影響著科學的發展進程。一門科學的領域是客觀封閉的統一；我們無法隨意地規定，我們在何處以及我們如何給眞理領域劃界。眞理的王國客觀地劃分爲各個區域；各種研究必須根據這些客觀的統一來進行，並將自身組合成各門科學。我們具有關於數的科學、關於空間構成的科學、關於動物生物的科學等等，但卻沒有關於質數、梯形、獅子，甚至關於所有這一切的特有科學。只要有一組共屬地湧現出來的認識和問題導致一門科學的構成，那麼劃界上的不合適就只可能在於：在被給予之物方面的領域概念起初被理解得過於狹窄，論證關係的串接超出了被考察的領域，並在一個更寬泛的領域中集合爲一個系統封閉的統一。這種區域上的侷限性並不一定會對科學的蓬勃發展產生不利的影響。在這種情況下，也許理論的興趣恰恰可以首先在一個較小的範圍內得到滿足；也許這種工作實際上正是在沒有進行更深和更廣的邏輯分化之前首先必須做的事情。

A6
B6

然而，在對領域劃界工作中的另一種不完善性則要危險得多，這就是**對領域的混淆**，即：將諸多的異質混合爲一個被誤認的領域統一；尤其是當這種不完善性建立在對客體的完全錯誤的解釋上，而人們又把對這些客體的研究當作這門科學的根本目標時，這種危險就更大了。這種不被人注意的「向另一個維度的超越（μετάβαδις εἰςἄλλο γένος）」有可能帶來最有害的結果：確定不恰當的目標；運用與學科的客體不一致，因而根本錯誤的方法；擾亂邏輯層次，以至於那些眞正基礎性的命題和理論常常在最奇特的僞裝下，作爲次要的成分和順帶的結論，被塞入完全陌生的思想系列中，如此等等。這種危險在哲學的科學中尤爲顯著；因此，範圍與界線的問題對於哲學科學的富有成效的發展來說所具有的意義，遠比對於那些極受偏愛的關於外部自然的科學而言的意義更大，在後者那裡，我們經驗的進程迫使我們做出對領域的劃分，在這些領域劃分的範圍內，還有可能暫時進行成功的研究。我們可以在這裡引用康德在專門涉及邏輯學時說過的一句名言：「如果人們允許各門科學的界線相互交織，那將不會使科學增多，而只會使科學畸形。」實際上，下面的研究就是希望能指明：至今爲止的，尤其是奠基於心理學之中的當代邏輯學，幾乎毫無例外地處於上述危險之中，而邏輯認識的進展所受到的阻礙，在根本上是來自對理論基礎的誤解，以及由此而產生的對領域的混淆。

B7 A7

第3節　爭論的問題。須走的道路

傳統的以及與邏輯學劃界有關的爭論問題有以下這些：

一、邏輯學究竟是一門理論學科還是一門實踐學科（一門「工藝論」（Kunstlehre））。

二、它是否是一門獨立於其他科學，尤其是獨立於心理學或形上學的科學。

三、它是否是一門形式學科，或者像人們習慣說的，它是否僅僅關係「認識的形式」，它是否也須顧及認識的「質料」。

四、它究竟是具有先天的和演證的（demonstraktiv）學科的特徵，還是具有經驗的和歸納的（induktiv）學科的特徵。

所有這些問題都緊密相關，以至於對一個問題的態度至少在某種程度上一同制約著或實際影響著對其他問題的態度。事實上只存在著兩個派別，一個派別的判斷是：邏輯學是一門理論的、獨立於心理學的，並同時是形式的和演證的學科。在另一個派別看來，邏輯學卻是 A8 一門依賴於心理學的工藝論，這樣，它本身便不可能具有那種形式的和演證的特徵，即它不可能具有算術——前一派將它視爲是形式的和演證的學科的範例——所具備的那些特徵。

我們的目的實際上並不在於參與這些傳統的爭論，而是在於澄清在這些爭執中產生作用的原則差異，並且最終澄清一門純粹邏輯學的根本目的。因此，我們必須走這樣一條道路：我們以當前幾乎受到公認的對邏輯學的規定爲出發點，即以工藝論的規定爲出發點，並 B8 且確定這個規定的意義和對它的證義。而後我們很自然地要提出關於這門學科的理論基礎的問題，尤其是它與心理學的關係問題。從根本上看來，這個問題與認識論的主要問題，即與認識的客觀性有關的問題，即便不是完全相合，也可說是在一個主要部分上相合。我們與此有關的研究所得出的結果是劃分出一門新的、純粹理論的科學，它構成任何一門關於科學認識的工藝論的最重要基礎，並具有一門先天的和純粹演證的科學的特徵。它就是康德以及其他「形式的」和「純粹的」邏輯學的代表人物所企圖建立的科學，但他們沒有正確地把握和規定這門科學的內涵與範圍。這裡的思考所得出的最後一個成就，在於獲得了關於這門有爭議的學科的本質內涵的一個清楚而明晰的觀念，隨著得出這個觀念，我們對上述爭論的立場也就自然而然地得以明瞭。

第一章 作爲規範學科，特別是作爲實踐學科的邏輯學

A9
B9

第4節　具體科學的理論不完善性

一個藝術家出色地加工他的材料，判斷地評價他的藝術作品，而這種出色的加工和這種關鍵性的、通常是可靠的判斷幾乎不依賴於他對規律的理論認識，這些規律規定了實踐活動進程的方向和順序，並且同時決定了判斷已完成的作品是否完善的評價標準。以上這些情況是我們日常可以經驗到的。從事藝術活動的藝術家通常無法確切地闡釋他的藝術原則。他不是根據原則來創作，也不是根據原則來評價。在創作時，他聽命於他那和諧地構造起來的力量的內在衝動；在評價時，他聽命於他那出色地培養起來的藝術敏悟和情感。而這種情況並不僅僅表現在美的藝術中（這是人們首先想到的藝術），而且還表現在最廣泛詞義上的藝術一般之中。[1]即是說，這也適用於科學創作的活動以及對其結果的理論評價，對事實、規律、理論之科學論證的理論評價。即使是數學家、物理學家和天文學家，爲了實施其最重要的科學成就也不須要明察他行動的最終根據，而且即使已獲得的成果對於他和其他人具有理性信念的力量，他也不會去要求他的推理的最終前提已經得到證明，以及要求那些作

A10
B10

1 後面所說最廣泛詞義上的「藝術」（Kunst）已經是指「工藝」了，即一些與人爲的方法和技巧有關的東西。我們可以在這個意義上理解胡塞爾在第3節開始時所提到的爭論問題：邏輯學是一門理論科學還是一門實踐科學（一門「工藝論」（Kunstlehre））。——中譯注

爲他的方法之基礎的原則已經得到探討。然而，所有科學的不完善狀態都恰恰與此有關。我們這裡所說的不完善性並不是指這些科學在研究它們各自領域的眞理時所隱含的不完整性，而是指它們在從事這些研究時缺乏內在的明晰性與合理性，這種明晰與合理恰恰是我們必須在獨立於科學傳播的情況下所要求的東西。從這點看來，數學這門在所有科學中最先進的學科也不能被視爲例外。現在它在許多方面都被視爲是所有科學一般的理想；但是，古老的和始終未澈底解決的關於幾何學基礎的爭論問題以及有關虛數方法的合理性問題告訴我們，數學實際上還遠遠不是一門理想的科學。那些以無比熟練的技巧運用著數學方法並不斷更新和充實著這些方法的研究者們，常常顯得全然沒有能力來充分論證這些方法的邏輯確切性（Triftigkeit）以及對這些方法的合理運用的界限。雖然科學帶著這些缺陷仍得到了發展並且幫助我們成爲以前從未預料到的自然之主宰者，它們在理論上卻仍然無法使我們感到滿意。它們不是那樣一種清晰透澈的理論，在這種理論中，所有概念和命題都應當是完全可理解的，所有前提都應當受到過精準的分析，因而整個理論都應當凌駕於任何理論性的懷疑之上。

第5節　形上學與科學論對具體科學的理論補充

A11
B11

爲了達到這個理論目標，首先需要像一般所公認的那樣進行一種屬於形上學王國的研究。形上學的任務在於，對那些未經考察，甚至往往未被注意，然而卻至關重要的形上學類型的前提進行確定和驗證，這些前提至少是所有那些探討實在現實的科學的基礎。例如有這些前提：存在著一個外在世界，它在空間和時間上伸展，同時空間具有歐幾里得三維流形的數學特徵，時間具有直向（orthoiden）一維流形的數學特徵；所有生成（Werden）都服從因果規律，如此等等。目前，這些完全屬於亞里斯多德第一哲學範圍的前提，通常被不恰當地稱作認識論的前提。

然而，這個形上學的奠基並不足以達到具體科學所期望的理論完善；它反正也只涉及那些與實在現實有關的科學，而並非所有科學都與實在現實有關，純粹的數學科學便是如此，它們的對象是數字、流形等等，它們獨立於實在的有或無，並且僅僅被視爲是純粹觀念規定的載者。與數學不同的是第二類的研究；對這類研究的理論完成同樣構成我們認識追求的一個不可或缺的假定；這類研究以同樣的方式涉及所有科學，因爲，簡言之，它們的目的就在於研究那些使科學成爲科學的東西。這裡已經表明了一個嶄新的學術領域，但它很快會表明自己是一個複雜的學術領域，這門學科的特點在於，它是一門關於科學的科學，因此它可以在最確切的意義上被稱作科學。

A12
B12

第6節　一門作爲科學論的邏輯學的可能性以及對它的證義

下面的思考可以論證這門學科——作爲一門隸屬於科學這個觀念的、規範性的和實踐性的學科——的可能性以及對它的證義。

如其名所說，「科學」與知識有關。[2]這並不意味著它本身是一批或一組知識行爲。科學只是在它的文獻中才具有其客觀存在，它只是以著述的形式才具有其特有的、與人及其智性活動有密切關聯的此在（Dasein）；它以這種形式持續生長了幾千年，其生命遠遠長於各個個體、各個世代和民族的壽命。它體現了一批外在的活動，這些活動產生於許多個體的知識行爲之中，又能夠以一種易於理解，但不加以展開就無法精確描述的方式向無數個體的知識行爲過渡。我們在這裡只須確定這一點就夠了：科學爲知識行爲的產生提供，或者說，應當提供某些更進一步的前提條件，即提供知識的實在可能性，這些可能性由那種「正常的」人或那種「有相應才能的」人在已知的、「正常的」狀態中加以實現，它們的實現可以被視爲是這些人的意願所能達到的一個目的。因而在此意義上，科學的目的在於知識。

然而，在知識中我們擁有眞理。在我們最終所依據的現時知識中，我們擁有的眞理是一個正確判斷的客體。但僅僅如此還不夠；因爲，不是每個正確的判斷、每個與眞理相一致的對一個事態的設定或拒絕就是一個關於這個事態的存在（Sein）或不存在（Nichtsein）的**知識**。毋寧說爲此還需要——如果我們談的是在最狹窄、最嚴格意義上的知識——明見性（Evidenz），即這樣一種明亮的確定性：我們所認定的東西**存在**（ist），我們所摒棄的東西則**不存在**（nicht ist）；我們必須用已知的方式將這種確定性與那些盲目的信仰、那些

A13
B13

2 「科學」（Wissenschaft）一詞在德文中與「知識」同義。——中譯注

雖然決斷但卻模糊的意見區分開來，以免我們在極端懷疑主義那裡觸礁失敗。但在這個嚴格的知識概念中已經不再含有習常的用語。例如：當一個所做的判斷與下列清晰的回憶相連結時：我們以前曾對同一內涵做過一個伴有明見的判斷，尤其是當這個回憶是與這個明見性產生於其中的證明的思路有關時，並且當我們確然地信任自己可以再次用這種明見性進行判斷時，我們也會將此稱作知識行爲。（「我知道，畢達哥拉斯定律是眞實的——我可以證明這個定律」；後一句話當然也可能是這樣的——「但我忘了如何證明它」。）

這樣，我們所把握的知識概念便具有一個較廣的，但卻又並不完全鬆散的意義；我們將它與無根據的意見區分開來，使它成爲對被設定的事態之存有（Bestehen）[1]的「標誌」，或者說，使它成爲對所做判斷之正確性的「標誌」。正確性的最完善標誌是明見性，我們將它視作對眞理本身的直接覺知（Innewerden）。在絕大多數的情況中，我們缺乏這種對眞理的絕對認識；相反，我們往往只是（只要考慮一下上述例子中回憶的作用便可）將明見性作爲某個事態的或大或小的或然性[3]來運用，在或然性程度相應「高」的情況下，人們通常會依據這種或然性來做出一個決然的判斷。一個事態A的或然明見性雖然並不論證這個事態 A14 B14

3 「或然性」（Wahrscheinlichkeit）在數學中又被稱之爲「概率」，下面的翻譯將根據情況而進行不同的選擇。——中譯注

[1] 在A版中爲：眞理。

的眞理明見性，但它卻論證那種比較的和明見的價值評估，借助於這種價值評估，我們能夠根據肯定的或否定的或然性價值的不同，而將理性的假設、意見、猜測與非理性的假設、意見、猜測區分開來，將得到較好論證的假設、意見、猜測與得到較差的論證的假設、意見、猜測區分開來。任何眞正的認識，尤其是任何科學的認識最終都建立在明見性的基礎上，明見性伸展得有多遠，知識的概念伸展得也就有多遠。

儘管如此，在「知識」（或者，對我們來說是同義的：「認識」）概念中仍然存在著一個雙重含義。最狹窄詞義上的知識是關於某個事態的存有或不存有[2]的明見性；例如：「S是P或不是P」；因此，關於某個事態在這種程度上、還是在那種程度上或然存在的明見性，以及與此相關，關於它是如此狀況的明見性，也就是一個最狹窄意義上的知識；與此相反，在較爲廣泛的、已經改變了的意義上的知識則與此事態本身的（而非與它的或然性的）存有[3]有關。在後一種意義上，人們隨或然性程度的不同來談論知識的或大或小的範圍，而較爲確切意義上的知識——即關於「S是P」的明見性——則必須是一種絕對確定的、觀念的界限，「S的P狀態」（P-Sein des S）這種或然性就是在上升的序列中無窮地接近這個界限。

[2] 在A版中爲：有效或無效。

[3] 在A版中爲：有效性。

但在科學的概念和科學的任務中所包含的還不僅僅是知識。如果我們以個別的或群組的方式體驗內感知，並且承認它們是此在的，那麼我們便擁有知識，但還遠未擁有科學。各種相互無關聯的知識行爲群組的情況也與此並無二致。儘管科學想要爲我們提供知識的多樣性，但卻不**單純**是多樣性。即使是知識之間的實際親緣關係也並不構成科學所特有的那種在知識的雜多性中的統一性。一組分散的化學認識肯定還不能合理地被稱作是一門化學的科學。科學所要求的東西顯然要更多，即要求在**理論意義上的系統**聯繫，其中包括對知識的論證以及在論證順序上的相關連結與秩序。

因此，科學的本質中包含著論證關係的統一，在這種關係中，隨個別的認識一同，各個論證本身也獲得了一個系統的統一，而隨各個論證一起，那種被我們稱爲理論的更高論證複合體也獲得了一個系統的統一。科學的目的並不在於提供絕然知識，而是在於，以與我們的最高理論目標最可能完美相符合的程度與形式來提供知識。

A15
B15

系統形式在我們看來是知識觀念的最純粹的體現，我們在實踐中追求這種系統形式；在上述狀況中表露出來，並不是我們本性中的一個單純審美特徵。科學不願而且也不能成爲建築學的遊戲場。科學，這裡當然是指眞正的、正當的科學，它所擁有的系統性並不是由我們發明的，而只是爲我們在實事中找到、發現而已。科學想要成爲一種使我們的知識能在最大可能範圍內占領眞理之王國的手段；但眞理的王國並不是一個無序的混亂，在它之中主宰著的是統一性和規律性；因此對眞理的研究與論述也必須是系統的，它們必須反映眞理的系統聯繫，並且同時將這些聯繫當作進步的嚮導來利用，以便能夠從那些已被給予我們的或已被我們獲得的知識出發，不斷挺進到眞理王國的更高區域。

對於這些研究與闡述來說，這個極爲有助的嚮導是不可或缺的。作爲一切眞理之最終基礎的明見性不是一種無須經過任何方法—工藝的安排就會隨著對事態的單純表象一同出現的自然附加物。否則人永遠也不會想到去建立科學。在用意向便可以獲得成效的地方，繁瑣的方法便喪失其意義。既然可以在直接的覺知（Innewerden）中分有眞理，那麼爲何還要去研究各種論證關係以及去構建各種證明呢？然而，被表象事態存有[4]的明見性，或者說，被表象事態不存有[5]的荒謬性（或然性與非或然性的情況與此類似）事實上只能在一組相對而言極其有限的原始事態中直接地表現出來；無數眞實的定律只是在得到方法上的「論證」後才被我們把握爲眞理，即是說，僅就定律思想而言，即便在這些情況中出現了判斷決定，也並未出現明見性；而在正常情況下，一旦我們從某些認識出發，走上一條通向這個被考察的定律的道路，判斷決定與明見性兩者便會同時出現。對同一個定律完全可以有多種論證的途徑，它們可以從這些或那些認識出發來展開，然而特徵性的和本質性的東西還是在於這樣一個狀況：有無限雜多的眞理，它們如果沒有這類方法上的工序就不可能轉變爲一種知識。

我們需要論證，以便能夠在認識、知識中超出直接的明見性，從而超越平凡——這樣一

A16
B16

[4] 在A版中爲：爲眞。

[5] 在A版中爲：爲假。

種情況不僅使得科學成爲可能並且成爲必要，而且隨之還使一門**科學論**、一門**邏輯學**成爲可能並且成爲必要。倘若所有科學在方法上都遵循眞理來運行；倘若所有科學都或多或少地使用某些人爲的手段，以便去認識那些通常始終隱蔽著的眞理或或然性，以便利用那些不言自明的或業已確證的東西去獲得另一些冷僻的、只能間接獲取的東西，那麼，只要比較性地考察一下這些將無數代研究者之見解和經驗積累於其中的方法，人們便可以獲得一定的手段，從而可以爲這些操作方式制定普遍的標準，並且同樣也可以隨各種不同情況而爲這些操作方式的發明構成制定不同的規則。

A17
B17

第7節　續論：論證所具有的三個重要特性

爲了使我們的考察更爲深入，我們現在來考慮一下被我們稱作「論證」的思想操作所具有的最重要特性。

需要指出的**第一個**特性是，論證就其內涵而言具有穩定構架的特徵。即使須論證的定律確實具有明見性，就是說，即使論證是眞實的論證，我們也不能爲了想達到某個認識，例如對畢達哥拉斯定律的認識，而完全隨意地從那些直接被給予的認識中選擇出發點，我們也不能在進一步的操作中加入或排除隨意的思想成分。

我們很快就會留意到**第二個**特性。從一開始，也就是說，在我們對這裡大量湧現給我們的各種論證案例進行比較觀察之前，我們便可以設想，每個論證在內涵和形式方面都是獨特的。大自然的一個情緒之作——我們可以先把它當作是一個可能的想法——有可能會將我們的精神狀況構造得如此特別，以至於我們現在如此熟悉的關於雜多論證形式的說法缺乏任何意義，而且在比較各種論證的過程中只有這一個東西可確定爲是共同的東西，即：命題S本身是不明見的，但如果它連同一些不按理性規律而劃歸給它的認識P_1 P_2……一起出現，它便會獲得明見性的特徵。然而實際狀況卻並非如此。並非有一個盲目的隨意性把一堆眞理P_1 P_2……與S堆放在一起，然後又如此地設制了人類的精神，以至於它必須無可抗拒地（或者說，在「通常」情況下）將對S的認識與對P_1 P_2……的認識結合在一起。這種狀況在任何情況下都從未出現過。在論證關係中主宰著的不是隨意和偶然，而是理性與秩序，即：支配性的規律。幾乎不需要舉例便可以說明這一點。如果我們在一項有關某個ABC三角形的數學運算中運用「等邊三角形的各角相等」這個定律，那麼我們便進行了一次論證，它可以明確地表述爲：任何一個等邊三角形的各角都相等，ABC這個三角形是等邊的，因此它是等角的。我們還可以再做一個算術論證：任何一個尾數爲偶數的十進位數都是偶數，364是一個尾數爲偶數的十進位數，因此它是一個偶數。我們立即發現，這些論證具有共同之處，它們具有同類的內部構造，我們將這種構造明確表達爲「推理形式」：任何一個A都是B，X是A，因此X是B。但不只是這兩個論證，而且有無數個其他的論證都具有這種相同的形式。還有更多的：推理形式體現了一個類概念，在這個概念之中包含了它的明顯的構造所具有的、在定律結合上的無限多樣性。但同時又存在著一條先天的規律：任何一個與此規律相符的號稱的論證，只要它從正確的前提出發，就確實是一個正確的論證。

A18
B18

而這是普遍有效的。只要我們透過論證從已有的認識上升到新的認識，在這個論證的途徑中便會含有某種形式，它對於它和無數其他論證來說是共同的，而且這個形式與一個普遍的規律有關，這個規律可以一舉證明所有這些個別論證的合理性。沒有一個論證是孤立存在的，這是一個極爲令人驚異的事實。所有的論證在將認識與認識連結在一起時——無論這是一種以外在方式進行的連結，還是一種既以外在方式，同時又在個別定律的內在結構中進行的連結——，都會明確地顯示出一定的類型，一旦這個類型在普遍概念中被把握到，它就很快會引導到普遍的、與可能論證的無限性相關的規律之上。

最後還要強調十分奇特的第三個特徵。從一開始，即在對各種科學的論證進行比較之前，人們便認爲這種想法是可能的，即論證形式受認識領域的束縛。儘管客體種類的變化並不會導致相應論證的變化，但卻有這樣的可能存在，即按照某些極爲普遍的類概念——例如那些規定著各個科學區域的概念——來明確地劃分各種論證。難道確實不存在一種適用於兩門科學，例如數學和化學的論證形式嗎？現在很清楚，前面所舉的數學和化學的例子恰恰說明這種形式是存在的。在任何一門科學中，人們都可以將規律運用於個案，也就是說，在任何一門科學中，數學和化學這種形式的推理都會常常出現。這一點也適用於許多其他的推理方式。我們甚至可以說，所有其他的推理方式都可以得到普遍化，得到如此「純粹的」把握，以至於它們可以完全擺脫與一個具體有限的認識領域的任何本質聯繫。 A19 B19

第8節　這些特徵與科學和科學論的可能性的關係

我們往往不會注意到論證特性的奇異之處，因爲我們很少把司空見慣的東西當作問題，而論證的這些特性恰恰與一門科學的可能性以及進一步還與一門科學論的可能性有明顯的關係。

在這個關係中僅有論證是不夠的。倘若論證無形式、無規律；倘若下述基本眞理不存在，即：所有論證中都寓居著某種不是此時此地的（hic et nunc）（或簡單或複雜的）推理所特有的，而是對於推理的整個類來說都是典型的「形式」，而且所有這類推理的正確性都要靠它們的形式來保證；那麼也就不存在任何科學了。倘若情況確是如此，那麼談論一種方法、談論一種從認識到認識的系統有序的進步也就毫無意義了，任何進步都將是一種偶然。倘若情況的確如此，那麼定律P_1 P_2……都僅僅是偶然地在我們的意識中聚合，並賦予定律S以眞正的明見性。倘若情況的確如此，那麼我們也就無法從一個已經成立的論證那裡學到對未來的新質料做新論證的絲毫知識，因爲沒有一個論證能夠對任何其他論證具有樣板作用，沒有一個論證自身能體現出一個類型，因而任何一個類似前提系統的判斷組自身都不會具有某種類型之物（Typisches），即那種在新情況中、在接觸完全不同的「質料」時（在沒有概念強調，沒有依據已被說明的「推理形式」的情況下）能夠湧現給我們，從而使我們容易獲得新的認識的類型之物。倘若情況的確如此，那麼根據對現有命題的證明來進行研究也就毫無意義。這種研究怎麼可能進行得下去呢？難道我們去把所有可能的命題組都澈底考

A20
B20

A21 B21

察一遍，然後再確定其中哪些可以作爲前提使用？這樣的話，最聰明的人在這裡也不會比最愚笨的人更占優勢，甚至可以提出這樣的問題：最聰明的人究竟還有什麼會比最愚笨的人本質上更占優勢的地方？豐富的想象、廣博的記憶、專心致志的能力，以及其他等等，這些東西固然美好，但它們只有在一個思維生物，即在一個其論證和發明服從於有規律的形式的思維生物那裡才能獲得智性的意義。

因爲這是一個普遍有效的事實：在任何一個心理複合體中，不僅有許多因素，而且還有許多相互連結的形式在發揮著聯想的、再造的作用。所以，我們的理論思想和思想關聯的形式可以能夠自己是有所裨益的。例如：某些推理的形式使得我們尤爲方便地得出一個所屬的推理定律，因爲我們以往曾成功地進行了同一形式的有效判斷，與此相同，一個有待證明的定律形式也能夠使我們回憶起某些類似的論證形式，它們以往曾產生過類似形式的推理定律。即使這不是一種清楚和本眞的回憶，它也是一種類似回憶的東西，在某種程度上是一種潛隱的回憶，它是一種（在埃德曼的意義上的）「無意識的引發」；無論如何，這種東西表明，它能夠——不僅僅是在那些由形式證明（argumenta in forma）占主導地位的學科中，如在數學中，而且還在其他領域中——使證明比較容易成功，從而是極有裨益的。一位熟練的思想家會比一位不熟練的思想家更容易找到證明，這是爲什麼呢？這是因爲證明的類型透過多次反復的經驗必然會愈來愈深地埋在他的腦中，因而必定也就愈來愈容易在他那裡發生效用並規定他的思維方向。在一定的範圍中，任何一種科學思維都是在爲科學思維一般進行訓練；與此同時，在特殊的程度上和在特殊的範圍中，數學思維又特別是爲數學預先安排的，物理學思維又特別是爲物理學所預先安排的，如此等等。數學思維依據的是典型的、對所有科學都共同的形式的存在，物理學思維依據的是另一些與個別科學的特殊性有特別關係的形式的存在（可以把這種形式視爲是前一種形式的特定集合）。科學的技巧、前瞻性的直覺與預感所具有的特性都與此有關。我們談論一種語言學的分寸和眼光、一種數學的分寸和眼光等等。誰會具有這種分寸和眼光呢？是那些經過多年訓練而培養出來的語言學家或數學家。在各個領域客體的普遍本性中根植著實際關係的一定形式，而這些形式又規定了恰恰在這些領域中起主導作用的論證形式的類型特性。前探性的科學推測的基礎便在於此。所有驗證、發明與發現都如此這般地建立在形式的合規律性之上。

據此，如果**有規則的形式**使諸科學的存在得以可能，那麼另一方面，大範圍存在的**形式相對於知識領域而言的獨立性**則使**一門科學論**的存在得以可能。若是這種獨立性無效，那麼一般邏輯學也就不復存在；存在的就僅僅是一些相互並列的、與各門個別科學個別地相應的邏輯學。但實際上這兩者對我們來說都是必需的：其一是科學理論方面的各種研究，它們在同樣程度上涉及所有科學；其二是作爲前者之補充的各種特殊研究，它們涉及個別科學的理論和方法，並研究這些理論和方法所具有的特性。

因此，應當強調在對論證的比較性考察中得出的那些論證的特性，它會有助於我們對我們的學科本身、對科學論意義上的邏輯學的認識。

A22
B22

第9節　各門科學中的方法操作方式一部分是論證，一部分是對論證的輔助

A23

但這裡還須做幾個補充。首先要補充的是，我們以上所做的討論始終限制在論證上，而論證並不能窮盡方法操作這個概念。然而，論證在方法操作中具有中心意義，這樣，我們所做的暫時的限制便是合理的。

可以說，所有那些本身不具有（無論是簡單還是複雜的）眞正論證特徵的科學方法都可 B23
以分爲兩類：一類是對論證的思維經濟的簡化和替代，這些簡化和替代本身首先透過論證而獲得其永久性的意義和價值，爾後它們在實際運用的過程中儘管會獲得論證的成就，但自身卻不會包含論證所具有的那種明晰的思想內涵；另一類則代表著那些或多或少複雜的輔助手段，它們或是被用來爲未來的論證做準備，或是被用來使未來的論證變得簡單，或是被用來爲未來的論證做保證，或是被用來使未來的論證成爲可能，但這些輔助手段卻不具有與這個科學基本過程相等價的和獨立平行的意義。

我們接著第二類方法繼續討論。例如：要想保證論證一般的進行，一個重要的前提條件在於，思想要以恰當的方式借助於明確可區分的、單義的符號得到表達。語言爲思想家提供了一個可以在大範圍內使用的符號系統，使他可以用此來表達他的思想。但是，儘管這個系統對每個人都是不可或缺的，但它仍然只是嚴格的研究的一種極不完善的輔助手段。模棱兩可的含義會對結論的確切性造成有害的影響，這是眾所周知的。因而一個謹慎的研究者不可以毫無工藝準備地去使用語言，他必須對他運用的術語進行定義，如果這些術語不明確並缺

乏清楚的含義的話。因此，我們把名稱定義視爲是一種**方法上的**輔助操作，它的作用在於保證論證這個第一性的、眞正的理論工序得以進行。

術語辭典的狀況也與之相似。僅舉一例：一些較爲重要的和常常重返的概念用原初儲存 A24
的那些定義過的表達往往只能十分繁瑣地被表述出來，這時人們就必須用簡短扼要的符號來標誌它們；因爲繁瑣的、多重相互套接的表達會增加論證操作的困難，甚或使它們無法 B24
進行。

我們也可以從類似的角度來考察**分類**的方法，以及如此等等。

在上述**第一類**方法中，極有成效的各種**算法**便是一個例子。它的特有功能在於：用感性符號所做的機械運算進行人爲的調整，從而盡可能地多爲我們省略眞正演繹方面的精神工作。但無論這些方法所做的工作有多麼出色，它們也只有從論證思維的本質中才能獲得其意義和證明。只要想一下那些機械運算的器具、計算器等等即可，此外還包括我們在對客觀有效的經驗判斷做確定時所運用的方法操作方式，如：在確定某個星球的位置、某個電阻、某個慣性品質、某個折射率以及地球引力的常數等等時所採用的多種方法。這種方法中的任何一個都體現了一系列的預防措施，而對這些措施的選擇和調整是透過一個論證關係來決定的，這個論證關係普遍地證明，即便這個過程是盲目進行的，它也必定會以必然的方式提供一個客觀有效的個別判斷。

但這些例子已經足夠了。很明顯，每一個眞正的認識進步都是在論證中進行的；因而所有方法的預防措施和工藝手段都與論證有關聯，而邏輯學對它們的探討則要超出論證的範圍以外。正是因爲這種關聯，論證才具有其典型的，甚至本質上屬於方法觀念的特徵。此 A25 外，正是因爲論證是這種類型的，它們也一同被納入前一節的考察範圍。

第10節　理論與科學的觀念作爲科學論的問題 B25

但這裡還需要做一個進一步的補充。我們在這裡已經看到，科學論所從事的當然不只是對個別論證（以及隸屬於它的輔助手段）的形式與規律的研究。我們在科學之外也可以找到個別論證，所以很明顯，個別論證——以及羅列在一起的一堆論證——還不能構成科學。如前所述，要構成一門科學還需要有在論證關係上的某種統一，某種論證層次順序上的統一；而要達到所有科學都在追求的最高目標，這個統一形式本身具有崇高的目的論意義：在我們對眞理的研究中——但這不是指對個別眞理的研究，而是指對眞理的王國、對這個王國的各個自然城市的研究——，爲我們帶來可能的促進。

科學論的任務因而也將在於：探討作爲**某種系統統一**的科學，易言之，它要探討在形式上將這些統一刻畫爲科學的東西是什麼，決定著科學內在地劃分爲各個區域、各個相對封閉的理論的東西是什麼，科學的根本不同的種類和形式是什麼，如此等等。

我們同樣可以把論證的這種系統組織納入方法的概念之下，這樣，我們爲科學論所安排的任務就不僅僅只是探討在科學中出現的知識方法，而且還包括對那些本身也叫作科學的知 A26 B26 識方法的探討。科學論不僅要區分有效和無效的論證，而且還應當區分有效和無效的理論與科學。顯然，科學論由此而獲得的任務顯然並不獨立於前一個任務，後一個〔探討科學本身的〕任務在很大程度上取決於對前一個〔探討論證方法的〕任務的解決；因爲，在對論證進行研究之前，要想研究作爲系統統一的科學是不可能的。無論如何，這兩種研究都包含在關於科學本身的科學這個概念之中。

第11節　邏輯學或科學論作爲規範學科和作爲工藝論

如前所述，邏輯學——在這裡所說的科學論意義上的邏輯學——應當是一門**規範學科**。科學是帶有某種目的的精神創造，因而也是依據這些目的而受到評判的。這一點同樣也適用於理論、論證以及所有被稱之爲方法的東西。一門科學是否眞的是科學，一種方法是否眞的是方法，這要取決於它是否與它所追求的目標相符。邏輯學想要研究的是，眞實有效的科學本身包含著什麼，換言之，是什麼構成了科學的觀念，透過這種研究，我們便可以確定，目前的經驗科學是否符合科學的觀念，或者，它們在何種程度上接近於這些觀念，以及在何種程度上違背這些觀念。這樣，邏輯學便可以將自己稱之爲規範科學，並將自己區別於歷史科學的比較性考察方式——後者試圖將科學視爲各個時代的具體文化產物，根據它們的類型特徵與共性來把握它們，並從時代狀況出發去說明它們。因爲，規範科學的本質在於，它論證這樣一些普遍定律：在這些普遍定律中給明瞭與規範性的基本尺度——例如一個觀念或一個最高目的——相關的特定標記，一旦擁有這些標記，就意味著或者可以保證與

A27
B27

這個尺度相適當，或者反過來爲這種適當性提供不可或缺的條件；同樣，規範科學還論證與上述定律相似的定律：這些定律或者顧及到與基本尺度不適當的狀況，或者說明這種狀況不存在。但這並不意味著，規範科學必須給出普遍記號，用它們來說明，一個客體的狀態究竟應當如何才能符合基本規範；就像治療術無法說明普遍病症一樣，也沒有一門規範學科能提供普遍標準。科學論特別能夠以及唯獨能夠爲我們提供的東西乃是各種特殊標準（Spezialkriterien）。科學論確定，在科學的最高目的方面、在人的精神的實際構造方面以及在其他被考察的東西方面形成了這些和那些方法，如M_1 M_2……，透過這種確定，它表述著各種形式命題：任何一組精神活動，如α β……，只要它們是在複合形式M_1（或者說M_2……）中展開的，就會提供一個正確方法的案例；或者與此等值的說法是：任何一個以M_1（或M_2……）形式進行的（所謂）方法運作都將是一個正確的運作。如果我們眞的能夠成功地提出所有這種類型或相近類型的自身可能而有效的定律，那麼規範學科便可以包含衡量任何一個所謂方法一般的規則，但即使這時也仍然只是以特殊標準的形式。

只要基本規範是一種目的或能夠成爲一種目的，那麼透過對規範學科之任務的容易理解的擴展，一門工藝論便可從規範學科中產生出來。這裡的情況恰恰便是如此。如果科學論爲自己提出一項深入的任務，即：研究那些作爲我們的支配力之基礎、作爲實現有效的方法之前提的各種條件，而且提出如下的規則：我們如何用機敏的方法去獲得眞理，如何確切地爲科學劃界並建立科學，尤其是如何發明或使用各種在這些科學中有用的方法，以及我們應當如何在所有這些方面避免犯錯誤——那麼，科學論就成爲一門**關於科學的工藝論**。顯然，規 A28 B28

範的科學論自身便完全包含了這些任務，因此，鑒於規範的科學論所具有的無疑價值，我們完全可以對邏輯學的概念做相應的擴展，並在這種工藝論的意義上來定義邏輯學。

第12節　對邏輯學的有關定義

自古以來人們就樂於將邏輯學定義爲工藝論，然而更進一步的規定通常會讓人不盡滿意。像判斷的工藝論、推理的工藝論、認識的工藝論、思維的工藝論（l'art de penser）這類定義常常會令人誤解並且至少是過於狹窄。例如：如果我們在最終提到的而且至今還在使用的思維的工藝論這個定義中把「思維」這個術語的模糊含義侷限在「正確的判斷」這個概念上，那麼這個定義就叫作：關於正確判斷的工藝論。這個定義之所以過於狹窄，乃是因爲從它之中無法引申出科學認識的目的。如果說，思維的目的只有在科學中才能得以完全實現，那麼這無疑是正確的；但隨之也就應當承認，思維或認識實際上並不是這種所說的工藝論所要達到的目的，思維本身只是爲達到這個目的而採用的手段。

其他的定義會引起類似的顧慮。這些定義也遭到最近又由貝格曼所提出的指責：對於一種行動的——例如：繪畫、唱歌、騎馬的——工藝論，我們必定首先會期待它「指明，人們必須做什麼，以便使有關的行動能夠正確地進行，例如：在繪畫時必須如何握筆和用筆；在唱歌時必須如何用胸、用嗓和用嘴；在騎馬時必須如何收韁、放韁和夾腿」。所以，在邏輯

A29

學的領域中出現的是與工藝論完全異類的學說。[4]

B29 施萊爾馬赫把邏輯學定義爲關於科學認識的工藝論，這個定義顯然要更接近眞理一些。因爲不言而喻，在如此被劃定的學科中，人們只會去關注科學認識的特殊性以及去研究科學認識所帶來的促進；而有利於認識一般之形成的各種遙遠的前提條件則留給教育學、保健學等等去探討了。儘管如此，在施萊爾馬赫的定義中有一點沒有得到完全清楚的表達：這門工藝論有義務提出界定科學和建立科學的規則，而反過來，在這個目的中也包含著科學認識的目的。關於我們這門學科劃界的出色想法可以在鮑爾查諾的《科學論》中找到，但更多地是在其批判性的前研究中，而不是在他自己所偏好的定義中。這個定義聽起來十分怪異：科學論（或邏輯學）是「這樣一門科學，它爲我們指明，我們應當如何在合理的教科書中闡述科學」。[5]

---

4 貝格曼：《邏輯學的基本問題》，第二版，一八九五年，第七十八頁。——也可參閱鮑爾查諾博士的《科學論》，蘇爾茲巴赫，一八三七年，第一卷，第二十四頁。「例如：芫荽是否是一種加深記憶力的藥，這個問題屬於邏輯學嗎？如果邏輯學的確是一門在語詞的整個範圍內的形式藝術論（ars rationis formandae），那麼這個問題就應當屬於邏輯學了。」

5 鮑爾查諾：《科學論》，第一卷，第七頁。誠然，《科學論》第四卷的特別任務才是對定義所做的說明。但尤其令人揣測的是，此書前三卷所探討的那些無比重要的學科可能僅僅被作者描述爲是一種用來輔助一門關於科學教科書的工藝論的手段。這部一直未受到重視、幾乎未被引用過的著作的偉大性，當然也正在於這前幾卷的研究。

第二章　理論學科作爲規範學科的基礎

A30
B30

第13節　關於邏輯學的實踐性質的爭論

從以上最後幾項考察中，如此不言自明地完成了邏輯學是一門工藝論的證明，乃至人們必定會驚訝，以往怎麼可能會在這一點上發生過爭論。一門有實踐指向的邏輯學是所有科學無可質疑的先決條件，與此相應，邏輯學也正是出於科學活動的實踐動機而歷史地形成的。如所周知，邏輯學形成的時代是一個值得紀念的時代：當時，新興的希臘科學在懷疑論者和主觀論者的進攻下面臨失敗的危險，科學的所有進一步發展都取決於能否找到客觀的眞理標準，只有用它們才能夠粉碎詭辯論之辯證方法的騙人假象。

如果人們，尤其是近代在康德的影響下，雖然一再地否定邏輯學的工藝論特徵，然而在另一方面卻又繼續肯定工藝論作爲邏輯學之定義的價值，那麼，爭論就不可能僅僅是圍繞這樣一個問題進行，即：是否有可能爲邏輯學規定實踐的目的並據此而將它視爲是一種工藝論。康德自己便曾談到過這樣一門實用的邏輯學：這門邏輯學的作用在於規整對知性的使用，這種規整是「根據主體所處的、有助於或有礙於知性使用的各種偶然條件的不同來進行的」；[1]並且我們可以從這門邏輯學中學到：「哪些東西會促進對知性的正確使用？哪些是 A31 B31

1 康德：《純粹理性批判》，〈超越論邏輯學引論〉，第一部分，最後一個段落。

正確使用知性的輔助手段？哪些是治療邏輯錯誤和缺陷的良藥？」[2]儘管康德並不願承認它是一門像純粹邏輯學那樣的科學，[3]他甚至認爲，它「根本不應被稱爲邏輯學」，[4]人們卻仍然可以把邏輯學的目的加以擴展，使邏輯學自身也包括實用的，即實踐的邏輯學。[5]至多可以爭論——而且也已經有過充分的爭論——這樣的問題：能否期望透過作爲實踐科學論的

---

2 康德：《邏輯學》，〈引論〉，第二部分；載於由哈滕斯坦主編的《康德全集》，一八六七年，第八卷，第十八頁。

3 康德：《純粹理性批判》，同上。（《康德全集》，第三卷，第八十三頁。）

4 康德：《邏輯學》，同上。

5 康德將那種帶有實踐部分的普遍邏輯學視爲是一種語詞矛盾（contradictio in adjecto），並因此而指責那種將邏輯學分爲理論邏輯學和實踐邏輯學的做法（《邏輯學》，〈引論〉，第二部分，3），但這根本不妨礙我們把他所說的實用邏輯學，理解爲實踐邏輯學。一門在他所指的意義上的「實踐邏輯學」所需的必要前提並不在於：當人們將它運用於某些對象上時，它必須具備關於那些對象的知識；而是在於：當人們用它來促進精神對認識的追求時，它必須具備對此精神的知識。這種實踐邏輯學可以在兩個方面得到運用：邏輯規則會有助於我們進入一個特殊的認識領域——這個領域屬於特殊科學以及與其有關的方法論。另一方面，也可以想象，如果存在著一些獨立於人類精神之特殊性的純粹邏輯學的觀念規律，那麼我們便可以借助這些觀念規律而推導出一些與人類（作爲特定的種屬（in specie））的特殊本性有關的實踐規則。這樣，我們也就擁有一門普遍的，但又是實踐的邏輯學。

邏輯學，來促進人類認識而獲得重大的收益；能否期望如所周知，像萊布尼茲所相信的那種變革與進步，即：透過對那種只能被用來驗證現有認識的舊邏輯學的擴展，來建立起一門發現術（ars inventiva）、一門「發現的邏輯學」，如此等等。然而，這種爭論並未涉及原則性的問題，簡單明瞭的一句箴言便可以解決這種爭論：只要承認科學在未來的發展是極爲可能的，那麼也就承認了，建立一門以此爲目的的規範學科是合理的；姑且不論被推導出的實踐規則本身也在極有價值地豐富著認識。 A32 B32

可惜爭論的任何一方都沒有能將眞正的、原則性的爭論問題明晰準確地表述出來，它實際上完全處在另一個方向上；這個原則性的爭論問題在於：邏輯學是工藝論這個定義是否切中邏輯學的本質特徵？換言之，是否只有實踐的觀點才論證了邏輯學作爲一門本己的科學學科的權利；而從理論的立場出發，邏輯學所蒐集的所有認識，一方面在於純粹理論的定律，這些定律必須從其他已知的理論科學中，但主要是從心理學中要求其原初的出生地權利，另一方面則在於建基於這些理論定律上的規則。

實際上，康德觀點的本質並不在於他否認邏輯學的實踐特徵，而是在於，他認爲對邏輯學的某種劃界或限制是可能的，而且從認識論上看是根本性的，根據這種劃界或限制，邏輯學被視爲是一門完全獨立的。相對於人們所熟悉的其他科學而言的新科學，即純粹理論科學，這門科學和數學一樣，不考慮自己實際運用的可能性，並且它也和數學一樣，是一門先天的、純粹演證的（demonstrativ）學科。

與康德相對立的學說的流行派別則認爲，將邏輯學限制在其理論科學內涵範圍內的做法會導致將邏輯學限制在心理學的定律上，也有可能是限制在語法的定律和其他的定律上；即是說，將邏輯學限制在某些從其他學說以及經驗學說中分隔出來的細小片斷上；而在康德看來，我們反而還會遭遇一個自身封閉的、獨立的、此外還是先天的理論眞理的領域，遭遇純粹邏輯學。

A33 B33 可以看出，在這些學說中還有另一些重要的對立在一同產生作用，即：邏輯學應當是一門先天科學，還是一門經驗科學；是一門獨立的科學，還是一門不獨立的科學；是一門演證的科學，還是一門非演證的科學。如果我們撇開這些離我們的興趣相距甚遠的各種對立不論，那麼剩下的便只是前面所提到的那個爭論問題；我們從這一方抽象出這樣一個主張：任何一門被理解爲工藝論的邏輯學都以一門固有的理論科學、一門純粹邏輯學爲基礎；而爭論的另一方則相信，在邏輯的工藝論中得到確認的所有理論學說，都可以被納入到另一些已知的理論科學中去。

後一種立場在貝內克那裡已經得到生動的體現；[6] 彌爾則將此立場加以清晰的說明，他

6 貝內克在他對邏輯學所做的闡述之標題中——《作爲思維工藝論的邏輯學教程》，一八三二年版，《作爲思維工藝論的邏輯學體系》，一八四二年版——就想暗示他對邏輯學的本質性實踐特徵所抱有的信念。有關具體論述可以參閱《作爲思維工藝論的邏輯學體系》中〈前言〉、〈引論〉，尤其是與赫巴特的論戰，I，第二十一、二十二頁。

的邏輯學從而也在這方面產生了很大的影響。[7] 德國當今邏輯學運動的代表作、西格瓦特的《邏輯學》，也是立足於同一個基礎之上，它明確而堅定地說：「邏輯學的最高任務以及構成邏輯學眞正本質的任務［就是］成爲工藝論。」[8]

我們看到，站在前一個立場上的除了康德之外，尤其還有赫巴特以及一大批他的學生。此外，我們在拜因的《邏輯學》中可以看到，極端的經驗主義與康德的觀點在這個方面究竟能相互容忍到什麼程度：拜因的《邏輯學》雖然是作爲工藝論而建立起來的，但它卻被明確地視爲是一門獨一無二的、理論的和抽象的科學——甚至是一門與數學類似的科學，它自己也要求將理論的和抽象的科學包含在自身之中。按拜因的說法，這門理論學科是建立在心理學的基礎上，因而它並不像康德所意願的那樣，作爲一門絕對獨立的科學而先行於所有其他科學；但它卻又是一門特有的科學，它並不像彌爾所說的那樣，只是一種由於對認識的實踐支配的意圖才提供的對各個心理學章節的單純彙集。[9]

邏輯學在本世紀經歷了各種各樣的加工，然而對這裡所提到的分歧，人們卻幾乎從未做過明確的強調和仔細的思考。當一些人看到，對邏輯學的實踐處理可以爲兩種立場所容忍並

A34
B34

7 與此有關問題的討論可以參閱彌爾的邏輯學代表作以及他反駁漢彌爾頓的文章。下面將會給出所需的出處。

8 西格瓦特：《邏輯學》，第三版，第十頁。

9 參閱拜因：《邏輯學》，第一卷，一八七九年版，第五十節，第三十四頁及後頁。

且通常被兩方面都視爲是有利的，他們便覺得，邏輯學究竟具有（本質上的）實踐特徵，還是具有（本質上的）理論的特徵，這種爭論是毫無意義的。他們恰恰從未弄清過這兩種立場的區別所在。

我們的目的並不在於對較早的邏輯學家們的爭論——邏輯學是一種工藝，還是一種科學，或者兩者都是，或者兩者都不是；如果邏輯學是一門科學，那麼它是一門實踐的、還是思辨的科學，或是一門既實踐、又思辨的科學——做深入的批判。對這些爭論以及對這些問題的價值，威廉・漢彌爾頓爵士曾作過如下的評價：「這個爭論……也許是思辨史上最無用的爭論之一。就邏輯學而言，解決這個問題不會帶來任何意義。這個問題的產生並不是因爲人們對這門學說的範圍和性質有意見上的分歧，那些哲學家們所爭論的是：這門學說應當叫什麼名字。實際上，爭論是圍繞這樣一個問題進行的：眞正的工藝是什麼？眞正的科學又是什麼？如果人們賦予這兩個概念以不同的意義，那麼邏輯學就可以是一門工藝，也可以是一門科學，也可以兩者都是，也可以兩者都不是。」[10]但須要說明的是，漢彌爾頓本人也沒有對他在這裡所提到的分歧和爭議的內涵及價值做深入的研究。倘若在邏輯學的處理方式方面以及在被視爲邏輯學的那些學說的內容方面確實存在著適當的一致性，那麼，工藝和科學的

10 威廉・漢彌爾頓爵士：《邏輯學講座》，第三版，第一冊，（《形上學和邏輯學講座》，第三冊）一八八四年，第九—十頁。

A35
B35

概念是否以及如何屬於邏輯學的定義，這個問題便不是很重要，儘管它不只是一個貼上標籤的問題。但有關定義的爭論（如前所述），實際上是一場關於這門科學本身的爭論，而且，這門科學並不是一門已經完成的科學，而是一門正在形成之中、暫時只是被人們所宣稱的科學，在這門科學中，問題、方法、學說，簡言之，一切的一切都還充滿著疑問。在漢彌爾頓的時代，甚至早在此之前，在邏輯學的本質內涵方面、在它的範圍方面、在對待邏輯學的方式上便有過很大的分歧。在此之後這些分歧還不斷地擴大。這只要比較一下漢彌爾頓、鮑爾查諾、彌爾、貝內克的著作便可以得知。如果我們把埃德曼和德羅比施、馮特和貝格曼、舒佩和布倫塔諾、西格瓦特和於貝韋格放在一起，我們會問：他們所談的眞的是同一門科學而不只是同一個名稱嗎？要不是這裡與那裡有更多共同的論題存在，我們幾乎就這樣做出決定了；然而即便在這些學說的內容而言，甚至在各自提問的內容方面，這些邏輯學家中的任何兩個顯然都無法做出令彼此能夠忍受的說明。如果將這種情況與我們在「引論」中所強調的東西——定義僅僅明確地表現出人們對邏輯學的本質任務和方法特徵所抱有的信念；對於一門如此落後的科學來說，與其本質任務和方法特徵相關的偏見和謬誤將會把研究從一開始就引向歧途——聯繫起來，人們便肯定不會贊同漢彌爾頓所說的話：「對這個問題的解決不會帶來任何意義」。[11]

11　這裡引用的是漢彌爾頓的英文原文。——中譯注

導致這種迷惘的原因之一還在於：一些爲維護純粹邏輯學的獨特領域而戰的出色鬥士，如德羅比施和貝格曼，也認爲在邏輯學概念中本質地包含著這門學科的規範特徵。他們的對手已經發現這裡存在著明顯的不一貫性，甚至存在著矛盾。在規範化的概念中不正含有與一個主導的目的以及分派給它的行動的關聯嗎？因而規範科學不正意味著一種與工藝論完全相同的東西嗎？

德羅比施引入他的定義的方式恰好可以證明這一點。在他的仍然富有價值的《邏輯學》中，我們讀到：「思維可以在雙重關係上成爲研究的對象：一方面，思維是精神的一種活動，由此看來，我們可以研究這種活動的條件和規律；而另一方面，思維是獲取間接認識的工具，並且這工具不僅可以得到正確的運用，而且也可以得到錯誤的運用，由此看來，思維可以在前一種情況中導致正確的結果，在後一種情況中導致錯誤的結果。因此，既存在著思維的自然規律，也存在著對思維而言的規範規律、規定（規範），思維必須依據它們才能導致眞實的（wahren）結果。對思維的自然規律的研究是心理學的任務，而確定思維的規範規律則是邏輯學的任務。」[12]他對此附加的說明可以說是有些多餘：「規範規律總是根據一定的目的來調整一個活動。」 A36 B36

對立的一方會說，貝內克或彌爾可以爲這裡的每一句話簽名並將它們取爲己用。但是，只要人們承認「規範學科」和「工藝論」這兩個概念的同一性，那麼顯而易見，與其他工藝

12 德羅比施：《邏輯學新論》，第四版，第二節，第三頁。

A37 B37

論的情況一樣，將邏輯眞理結合成爲一門學科的紐帶，便不是邏輯眞理的實際的共屬性，而是其主導的目的。在這種情況下，如果人們仍像傳統的、亞里斯多德式的邏輯學所做的那樣——因爲「純粹」邏輯學就是由此而產生的——給邏輯學劃定那麼狹窄的界限，那就顯然錯了。給邏輯學設定一個目的，而後卻又把屬於這個目的的各種規範和規範性研究排除在邏輯學之外，這種做法是悖謬的。純粹邏輯學的代表人物仍然還處在傳統的束縛之中；耍了幾千年奇異魔術的經院邏輯學的繁文縟節仍然還在影響著他們。

這一連串可以理解的指責，所造成的結果是使現代人失去了興趣——不再去仔細地斟酌那些由偉大而獨立的思想家們所談論過的、現今仍須受到認眞考察的實際動機，即：建立一門作爲特有科學的純粹邏輯學。卓越的德羅比施儘管對定義的選擇不當，但這並不證明，他的立場、他的導師赫巴特的立場以及這個觀點的最初宣導者康德的立場[13]就在根本上是錯誤

13 康德把心理學規律與邏輯學規律對立起來，前者表明：「知性是怎樣的以及它如何思維」，後者則是「必然性規則」，它表明：「知性在思維中應當如何操作」（參閱《邏輯學》，載於哈滕斯坦主編的《康德全集》，第八卷，第十四頁），儘管如此，康德自己最後並不打算把邏輯學理解成一門（以某個隱蔽的目的爲尺度的）規範學科。這一點尤其表現在，康德將「情感的兩個基本源泉」，即：邏輯學和感性學相互並列；後者是「關於一般感性規則的」（科學理性的）「科學」，前者是與之相關的「一般知性規則的科學」。這樣，與康德這個意義上的感性論相同，邏輯學也不應被視爲是一門根據目的來進行規定的科學。（參閱《純粹理性批判》，《超越論邏輯學引論》，第一部分，第二段結尾。）

的。甚至都不能排除一種可能，即：在這個不完善的定義後面隱藏著極有價值的，但卻未能得到清晰表述的思想。我們需要注意：純粹邏輯學的代表人物喜歡將邏輯學與純粹數學並列在一起。而數學學科也在論證著工藝論。與算術相應的是實踐的計算工藝，與幾何相應的是實踐的土地丈量工藝。與各門理論的、抽象的自然科學——儘管是以不同的方式——相銜接的又有各種工藝學，與物理學相銜接的是各種物理工藝學，與化學相銜接的是各種化學工藝學。一旦考慮到這些情況，我們便很容易產生這樣一個猜測：這門被宣導的純粹邏輯學的眞正意義是否在於：它是一門抽象的、理論性的學科，這門學科用與上述情況相同的方式論證著一門技術學，即在通常的、實踐的意義上的邏輯學。工藝論有時以一門、有時以幾門理論學科爲依據推導出它的規範，與此相同，在工藝論意義上的邏輯學也可以依賴於這些理論學科中的大多數，就是說，它把純粹邏輯學僅僅當作是自己的一個基礎，即便也許是主要的基礎。一旦人們除此之外還看到：確切意義上的邏輯規律和公式從屬於一個在理論上封閉的抽象眞理的範圍，而這個範圍無法被納入至此已經得到界定的各種理論學科之中，因而本身只能被當作是一門相關的純粹邏輯學，那麼這時便會產生出進一步的猜測：這門理論學科在概念規定上的不完善性、在闡明其純粹性時，和在揭示它與作爲工藝論的邏輯學的關係時，所表現出的無能爲力——是否正是這些狀況導致了人們將純粹邏輯學與工藝論混爲一談；是否正是這些狀況才使得有關邏輯學本質上是理論學科還是實踐學科的爭論得以可能。爭論的這一派的眼睛只盯在那些純粹理論的、確切意義上的邏輯命題上，而爭論的另一派卻抓住這門被宣稱的理論科學的那些可被攻擊的定義以及對這門科學的實際實施不放。

A38
B38

但是，指責純粹邏輯學的指責是經院－亞里斯多德邏輯學的翻版，而經院－亞里斯多德邏輯學已被歷史證明是庸劣的，這種指責並不應該使我們感到不安。也許，以後人們會發現，這門學科並不像人們所批評的那樣，只擁有很小的範圍，很少提出深刻的問題。也許，舊邏輯學只是一種對那種純粹邏輯學觀念的極不完善的、模糊的實現而已，但它作為第一個開端和第一次進取卻仍然是優異卓越和值得關注的。這裡甚至可以提出這樣的問題：對傳統邏輯學的蔑視是否是文藝復興情緒所遺留下來的一種莫名其妙的副作用，而文藝復興所具有的那些動機，今天已無法感動我們。可以理解經院科學、主要是作為其方法論的邏輯學所受到的那種從歷史上看合理，從實事上看則常常不清楚的批判。但是，形式邏輯學在經院哲學手中（尤其是在經院哲學的頹敗時期）接受了一門錯誤的方法學的特徵，這個事實也許僅僅證明：當時人們還不能恰當地從哲學上理解邏輯理論（就這門理論當時的發展程度而言），從而對邏輯理論的實踐利用也就誤入歧途，邏輯理論當時在本質上並不能勝任人們在方法成就方面對它的過分要求。與此相同，數字神祕論絲毫也不能證明算術有什麼過失。眾所周知，文藝復興時期的邏輯學論戰在實事上是空乏而無結果的；在這場論戰中得到表述的是激情，而非明察。我們為何仍要讓它們的那些蔑視性的判斷來引導我們呢？像萊布尼茲這種具有理論獨創性的天才，便無論如何也不想去參與對經院哲學的圍剿，在他那裡，文藝復興時期的過激改革熱忱與近代的科學冷靜結合為一體。他對遭受誹謗的亞里斯多德邏輯學用詞溫和，儘管他覺得這門邏輯學亟須得到擴展和修訂。無論如何，我們可以把純粹邏輯學是「經院邏輯學的繁文縟節」之翻版這種指責先擱在一邊，直到我們明確地把握住這門相關學

A39
B39

科的意義和內涵爲止，或者說，直到這些被強加於我們的揣測得到證實爲止。

爲了驗證這些揣測，我們並不打算蒐集歷史上各種邏輯觀點所提出的所有論據，並對它們加以批判分析。這不會是一條從舊爭論中獲得新興趣的途徑；然而，那些在舊爭論中未被明確區分的原則性對立則具有其特有的、超越出爭論雙方的經驗有限性之上的興趣，我們所要追隨的正是這方面的興趣。 A40 B40

第14節　規範科學的概念。它作爲一門統一的科學所具有的基本尺度或原則

我們一開始便要確定一個命題，它對進一步的研究具有至關重要的意義：任何一門規範學科，同樣還有任何一門實踐學科，都建立在一門或幾門理論學科的基礎上，這是因爲在規範學科和實踐學科的規則中必定包含著某些可以與規範化的（「應當的」[14]）思想相分離的理論內涵，對這些理論內涵的科學研究恰恰是那些理論學科的任務。

爲了澄清這一點，我們首先考慮一下規範科學的概念與理論科學概念之間的關係。一般說來，規範科學的規律意味著：應當是什麼，儘管它現在也許還不是，或者在現有的狀況

---

14 「應當」（Sollen）一詞的德文是情態動詞「sollen」（應該、應當）的名詞化，含有義務、責任的意思。詳細說明可參閱下面胡塞爾自己對它下的定義。——中譯注

下還不能是；而理論科學的規律則始終意味著：是什麼。現在要問，相對於單純的「是」（Sein）而言，「**應是**」（Seinsollen）具有什麼含意。

原初意義上的「應當」和某種願望或意願、[15]某種要求和命令有關，例如：你應當服從 A41 B41
我；X應當到我這裡；這個原初的意義顯然過於狹窄。正如我們可以在廣義上談某種要求同時卻沒有要求者和被要求者在場一樣，我們也可以獨立於任何人的願望或意願的情況下談論某種「應當」。如果我們說，「一個戰士應當勇敢」，那麼這並不意味著，我們或者其他人有這種期望或意願，有這種命令或要求。人們毋寧可以這樣認爲：一般地說，即在涉及任一個戰士時，這樣一種相應的期望和要求都會有其合理性；即使這樣說也並不完全確切，因爲恰恰在這裡並不需要我們對一個意願或要求眞實地做出評價。「一個戰士應當勇敢」，這句話毋寧說是意味著：只有勇敢的戰士才是「好」戰士；就是說，「好」和「壞」這兩個謂語一同被包含在戰士這個概念的範圍內，一個不勇敢的戰士是「壞」戰士。因爲這個價值判斷有效，所以每個要求戰士勇敢的人都是合理的；出於同一個原因，一個戰士的勇敢也就是值得期望的、值得誇讚的，如此等等。我們還可以舉其他的例子：「一個人應當博愛」，就是說，誰不這樣做，誰就不再是「好」人，從而當然也就是一個（在這個方面的）「壞」人；「一

---

15 「意願」（Wollen）一詞的德文是情態動詞「wollen」（願意、意欲）的名詞化，含有意志、志願的意思。——中譯注

部戲劇不應當是一些小故事的雜湊」——否則它便不是一個「好」戲劇，不是一個「眞正的」藝術作品。在所有這些情況中，我們都做了一個肯定性的價值評估，承認了一個肯定的價值謂語，而這種做法依賴於一個有待滿足的條件，如這個條件得不到滿足，相應的否定謂語便會出現。我們可以將這個事實與下列形式等同看待，或至少等價看待：「一個A應當是B」與「一個不是B的A是一個壞A」；或者，「只有一個是B的A才是一個好A」。

我們在這裡當然是在有價值之物的最廣泛意義上使用「好」這個術語；在各個具體的、隸屬於我們上述公式的定律中，這個術語可以隨那些作爲定律之基礎的各種特殊價值認定（Werthaltung）的不同而分別被理解爲有用的、美的、倫常的，如此等等。有多少「應當」說法的種類，就有多少價值認定的種類，因而也就有多少（眞正的或被臆指的）價值的種類。

「應當」的否定性陳述不能被解釋成對相應的肯定性陳述的否定，正如在通常意義上對一個要求的拒絕並不具有某種禁令的價值一樣。一個戰士不應當怯懦，這並不意味著：一個戰士應當怯懦是錯誤的，而是意味著：一個怯懦的戰士是一個壞戰士。下列形式因而是等值的：「一個A不應當是B」與「一個是B的A一般來說是一個壞A」，或者，「只有一個不是B的A才是一個好A」。

「應當」與「不應當」（Nichtsollen）相互排斥，這是詮釋性的陳述在形式邏輯上的前後一致性，而這同樣也適用於下述命題，即：在關於一個「應當」的判斷中不包含對一個相應的「是」的主張。

A42
B42

除了剛才闡明的規範形式的判斷之外，顯然可以認定有其他的相同判斷存在，即使在表述中並未使用「應當」這個小詞。如果我們不說「A應當（或不應當）是B」，而說「A必須（或不可以）是B」，那麼這不是根本性的東西。更爲實質性的東西在於這裡指出了兩個新的形式：「A不必須是B」和「A可以是B」，它們構成了與上述形式的矛盾對立。就是說，「不必須」是對「應當」或「必須」的否定；「可以」是對「不應當」或「不可以」的否定；這在解釋性的價值判斷中很容易便可以看出：「一個A不必須是B」＝「一個不是B的A並不因此而是個壞A」。「一個A可以是B」＝「一個是B的A並不因此而是一個壞A」。

但我們在這裡還要考慮其他的命題。例如：「要想使A成爲一個好A，那麼A只要是B便夠了（或者說，那麼A僅僅是B還不夠）。」前面的命題涉及對肯定的或否定的價值謂語的承認或否認的**必要條件**，而後面的命題卻與**充分**條件有關。另外還有一些命題則又想同時表述必要條件與充分條件。

這樣，普遍規範命題的本質形式便差不多得到了窮盡；與它們相應的當然還有一些單獨的和個體的價值判斷，它們並不會爲我們的分析增添意義，而且它們之中的個體判斷對於我們的目的而言也不屬於考察的範圍；這些價值判斷與某些規範的普遍性之間始終具有或近或遠的關係，而且它們在抽象的、規範的學科中只能依據那些支配著它們的普遍性而作爲例子出現。這樣一種學科完全處在任何個體的存在的彼岸，它們的普遍性是那種「純粹概念性的」普遍性，它們具有眞正詞義上的規律的特徵。

A43
B43

我們從這些分析中看出，每一個規範命題都預設了某種價值認定（認可、估量），透過這種價值認定，在一定意義上就某種客體而言的「好」（有價值）或「壞」（無價值）的概念便產生出來；這些客體從而也按這個價值認定分成好的和壞的客體。爲了做出「一個戰士應當勇敢」這個判斷，我必須要擁有「好戰士」的概念，這個概念不能建立在隨意的規範定義的基礎上，而只能建立在普遍的價值認定的基礎上，這個價值認定根據這些或那些屬性允許人們將戰士時而估量爲好的，時而估量爲壞的。至於這種估量是否在某種意義上「客觀有效」，至於在主觀的和客觀的「好」之間究竟有無區別，這些問題就不是我們這裡考察的對象了；這裡的目的僅僅在於確定「應當」定律（Sollensätze）的意義。某物被認定爲是有價值的，一個具有以下內容的意向得以進行：某物是有價值的或好的[6]，這就夠了。

反之，如果我們已經在某個普遍價值認定的基礎上確定了相關種類的一對價值謂語，那麼也就形成了進行規範判斷的可能性；規範定律的所有形式都具有其特定的意義。例如：「好」A的每個基本特徵B都提供了一個形式定律：「一個A應當是B」；「好」A所帶有的某個與B不相容的特徵B'則提供了這樣一個定律：「一個A不可以（不應當）是B'」，如此等等。

A44
B44

最後，關於規範判斷的概念，我們可以根據以上的分析來描述它：在涉及一個基礎性的普遍價值認定以及由此而被規定的一對相關價值謂語之內容的情況下，任何一個命題，只要

[6] 在A版中爲：被認定爲有價值，就好像某物確實是有價值的或好的。

它陳述了爲擁有此謂語而須具備的必然或充分的條件，或者，必然和充分的條件，它就叫作一個規範定律。一旦我們在一定的意義上，從而也在一定的範圍內以價值估量的方式劃分出「好」和「壞」，我們自然就會有興趣做出這樣一些決斷：在哪些狀況下、透過哪些內外屬性，這個意義上的好或壞、得到或沒有得到保證；要爲這個領域的一個客體賦予好的價值，哪些屬性是不可或缺的，如此等等。

每當談及「好」和「壞」，我們也常常會在比較性的價值評估中區分較好的和最好的，或者說，較壞的和最壞的。如果快樂是好的，那麼兩個快樂中較爲強烈的、延續較長的那個快樂便是較好的快樂。儘管認識對我們來說是好的，我們也並不會把所有的認識視爲「同樣好」。我們對有關規律認識的評價要比對有關單個事實的評價要高；對有關普遍認識——例如：「每個n次方的方程式都具有n個根」——的評價要比對有關服從於這些普遍規律的特殊規律——「每個4次方的方程式都具有4個根」——的評價要高。同樣，類似的規範問題不僅在相對價值謂語那裡，而且也在絕對價值謂語那裡突顯出來。一旦那些須被評價爲好——或被評價爲壞——的東西的基本內容已經得到確定，那麼問題首先就在於，哪些東西在比較性的評價中，基本上應當被視爲是較好的或較壞的；進一步的問題是：什麼是對於這些相對謂語而言的較近的和較遠的、必然的和充分的條件，這些相對謂語在根本上規定著較好——或較壞——的東西的內容，最終還規定著相對最好的東西的內容。可以說，肯定的和相對的價值謂語的基本內容是測量的單位，我們根據它們來衡量相關領域的客體。

這些規範的總和顯然構成了一個受此基本價值認定規定的、自身封閉的群組。如果一個規範定律對這個領域的客體提出一個普遍要求，即要求它們在最大程度上符合肯定性價值謂語的基本特徵，那麼這個定律就會在每一組共屬的規範中獲得顯要的地位，並且可以被稱作基本規範。例如：在構成康德倫理學的那組規範定律中，絕然律令便起著基本規範的作用；同樣，在功利主義者的倫理學中，基本規範是「最大多數人的最大幸福」原則。

基本規範是在相關意義上的「好」和「較好」的定義的相關項；基本規範顯示，規範化的過程可以根據何種基本尺度（基本價值）來進行，因而基本規範在眞正的意義上並不表示一個規範命題。基本規範與眞正的規範命題的關係類似於算術中對數字之極數的定義和關於數量關係的定律——後者總要不斷地回溯到前者——之間的關係。我們也可以把基本規範標示爲關於「好」——例如倫常方面的「好」——這個標準概念的「定義」；隨之當然也就已經離開了通常邏輯學的定義概念了。

如果我們在涉及這樣一種「定義」時，亦即在涉及一個基本的、普遍的評價時爲自己設定這樣的目標：科學地研究共屬的規範定律的總體，那麼一門規範學科的觀念就形成了。任何一門這樣的學科因而都透過各自的基本規範而得到刻畫，或者說，都透過被它所視爲「好」的東西的定義而得到刻畫。例如：如果我們把快樂的產生和保留、增加和提高視爲好，那麼我們就要問，哪些客體會引起快樂，或者說，這些客體在哪種主觀和客觀的狀況中會引起快樂；快樂的出現、保留、增加等等所需的必然和充分條件是什麼。當這些問題成爲一門科學學科的目標時，一門享樂學便得以形成；這是一門在享樂主義者意義上的規範倫理學。對快樂之引發的評價在這裡提供了一個基本規範，這個基本規範規定著這門學科的統

A46
B46

一，並使它區別於任何其他的規範學科。這樣，每一門規範學科都擁有自己所特有的基本規範，這個基本規範代表了這些學科各自的統一原則。而在諸**理論**學科中的情況則相反，所有研究都不具有這種與作爲規範化主導興趣之源泉的基本價值認定的核心關聯；理論學科的研究統一以及對它們認識的統理（Zusammenordnung）僅僅受理論興趣的規定，這種理論興趣在於，研究實事上（亦即理論的，因爲實事具有內在規律）共屬的東西，並因此研究在這種共屬性中也有待一併研究的東西。

第15節　規範學科與工藝論

尤其是在作爲**實踐**評價客體的實在客體方面，我們自然而然地受到我們的規範興趣的主宰；因而我們明顯地偏向於把規範學科的概念與實踐學科、**工藝論**的概念等同起來。但很容易看出，這種等同的做法是不合理的。叔本華從他關於天生性格的學說所得出的結論出發，在原則上否定所有實踐的道德化的做法；對於他來說，不存在一門工藝論意義上的倫理學，但卻存在著作爲規範科學的倫理學，這也正是他自己所從事的倫理學。因爲，他絕不會放棄道德的價值區分。——工藝論體現了規範學科的一個特例，在此特例中，基本規範就在於達到一個普遍的實踐目的。顯然，每門工藝論自身因此都完全地包含著一門規範的，但本身卻非實踐性的學科。因爲，工藝論所提出的任務預設了對以下這個較爲狹窄的任務的解決：撇開所有與實踐獲取相關的東西不論，首先確定各種規範，根據這些規範便能夠評

A47
B47

判，這個須待實現的目標的普遍概念是否恰當，以及對那些刻畫著相關價值種類的標記的擁有是否恰當。反之，任何一門規範學科，只要它的基本價值認定已轉變成爲一個相應的目的設定，那麼它也就已經擴展成爲一門工藝論了。

第16節　理論學科作爲規範學科的基礎

顯而易見，任何一門規範學科，遑論（a fortiori）任何一門實踐學科，都預設了作爲基礎的一門或幾門理論學科，即是說，任何一門規範學科都必定擁有某種可以從所有規範化做法中分離出來的理論內涵，這種理論內涵本身的自然立足點是在一門理論學科之中，無論這是一門已界定的理論學科，還是一門尚待建立的理論學科。

如我們所見，基本規範（或者說，基本價值、最終目的）規定著學科的統一性；這個基本規範也把規範化的思想納入這門學科的所有規範命題之中。但是除了這個用基本規範來衡量的共同思想之外，這些規範命題各自還具有其特有的、區別於其他命題的理論內涵。每一個規範命題都表述著在規範和被規範物之間的衡量關係的思想；但這種關係本身——如果我們撇開價值估量的興趣不談——客觀地表現爲一種在條件和受此條件制約之物之間的關係，它在相關的規範命題中或是被視爲存有的，或是被視爲不存有的。例如：每個「一個A應當是B」這種形式的規範命題都包含著一個理論命題：「只有一個是B的A才具有C的狀態」，而我們透過C又暗示了關鍵性的謂語「好」所具有的基本內容（例如：快樂、認識，

B48　A48

簡言之，那些在現有範圍內恰恰被基本的價值認定標誌爲「好」的東西）。新的命題是一個純粹理論的命題，它不帶有任何規範化的思想。而反過來，如果某個具有這種理論形式的命題有效，而且作爲新東西而產生出對一個C本身的價值認定，它使得一個規範化的關係成爲必需，那麼這個理論命題便要採納下列規範形式：「只有一個是B的A才是一個好A」，即：「一個A應當是B」。因此，即便是在理論性的思想關係中也會出現規範命題：在這種關係中，理論的興趣往往在於關注一個M類的事態是否存在（例如：一個須定義的三角形的等邊性是否存在），並用它來衡量其他的事態（例如：等角性：如果這個三角形應當是等邊的，那麼它必定就是等角的）；但這種興趣在理論科學中只是暫時的、次要的，因爲這裡的最終意向還是在於實事之間的特有理論聯繫；因而恆久的結果並非被固定在規範的形式中，而是被固定在各種客觀聯繫的諸形式中，在這裡是被固定在總體命題的諸形式中。

A49
B49

現在很明顯，規範科學命題中所包含的理論關係的邏輯場所如上所述必定是在某些理論科學之中。如果規範科學應當與自己的名稱相符，如果它應當科學地研究在必須受到規範化的事態與基本規範兩者之間的關係，那麼它就必須探討這種關係的理論核心內涵，並因此而進入有關理論科學的領域。易言之，每一門規範學科都要求有對一定的非規範性眞理的認識；它或者是從一定的理論科學那裡獲取這種認識，或者它將那些從理論科學中獲得的命題運用在各種受規範興趣規定的境況（Konstellationen）上，以此來獲取這種認識。這同樣也適用於工藝論的較爲特殊的情況，而且顯然還適用於更大的範圍。這裡加入的理論認識必須爲目的和手段的圓滿實現提供基礎。

A50 B50 考慮到下面的研究，這裡還有一點須加以說明：這些理論科學當然可以在不同程度上參與相關規範學科的科學論證與構建；它們對於規範學科的意義也是可大可小的。我們有可能看到，為了滿足一門規範學科的興趣，**首先**要求有某些種類的關於理論聯繫的認識，因而若想使這門規範學科成為可能，關鍵恰恰就在於構建和培養這些理論認識所屬的知識領域。但另一方面也可能是這種情況：對於建立這門規範學科來說，某些理論認識儘管是有用的，甚至可能是非常重要的，但卻只具有次要的意義，因為一旦缺少這些認識，這門學科雖然會受到限制，卻還不會因此而被取消。我們只要考慮一下例如單純的規範倫理學與實踐倫理學之間的關係便可以了。[16]所有那些事關實踐實施得以可能的命題都不會觸及倫理評價的單純規範的範圍。如果這些倫理評價的規範消逝了，或者說，如果那些為這種規範奠基的理論認識消逝了，那麼任何倫理學的可能性也就都不復存在了；如果失去了那些事關實踐實施得以可能的命題，那麼也就不可能進行倫理實踐，或者說，一門關於道德行為的工藝論的可能性也就不復存在了。

現在應當聯繫上面這些區別來理解關於一門規範科學的本質理論基礎的說法。我們以此所指的是那種對於規範科學的建立來說具有根本意義的理論科學，但也可以是指各種有關的理論命題組，它們對於規範學科的可能性而言具有決定性的意義。

16 參閱本書第15節。

第三章　心理主義、它的論據以及它對通常的反對論據的表態

第17節　爭論問題：規範邏輯學的本質理論基礎是否是在心理學之中

如果我們將前一章所得出的普遍結論運用在作爲規範學科的邏輯學上，那麼這裡會突顯出第一個和最重要的問題：哪些理論科學提供了科學論的根本基礎？緊接著的問題是：在傳統邏輯學和近代邏輯學框架中，所探討的那些理論眞理，主要是那些屬於邏輯學本質基礎的眞理，它們在那些已界定的和獨立發展著的科學之中具有其理論位置，這種說法是正確的嗎？ A51 B51

我們在這裡遭遇的是關於心理學和邏輯學之間關係的爭論問題；因爲對於上述問題，有一個在我們這個時代占統治地位的流派已提供了回答：根本的理論基礎是在心理學之中；根據心理學的理論內涵，那些賦予邏輯學以特徵標誌的定律是屬於心理學的領域的。邏輯學與心理學的關係類似於化學技術學的某個分支與化學的關係、土地丈量術與幾何學的關係，如此等等。在這個流派看來，沒有理由對一門新的理論科學，尤其是一門可以在更狹窄和更精確的意義上配得上邏輯學這個名稱的科學做出劃界。甚至有許多人會這樣說，就好像心理學爲邏輯的工藝論提供了唯一的和充分的理論根據。所以我們在彌爾撰寫的反駁漢彌爾頓的爭論文章中讀到：「邏輯學不是一門與心理學相區別並與之相並立的科學。如果邏輯學是一門科學，那麼它就是心理學的一個部分或一個分支，它與心理學的區別，一方面類似於部分與整體的區別，另一方面則類似於工藝論與科學的區別。邏輯學的所有理論基礎都歸功於心理理學，而且，心理學自身包含了邏輯學對工藝規則的所有必要論證。」[1] 在利普斯看來，邏輯學甚至只能作爲一個組成部分被納入心理學之中；因爲他認爲：「邏輯學是心理學的一個特殊學科，正是這一點，才足以將兩者明確的區分開來。」[2]

第18節　心理主義者們的舉證[3]

如果我們詢問這些看法的合理性證明，那麼我們可以獲得一個極爲可靠的舉證，這個舉證似乎從一開始便斷絕了進一步爭論的可能。無論人們如何定義邏輯的工藝論——哪怕是定義爲關於思維、判斷、推理、認識、論證、知識的工藝論，定義爲關於在探索眞理的過程中、在評估論證根據的過程中知性朝向的工藝論，如此等等——我們總是發現心理活動或心理產物都被標誌爲實踐調整的客體。正如對一個材料的工藝加工要以對材料屬性的認識爲前提一樣，在特別涉及對心理學材料的工藝加工時情況也是如此。對此材料的加工規則的科學研究，無疑要回溯到對材料性質的科學研究上：因而建造一門邏輯工藝論的理論基礎是由心

A52
B52

1　彌爾：《對威廉．漢彌爾頓爵士的哲學的考察》，第五版，第四六一頁。

2　利普斯：《邏輯學的基本特徵》，一八九三年版，第三節。

3　與斯圖姆夫在他的著作《心理學和認識論》中的做法不同，我對「心理主義者」、「心理主義」這些表達的運用並不帶有任何蔑視的「色彩」。

理學提供的，更進一步說，是由認識的心理學提供的。[4]

只要隨時看一眼邏輯學文獻的內涵，上述說法就可以得到證實。這些文獻所討論的始終是些什麼呢？討論的是概念、判斷、推理、演繹、歸納、定義、分類等等——所有這些都是心理學，只是根據規範的和實踐的觀點進行了選擇和整理而已。無論對純粹邏輯學做如何狹窄的劃界，人們都無法把心理學的東西從它之中排除出去。這些心理學的東西已經藏在例如像眞理與謬誤、肯定與否定、普遍與特殊、根據與結論等等這樣一些對邏輯規律來說建構性的概念之中。

第19節　反對派的通常論據以及對這些論據的心理主義解答

與心理主義相對立的一派非常奇怪地相信，恰恰從邏輯學的規範特徵入手便可以論證邏輯學和心理學這兩門學科的明確區別。他們認爲，心理學對思維的考察在於研究：思維是怎樣的；而邏輯學對思維的考察則在於研究：思維應當怎樣。所以，心理學所研究的是思維的自然規律，邏輯學所研究的是思維的規範規律。在耶舍所整理的康德關於邏輯學的講

A53
B53

4「邏輯學是一門心理學的學科，同樣確定的是：認識只出現在心理中，並且，在認識中得到完善的思維是一個心理的發生」（利普斯：《邏輯學的基本特徵》，第三節）。

座中，康德正是這樣說的：「一些邏輯學家儘管在邏輯學中以**心理學原則**爲前提，然而將這些原則引入邏輯學就像從生活中獲取倫理一樣荒唐。如果我們從心理學中，即從對我們知性的觀察中獲取原則，那麼我們只會看到，思維本身是如何進行的，它如何處於某些主觀的障礙和條件中；但這些只能導致對偶然性規律的認識。然而邏輯學的問題並不在於**偶然性**的規則，而是在於**必然性**的規則——問題不在於我們是如何思維的，而在於我們應當如何思維。因此，邏輯學的規律必定不是從對理性的**偶然**使用中，而是從對理性的**必然**使用中獲取的。人們不借助心理學也可以在自身發現這種對理性的必然使用。我們在邏輯學中不是要知道：知性是怎樣的以及知性如何思維，它迄今爲止在思維中是如何進行的；而是要知道：它在思維中應當如何進行。邏輯學應當教會我們如何正確地運用知性，即與知性自身相一致地運用知性。」[5]赫巴特的立場與此相似，因爲他指責他那個時代的邏輯學以及它所提出的「據說是心理學的有關知性和理性的敘事」。他認爲，這個錯誤就像一門道德學說想以人類的愛好、欲望和弱點的自然史爲開端的做法一樣荒唐；他還在論證邏輯學與心理學之區別的過程中指出了邏輯學與倫理學相同的規範特徵。[6]

A54
B54

5 康德：《邏輯學》，〈引論〉，第一部分，「邏輯學的概念」，載於哈滕斯坦所編的《康德全集》，一八六七年版，第八卷，第十五頁。

6 赫巴特：《作爲科學的心理學》，第二卷，第一一九節。（原版第二卷，第一七三頁）。

這樣一些論證並沒有使心理主義的邏輯學家們陷入窘境。他們回答：對知性的必然性使用也是一種對知性的使用，並連同知性本身一起屬於心理學。思維應當怎樣，這僅僅只是思維是怎樣的一個特例。當然，心理學要研究思維的自然規律，即所有判斷一般的規律，無論它們是正確的還是錯誤的；但如果人們這樣來解釋上述命題，就好像心理學只擁有在全面的普遍性中與判斷一般有關的規律，而判斷的特殊規律，如正確判斷的規律則必須排除出心理學的領域，那麼這種解釋就是荒謬的。[7]或許，反心理主義者的觀點並非如此？他們會否認規範規律具有這種心理學特殊規律的性質？但這也無濟於事。心理主義者會說，思維的規範規律只想表明，人們應當如何進行思維，其前提是，人們想要正確地思維。「當我們對事物的思維與事物相一致時，我們的思維在質料的意義上就是正確的。但是，事物是這樣的或那樣的，是確定的和無疑的，我們嘴上便是這樣說的。我們精神的本性使得我們只能以這種方式來思維事物。因為這裡無須再重複那些已多次表述過的東西，即：任何事物本身顯然都不能撇開我們對此事物的必然思維方式，而為我們所思維或成為我們的認識對象，因此，誰如果將他關於事物的思想與事物本身相比較，那麼他的偶然的、受習慣、傳統和好惡所影響的思維便只能用這樣一種思維來衡量，這種思維擺脫了這些影響，除本身的規律性之外，它不聽從任何聲音。」

A55
B55

7 例如：可以參閱彌爾的《對威廉·漢彌爾頓爵士的哲學的考察》，第五版，第四五九頁、第四六〇頁。

「但這樣一來，人們爲了正確地進行思維所必須遵循的那些規則便無非是這樣一些規則而已，即：人們只有根據這些規則，才能像思維的特徵、像它特徵的規律性所要求的那樣進行思維。簡言之，這些規則與思維本身的自然規律是同一的。邏輯學要麼就是思維的物理學，要麼就什麼也不是。」[8]

也許反心理主義這方面會說：[9]誠然，表象、判斷、推理等等這些不同的種屬作爲心理現象和素質同樣**也**包含在心理學之中；但是，就這些現象和素質而論，心理學具有與邏輯學不同的任務。兩門科學都探討這些活動的規律；但「規律」對於兩者來說意味著完全不同的東西。心理學的任務在於規律性地探索意識過程之間的實在聯繫，以及意識過程與有關的心理素質和身體組織中對應的過程之間的實在聯繫。規律在這裡意味著一種關於必然的和無例外的、以並存與持續方式進行的連結的概括性公式，這是一種因果性的關係。而邏輯學的任務則完全不同，它不詢問智力活動的因果性起源和結果；而是詢問它們的眞理內涵；它詢問：這樣一些活動**應當**具有什麼樣的性質並且應當如何進行，才能使因果性的判斷爲

8 利普斯：〈認識論的任務〉，載於《哲學月刊》，第十六期，一八八〇年，第五三〇、五三一頁。

9 例如：可以參閱漢彌爾頓：《邏輯學講座》，第一卷，第三版，第七十八頁（引自彌爾：《對威廉·漢彌爾頓爵士的哲學的考察》，第四六〇頁）；德羅比施：《邏輯學新論》，第四版，第二節（參閱前面第二章，第13節中的引文）。也可參閱埃德曼：《邏輯學》，第一卷，第十八頁。

A56
B56

眞。正確的與錯誤的判斷、明晰的與盲目的判斷根據自然規律產生和消失，它們與所有心理現象一樣，具有其因果性的前後環節；但邏輯學家對這些自然的聯繫不感興趣，他尋求觀念的聯繫，他並不是總能找到這種聯繫，而是只能例外地在思維的事實進程中發現它們已實在化了。他的目的不在於思維的物理學，而在於思維的倫理學。因此，西格瓦特合理地強調說：在對思維的心理學考察中，「正確與錯誤的對立幾乎不起作用……就像在人的行爲中，善與惡的對立幾乎不是心理學的對象一樣。」[10]

心理主義者們會回答說，我們不能滿足於這樣一些淺學末見。邏輯學當然具有與心理學完全不同的任務，誰會否認這一點呢？它正是認識的技術學；但它怎麼能夠撇開因果聯繫的問題不談呢？它怎麼能夠不研究自然的聯繫就去尋求觀念的聯繫呢？「就好像並非每個『應當』（應然）（Sollen）都建立在『是』（實然）（Sein）之上，就好像並非每門倫理學都必須同時證明自己是物理學一樣。」[11]「人們應當做什麼的問題始終可以被回溯到人們爲達到某個目的，必須做什麼的問題上；而這後一個問題與另一個問題又是一致的，即：這個

10　西格瓦特：《邏輯學》，第一卷，第二版，第十頁。當然，西格瓦特本人的探討方式（如我們在第七章中將會看到的那樣）完全是朝向心理主義的。

11　利普斯：「認識論的任務」，《哲學月刊》，第十六期，一八八〇年，第五二九頁。

A57 B57

目的事實上是如何達到的。」[12]心理學與邏輯學不同，它不考察眞與假的對立，「但這並不表明，心理學將這兩個相互區別的心理實際組成視爲相同；而是僅僅表明，心理學以同樣的方式來說明這兩者。」[13]因此，在理論關係中，邏輯學與心理學的關係相當於部分與整體的關係。同時，邏輯學的目的主要在於提出形式的定律：智力活動恰恰必須這樣而非那樣地——普遍地或在特定的特徵狀況下——被賦予形式、被排列、被結合在一起，據此得出的判斷於是便能夠獲得明見性的特徵，能夠獲得在確切詞義上的認識的特徵。因果關係在這裡是可以被把握到的。明見性的心理學特徵是由某些前因所造成的後果。是何種性質的前因呢？對這個問題的研究恰恰是任務所在。[14]

下面一些常被重複的論據也未能動搖心理主義派別：人們說，邏輯學建立在心理學基礎上的可能性就和邏輯學建立在其他科學基礎上的可能性一樣小，因爲每門科學都只有透過與邏輯規則相和諧才能存在，每門科學都已經設定了這些規則的有效性。因此，將邏輯學建立在心理學之上的願望是一種循環。[15]

---

12 利普斯：《邏輯學的基本特徵》，第一節。

13 利普斯：《邏輯學的基本特徵》，第三節，第二頁。

14 這種觀點愈來愈明顯地表現在彌爾、西格瓦特、馮特、赫夫勒和邁農的著作中。對此可參閱第八章，第49節中的引文和批判。

15 參閱洛采：《邏輯學》，第二版，第三三二節，第五四三、五四四頁；納托普：「關於對認識的主觀和客觀論心理主義方面會回答：從這個論據中可以推出邏輯學是不可能的結論，從這一點便可以說明這個論據不可能是正確的。因爲邏輯學作爲科學本身也必須邏輯地操作，這樣它自己便也陷入同一個循環之中；它必須同時論證它所設定的那些規則的確切性。

但讓我們進一步觀察，這個循環究竟在哪裡？它在於心理學將邏輯規律預設爲有效的嗎？

A58 B58

但請注意預設（Voraussetzung）這個概念的含糊性。一門科學預設某些規則的有效性，這可能是指：這些規則是它的論證的前提；但它也可能是指：它們是科學爲了成爲科學而在操作中所必須遵循的規則。這個論據將兩者混爲一談；它把根據邏輯規則進行推理與對邏輯規則進行推理視爲是一回事；因爲它認爲，只要對邏輯規則進行推理就會產生循環。但正如一些藝術家在對美學一無所知的情況下，也能創作優美的作品一樣，一個研究者也可以在不回溯到邏輯學的情況下建造自己的證明；所以邏輯規律也可以不是這些證明的前提。而對個別證明有效的東西，必然也對全體科學有效。

證」，載於《哲學月刊》，第二十三期，第二六四頁；埃德曼：《邏輯學》，第一卷，第十八頁。與此相對立的觀點可參閱斯圖姆夫：《心理學和認識論》，第五頁（《巴伐利亞皇家科學院哲學語言學組論文集》，第十九卷，第二冊，第四六九頁。斯圖姆夫所談的是認識論而非心理學，但這並不構成本質差異）。

第20節　心理主義論證中的一個破綻

不可否認，反心理主義者們帶著這些和類似的論據〔在與心理主義的對抗中〕顯得處於下風。有不少人認爲這場爭論無疑已見分曉，他們認爲心理主義學派的反駁是強有力的。畢竟這裡有一點還會引起哲學的驚異：這樣的爭論居然會存在過並且居然還在延續著，同一類論據會一再被重複，而對這些論據的反駁卻沒有被視爲是具有約束力的。如果一切都的確像心理主義學派所保證的那樣一目了然，那麼這種事態的存在確實會令人迷惑不解，尤其是在對立的陣營中還有一些無成見的、嚴肅的和敏銳的思想家存在著。是否眞理又一次處於兩者之間，是否兩派中的任何一方都只認識到眞理的一個部分並且表明自己無力用明確的概念對這一部分進行劃界、無力將它領會爲總體的一個部分？是否在反心理主義者們的論據中——儘管它們含有一些在反駁的操作中所表現出來的不正確性和不明確性[7]——還留存著一些未化解的殘餘，是否在這些論據中還寓居著一種眞實的力量，那種從無成見的思索中不斷湧現出來的力量？就我自己而言，我想對這個問題做肯定的回答；我甚至覺得，眞理的更重要方面是在反心理主義的一方，只是它的關鍵性的思想沒有得到適當的表述並且被某些不確切的東西所模糊了。

A59
B59

[7] 在A版中爲：儘管它們含有一些個別的、透過反駁而得以明朗的錯誤。

現在我們回到前面所提出的關於規範邏輯學的本質理論基礎問題上。心理主義者們的論證確實解決了這個問題嗎？我們在這裡立即便發現了一個弱點。這些論據僅僅說明：心理學參與了對邏輯學的奠基，但它們並沒有說明：心理學單獨參與了，甚或主要參與了奠基；它們沒有說明：心理學爲邏輯學提供在我們所規定的（第16節）意義上的本質基礎。始終存在著這樣一種可能性：另一門科學而且也許是以無比重要的方式爲邏輯學的奠基做出了貢獻。而那門「純粹邏輯學」的位置或許就在於此，在反心理主義派別看來，它作爲一門自然劃界的、自身封閉的科學應當具有其獨立於所有心理學的此在。我們很樂意承認，康德和赫巴特的追隨者們在邏輯學標題下所整理和加工的東西與邏輯學按其原先的猜想所必須擁有的特徵不完全相符。如果他們所談論的總是思維的規範規律，主要是概念的構成、判斷的構成等等，那麼人們就會說，這些證據足以證明，這些材料既不是理論的材料，也不是對心理學來說陌生的材料。但是，這種考慮會喪失其說服力，只要在進一步的研究中那個曾湧入我們腦中的猜測得到證實，這個猜測是指：那些邏輯學派儘管在對純粹邏輯學的定義和構造方面不很成功，但是，它們在這樣一點上卻接近了純粹邏輯學，即：它們注意到了在傳統邏輯學中理論上相互聯繫的眞理的豐富性，這些眞理既不能被歸入心理學，也不能被歸入其他具體科學，因此這些眞理使人們猜想到一個特有的眞理領域。而如果它們恰恰就是那些所有邏輯規則最終與之相聯繫的眞理，並且因而就是那種在談到邏輯眞理時首先必須考慮的眞理，那麼人們就會把它們視爲是整個邏輯學的本質並把它們的理論統一稱之爲「純粹邏輯學」。事實上我希望能夠證明，據此而得到標示的是眞實的事態。

A60
B60

第四章　心理主義的經驗主義結論

第21節　對心理主義立場的兩個經驗主義結論的概述和反駁

我們暫且立足於心理主義邏輯學的立場上，即是說，我們暫且承認，邏輯準則的本質理論基礎是在心理學之中。無論人們怎樣定義心理學這門學科——無論它是被定義爲關於心理現象的科學，還是被定義爲關於意識事實的科學，是被定義爲關於內經驗的科學，還是被定義爲關於那些依賴體驗個體的體驗的科學，以及諸如此類——，在這樣一點上都存在著全面的一致性：心理學是一門事實科學，從而是一門作爲經驗的科學。我們還可以與此不矛盾地補充說：心理學至今還不能提出眞正的、從而也是精確的規律，它敬稱爲規律的那些定律儘管極具價值，但卻只是一種對經驗的模糊的[1]普遍化，只是對一些有關並存或延續的大致合規則性的陳述，它們還遠遠無法做到，以絕對可靠的、單義的規定性確定：在精確說明的狀況下，哪些東西必定共同存在，或者，哪些東西必定會接著產生。我們可以舉觀念聯想的規律爲例，聯想心理學想要賦予它們心理學基本規律的地位和意義。每當人們極力想把這些規律在經驗上得到證實的意義恰當地表述出來時，它們馬上便失去作爲規律所應有的規律特

A61
B61

1 我用「模糊」（vage）這個術語來表述與「精確」（exakt）相對的意思。它絕不表示任何對心理學的輕視，我絲毫也沒有打算在這裡與心理學尋釁。自然科學在某些學科中，尤其是在那些具體學科中，也只具有模糊的「規律」。同樣，氣象學的規律雖然模糊，卻仍有很大價值。

徵。在此前提下便會產生出令心理主義邏輯學家十分擔憂的結論：

第一個結論。在模糊的理論基礎上只能建立起模糊的規則。如果心理學規律缺乏精確性，那麼邏輯學的準則便也必定如此。無可置疑，有些邏輯學準則的確帶有經驗的模糊性。但確切意義上的邏輯規律，即那些作爲論證規律構成邏輯學眞正核心的邏輯規律：邏輯的「原則」、三段論規律、雜多的其他推理方式的規律，例如：相等性推理、從n到n+1的白努利[2]推理（Bernoullischer Schluß）、或然性推理原則等等，恰恰是這些邏輯規律所具有的絕對精確性；誰要是把這種規律與經驗的不確定性相混淆，使它們的有效性依賴於模糊的「狀況」，誰就從根本上改變了這些規律的眞正意義。顯然，這些邏輯規律才是眞正的規律，而不「只是經驗的規律」，即大致的規則而已。

如果純粹數學像洛采所說的那樣，只是邏輯學的一個獨立發展的分支，那麼無窮豐富的純粹數學規律，便也屬於上述精確的邏輯規律的領域。即使在所有其他批評中，我們也應當將這個邏輯領域與純粹數學的領域一併加以考察。

A62
B62

2 白努利，瑞士的一個學者家族，其中有雅各·白努利（一六五四—一七〇五年），數學家；約翰·白努利（一六六七—一七四八年），數學家；丹尼爾·白努利（一七〇〇—一七八二年），物理學家；約翰·白努利（一七一〇—一七九〇年），數學家等等。以這個家族來命名的有白努利數、白努利推理、白努利方程、白努利定理、白努利公式等等。——中譯注第二個結論。假使有人爲了避開第一個指責而想否認心理學規律的全然不精確性，並想在誤以爲精確的思維自然規律基礎上建立起剛剛所突顯突顯的那一類規範，這也仍然是於事無濟的。

沒有一條自然規律是先天（a priori）可知的，沒有一條自然規律是能明晰自證的。[8]論證或證實這種規律的唯一途徑是從經驗的個別事實中得出的歸納。但歸納並不論證規律的有效性，而只論證這個有效性的或高或低的或然性；明確地得到證實的是或然性，而不是有效性。據此，邏輯學規律必然也毫無例外地被納入或然性的檔次。然而，恰恰相反，所有「純粹邏輯學」的規律都是先天有效的，沒有什麼能比這更明白無疑的了。這些規律不是透過歸納，而是透過絕然的[3]明見性（Evidenz）而獲得其論證和證實的。得到明確證實的，不是邏輯規律有效性的單純或然性，而且是它們的有效性或眞理性本身。

矛盾律並不意味著：可以推測，在兩個相互矛盾的判斷中會有一個是正確的，一個是錯

---

3 即：「apodiktisch」，原義爲「確然的」、「無可反駁的」。胡塞爾特別用它來表述一種與本質眞理有關的確定狀態。因此，這裡將它譯作「絕然的」。在胡塞爾那裡與「apodiktisch」相對應的是「assertorisch」，其原義爲「可信的」、「斷言的」，它特別意味著某種與事實眞理有關的確定狀態。因而此後將它譯作「斷然的」。——中譯注

---

[8] 在A版中爲：先天的，即明確可知的。

誤的；「Barbara式」[4]並不意味著：如果「所有的A是B」並且「所有的B是C」這種形式的兩個命題爲眞，那麼可以**推測**，與此相關的、「所有的A都是C」這種形式的命題也都爲眞。所有純粹邏輯學的規律都與推測無關，純粹數學的規律也是如此。否則我們便不得不保留這樣一種**可能**性，即：這種推測在我們始終有限的經驗範圍擴展的過程中得不到證實。那樣的話，我們的邏輯規律也許僅僅是一種對那些眞實有效的，但對我們來說卻不可及的思維規律的「接近」而已。在自然規律的領域中，人們確實應當認眞地考慮這種可能性。雖然萬有引力規律已經透過全面的歸納和驗證而被推薦給人們，至今卻還是沒有一個自然研究者將它理解爲絕對有效的規律。人們正在不斷地嘗試新的萬有引力公式，例如人們曾證明，韋伯[5]發現的有關電子現象的基本規律，也完全可以作爲重量的基本規律而發生效用。將這兩種公式區分開來的那個要素恰恰決定了被估算的價值的不同，這些價值不會超出那些無法避免的觀察錯誤的領域，但可以想象有無限多的這類要素存在；因此我們先天地知道，有無數多的規律可以並且必定會成就牛頓萬有引力規律——它只是因爲特別簡單才被推薦給人們——所成就的東西；我們知道，觀察的不精準性是永遠無法消除的，在這種情況下要去追

A63
B63

4 即三段論第一格第一式（AAA式）。——中譯注

5 韋伯（Wilhelm Eduard Weber，一八〇四—一八九一年），德國物理學家；發報機的發明者之一；運用了以他名字命名的電磁單位：1WB = 10A。——中譯注

求唯一眞實的規律是可笑的。這就是精確的事實科學中的實際狀況。但這絕不是邏輯學中的實際狀況。事實科學中的合理可能性，在邏輯學中則變成了荒謬性。我們在邏輯學這裡所具有的不是對單純概率的明察，而是對邏輯規律之眞理的明察。我們明察到三段論原則、白努利歸納原則、概率推理原則、普遍算術原則，如此等等，就是說，我們在這些原則中把握到眞理本身；因而關於非確切性領域、單純的接近等等，談論在這裡失去了其可能的意義。如果對邏輯學的心理學論證作爲結論所要求的東西是荒謬的，那麼這正說明這種論證本身是荒謬的。

即使是最強有力的心理主義引證也無法對抗我們所明晰把握到的眞理本身；概率無法與眞理相爭，推測無法與明察相爭。也許那些仍不能擺脫流行觀念的人會受心理主義證據的迷惑，但只要看一下某個邏輯規律，看一下它眞正意指以及它作爲眞理被把握時所帶有的明晰性，這種迷惑便會立即結束。

A64 B64 相關的心理主義[9]反思要強加於我們的東西聽起來是如此可信：邏輯規律是論證的規律。論證只不過是人的特殊思維過程而已，在這種過程中，作爲終端環節的判斷帶有必然結果的特徵。這種特徵本身是一種心理特徵，是一種心態，僅此而已。而所有這些心理現象顯然不是孤立的，它們是我們稱之爲人生的那些心理現象、心理素質和有機過程所組成的一塊織布上的個別纖維。在這種情況下，最終的結果除了經驗的普遍性之外還能是什麼呢？心理

[9] 在A版中爲：心理學。

學怎麼可能提供更多的東西呢？

我們的回答是：心理學當然無法提供更多的東西。正因爲如此，它也無法提供那種絕然明見的，從而是超經驗的、絕對精確的規律，這些規律構成所有邏輯學的核心。

第22節　思維規律被誤認爲是一種可以單獨有效地導致理性思維的自然規律

我們在這裡也必須對人們就邏輯規律所持的流行觀點表達我們的看法，這種流行觀點將正確的思維規定爲思維與某些思維規律（不論人們如何稱呼這些規律）的相適性；然而這種流行觀點同時又傾向於對這種相適性做心理主義的詮釋：思維規律被視作這樣一些自然規律，它們將我們精神（Geist）的特性刻畫爲思維著的精神，因而規定著正確思維的相符性的本質便應當在於這些思維規律所具有的純粹的、不受其他心理影響（如習慣、嗜好、傳統）干擾的效用性。[6]

我們先論述這種學說所得出的可疑結論中的一個：思維規律作爲因果規律，亦即認識在心靈關係中如何形成的規律，只能以或然性的形式被給予。據此，沒有一個論斷可以被判定爲是帶有確定性（Gewißheit）的正確論斷；因爲，作爲所有正確性之基本尺度的或然

A65
B65

6　例如：可以參閱本書第19節中所引的利普斯「認識論的任務」中的文字。

性必定會給每一個認識都打上單純或然性的標記。於是我們便面臨著一種極端的或然論。即使斷言所有知識都只是或然的知識，這斷言也只是或然有效的；而對此斷言的斷言仍然也只是或然有效的，如此類推，以至無窮（in infinitum）。或然性的程度會隨層次的下落而愈來愈低，因此我們不得不認眞地爲所有認識的價值擔憂。但願我們有足夠的運氣，以至於這些無窮級數（unendliche Reihen）的或然性程度隨時都具有康托爾[7]基本級數（Fundamentalreihen）的特徵，即：對須判定的認識所具有的或然性來說，每一個最終極限值都是一個大於0的實數[10]。當然，以上這些懷疑論的不足是可以避免的，只要人們承認思維規律是明晰地被給予的規律。可是我們如何能夠從因果規律中獲得明察呢？

假設這種困難不存在，那麼我們還是可以詢問：究竟在哪裡做出過對此的證明，即正確的思維行爲是來自於因果規律（或無論其他什麼規律）的純粹效用性？證實下列說法的描述性和發生性分析又在哪裡，即思維現象可分成兩種：一種僅僅規定邏輯思維得以形成的因果進程，另一種則還參與規定非邏輯的思維？根據[11]邏輯規律來檢測一個思維是否就意味著根 A66 B66
據這種作爲自然規律的規律來證明這種思維的因果性形成？

7 康托爾（一八四五—一九一八年），德國數學家，集合論的創始人。——中譯注

[10] 在A版中爲：絕對實數。

[11] 在A版中爲：透過。

這裡似乎有一些易於理解的混淆為心理主義謬誤的產生提供了途徑。首先，人們混淆了邏輯規律與這些邏輯規律在其中可能被認識的判斷，即判斷行為意義上的判斷[12]，即是說，人們混淆了作為「判斷內容」的規律與判斷本身。判斷本身是具有其原因和結果的實在（real）事件。尤其是對規律性內容的判斷常常會作為思維動機在發揮作用，這些思維動機決定著我們思維體驗的進程，就像那些內容，即那些思維規律所規定的那樣。在這些案例中，對我們的思維體驗所做的實在整理與連結，是與在普遍指導的規律性認識中被思考的東西相適合的；這種實在的調整和連結是相對於規律的普遍情況而言的一個具體個案。但人們如果將規律與判斷以及對規律的認識混為一談，將觀念與實在混為一談，那麼規律就會顯得像是一種決定我們思維過程的力量。隨之，人們就會顯而易見地做出第二種混淆，即混淆作為因果環節的規律和作為因果規則的規律。還有一些關於作為控制自然事件力量的自然規律的神祕說法，對我們來說也不陌生，按照這種說法，似乎因果關係規則本身又能作為原因，即又能作為因果關係中的環節發揮作用。這種對如此本質不同事物的嚴重混淆，在我們這裡顯然是由前一種對規律與對規律的認識的混淆所促成的。邏輯規律看起來簡直就是思維中的發動馬達。人們以為，這些規律在因果地支配著思維的進程——於是它們就是因果規律；它們表述我們應當如何遵循我們精神的本性來思維，它們將人的精神標誌為一種（在確

A67
B67

[12] 在A版中為：（判斷行為）。

切意義上的）思維的精神。如果我們的思維偶爾與這些規律所要求的不一樣，那麼實際上便可以說，我們根本不在「思維」；我們並不是按照思維的自然規律或按照我們的思維精神的特性所要求的那樣來進行判斷，而是按照其他規律所因果規定的那樣來進行判斷；我們隱約受著習慣、激情等等的影響。

當然，可能還有其他的動機迫使這種觀點產生。在某些領域裡，具有正常素質的人，例如：科學領域中的科學研究者，習慣於邏輯正確地進行判斷，這是一個經驗事實；這個經驗事實似乎在要求這樣一種自然的說明：思維的正確性是根據邏輯規律來衡量的，這種邏輯規律同時也以因果規律的方式規定著各種思維的進程，而那些對規範的個別偏離則很容易被視爲一些來源於其他心理因素的含混影響的結果。

對這種觀點，我們只須進行以下考慮就夠了：我們設想有一個理想人，在他那裡所有的思維都完全按照邏輯規律所要求的那樣來進行。當然，思維在他那裡能如此進行有其可從心理學規律上加以說明的原因，因爲這些心理學規律是從某種第一「組合」（erste「Kollokationen」）出發，來規定這個生物的心理體驗的進程的。現在我要問：如果眞有這種情況的話，那麼這種自然規律與那種邏輯規律是同一種規律嗎？回答顯然必須是否定的。思維必須根據邏輯學觀念規範所證實的因果規律來進行，而因果規律和這種規範本身——這兩者絕不可能是一回事。一個生物被如此地構造起來，以至於它在進行統一的思維時不會做出任何矛盾性的判斷，或者說，它不會進行任何違反三段論的推理——但在這些事實中並不包含著這樣一個論點，即：矛盾律、「Barbara 式」等等是一些能夠解釋這種生物

A68
B68

構造的自然規律。計算器的例子可以清楚地說明這一點，對輸出的符號的整理與連結是根據自然規律來調節的，就像算術定律爲它們的含意所要求的那樣。但要想從物理上解釋這個機器的進程，沒有人會去引用算術規律，而只會去引用力學規律。這種機器當然不會思維，它不理解自己和自身成就的意義；但我們的思維機器不也是以類似的方式在產生作用嗎？只是這一個思維的實在進程必須透過在另一個思維中產生的對邏輯規律性的明察，才會永遠被承認爲是正確的嗎？這另一個思維可以屬於這個思維機器，也可以屬於其他的思維機器，但觀念性的評價和因果性的說明始終還是兩回事。不要忘記所謂的「第一組合」，它們對於因果的說明來說是不可或缺的，但對於觀念的評價來說則是毫無意義的。

心理主義的邏輯學家們忽視了在觀念規律與實在規律之間、在規範制約與因果制約之間、在邏輯必然性和實在必然性之間、在邏輯基礎與實在基礎之間存在的那種基本本質的、永遠無法消除的差異。無法想象在觀念與實在之間能夠形成何種遞進。我們這個時代的純粹邏輯明察處在何種低層次上，這從西格瓦特和馮特那裡便可看出：恰恰在涉及前面所提到的對一個個體的、觀念的生物的臆想時，像西格瓦特這樣著名的研究者竟然認爲可以接受這樣一種看法：對於這種生物來說，「邏輯必然性同時也就是產生出現實思維的實在必然性」，而且他竟然用思維壓迫的概念來說明「邏輯基礎」的概念。[8] 還有馮特，[9] 他把根據

A69
B69

8　西格瓦特：《邏輯學》，第一卷，第三版，第二五九—二六〇頁。

9　馮特：《邏輯學》，第一卷，第二版，第五七三頁。

律看成是「我們思維行爲相互依賴的基本規律」，如此等等。但願以下進一步的研究會完全確定地表明，上述觀點確實是邏輯學的基本錯誤。

第23節　心理主義的第三個結論以及對它的反駁

第三個結論。[10]假如對邏輯規律的認識來源是在心理學的事實性之中，例如：假如邏輯規律眞如對立派別所說的那樣，是對心理學事實的規範性轉變，那麼邏輯規律本身必定具有心理學的內涵，並且是在雙重的意義上：這些規律必須是對於心理之物而言的規律，並且同時預設或包含心理之物的實存。這一點可以被證明是錯誤的。沒有一條邏輯規律自身包含「實際的事情」（matter of fact），同樣也沒有一條邏輯規律自身包含想象或判斷或其他認識現象的存在。沒有一條邏輯規律——按其眞正意義——是心理生活的事實性規律，就是說，它既不是想象（即想象體驗）的規律，也不是判斷（即判斷體驗）的規律，也不是其他心理體驗的規律。

大多數心理主義者們都受他們的普遍成見影響太深，因而不會想到用某些現有的邏輯規律來驗證一下這種成見。如果邏輯規律出於普遍的原因而**必定**是心理學的，那麼爲何還要個

A70
B70

10　參閱本書第21節，第六十頁以後各頁。

別地證明它們實際是如此呢？人們沒有注意到：澈底的心理主義會迫使人們對邏輯規律做出根本有異於它們眞實意義的解釋。人們忽視了：如果對這些規律做自然的理解，那麼它們與純粹數學規律相同，它們既不在論證上、也不在內容上預設心理學的東西（亦即心靈生活的事實性）。

倘若心理主義是正確的道路，那麼我們從推理的學說中就只能獲得下列規則：根據經驗，在U的狀況下，一個帶有絕然的必然結果之特徵的S形式推論命題是與P形式的前提結合在一起的。因此，要想「正確地」進行推理，就是說，要想在推理過程中獲得這種標誌的特徵，人們就得據此來進行操作並且設法去實現U的狀況以及相關的前提。心理的事實性在這裡顯現爲一種受到規整的東西，而這些事實的實存，正如它在對這些規則的論證中被預設的那樣，同時也一同被包含在這些規則的內容之中。但沒有一條推理規律是與這種類型相符合的。例如：「Barbara 式」意味著什麼？它無非是說：「對於任意一個A、B、C來說普遍有效的是：如果所有的A都是B，並且所有的B都是C，那麼所有的A都是C」。而對「肯定前件假言推理」（modus ponens）不作簡化的描述是：「這是一個對於任意的A、B定理來說有效的規律：如果A有效，並且如果A有效B也就有效這一點有效，那麼B就有效。」正如這些和所有類似的規律是非經驗的一樣，它們也是非心理學的。誠然，傳統邏輯學提出這些推理形式是爲了使判斷活動規範化。但在這些形式中難道含有對一個單個現時判斷的存在或一個其他心理現象之存在的斷言嗎？如果有人認爲是如此，那麼我們要求提供證明。在一個命題中所包含的斷言必須能夠透過有效的推理方式從這個命題中推導出來。但那種可以

A71
B71

允許人們從一個純粹規律中推出一個事實的推理形式在哪裡呢？

人們不會指責說：如果我們從未在現實的體驗中擁有過想象和判斷，從未從其中抽象出有關的邏輯基本概念，人們也就從來不會去談論邏輯規律了；或者甚至說：在任何一種對規律的理解和主張中，都包含著想象和判斷的存在，因而也可以從中推導出這些存在。然而這種指責是毫無意義的。因爲，幾乎無須指明這一點，即：這裡的結論不是從規律中，而是從對這個規律的理解和主張中得出來的，這同一個結論可以從任意一個主張中得出，而且人們不應當把對一個規律的主張所具有的心理學前提或心理學組成與這個規律的內容所具有的邏輯成分混爲一談。

「經驗規律」當然具有一個事實內涵。粗略地說，它們作爲非眞正的規律僅僅表明：根據經驗，在一定的狀況下通常會形成一定的並存或延續，或者，隨狀況的不同可以憑藉或大或小的或然性來期待一定的並存或延續。這裡含有這樣的意思：這些狀況、這些並存或延續在事實上是出現的。而且即使在經驗科學的嚴格規律中也不會不帶有事實內涵。這些規律不僅是關於事實的規律，而且它們自身也包含事實的實存。

A72
B72

但我們在這裡還需要更精準一些。通常所說的精確規律當然具有純粹規律的性質，它們自身不含有任何實存內涵。但只要考慮到這種規律從中獲取其科學證實的那些論證，我們馬上就會明白：無法證實它們是一般所說的純粹規律。正如天文學所述，眞正得到論證的並不是萬有引力規律，而只是這樣一種形式的定律，即：照我們至今爲止的認識程度來看，從理論上得到論證的、具有最高威嚴的或然性是：對於那個用當今的輔助手段所能獲得的經驗領域來說，牛頓的定律是有效的，或者，在無限多的可想象的數學規律中，有一個規律是有效的，而這些數學規律與牛頓規律的區別僅限於那些不可避免的觀察錯誤的領域範圍以內。這個眞理負載了許多事實性內涵，因而它本身絕不是一種眞正詞義上的規律。它自身顯然還包含著許多界定含糊的概念。

因此，關於事實的精確科學的所有規律雖然是眞正的規律，但從認識論上看，它們只是一些理想化的臆想——儘管是一種具有實在根據（cum fundamento in re）的臆想。它們所要完成的任務是：使理論科學有可能成爲最合乎現實的理想，也就是說，盡有限的人類認識之最大可能，來實現所有科學事實研究的最高理論目標，實現說明性的理論的理想，即實現那種源自規律性的統一的理想。我們借助於清晰的思維首先從經驗的個別性和普遍性中獲取的，不是那些無法爲我們所得的絕對認識，而是一些所謂的絕然的或然性，在這些或然性中包含了所有可獲取的事關現實的知識。然後我們將這些或然性還原爲某些帶有眞正規律特徵的精確思想，這樣我們便能夠建立起那些形式完善的說明性理論的體系。但這種體系（例如：理論力學、理論聲學、理論光學、理論天文學等等）實際上只能被視爲是一種帶有實在根據的觀念可能性，它們並不排除無限多的其他可能性，但卻爲此而在一定的界限內包含著其他的可能性。——然而我們的任務並不是討論這些狀況，更不是去闡釋這些觀念理論的認識實踐功能，即：它們在有效地預先確定未來的事實、有效地重新構造過去的事實這方面所擁有的成就，它們在實際的自然控制方面的技術成就。因此我們還是要回到我們所探討的情況中。

A73
B73

如果眞正的規律性如前所示，在事實認識領域中只是一種理想而已，那麼相反卻可以在「純粹概念」認識的領域中發現它。在這個領域中包含著我們的純粹邏輯學規律，同樣也包含著純粹數理模式（Mathesis pura）的規律。這些規律的「起源」，更準確地說，證實這些規律的論證不是來自歸納；因此這些規律自身不帶有實存性的內涵，這種內涵總是伴隨著各種或然性，包括那些最高的和最有價值的或然性。這些規律所陳述的東西是完全有效的；在其絕對的精確性中得到明晰論證的是這些規律本身，而不是某些帶有模糊成分的或然性斷言。這樣的一個規律是不會作爲在某個領域的無數理論可能性中的一個可能性出現的。它是一種獨一無二的眞理，這個眞理排除任何其他可能性，並且作爲明晰可認識的規律性而在內容上和論證上都純粹地（rein）脫離於任何事實。

透過這些考察可以看出，構成心理主義結論的兩個部分——即：邏輯學規律不僅僅是帶有關於心理事實的實存性的主張，而且它們也必須是對於這些心理事實而言的規律——相互結合得有多麼緊密。我們首先反駁了這個結論的第一部分。在這個反駁中也包含了對第二部分的反駁，理由如下：正如每個從經驗中和從對個別事實的歸納中，產生出來的規律是一個事實規律一樣，反過來，每一個事實規律也都來自經驗和歸納；因此，如前面所證明的那樣，這種規律與實存性主張是不可分的。

不言而喻，我們不能把那種將純粹概念命題——即：自身表現爲一種以純粹概念爲基礎的普遍有效關係的命題——轉用於事實的普遍陳述也視爲是事實規律。如果$3>2$，那麼那張桌上的三本書也就多於那個櫃子裡的兩本書。這對任何事物都是普遍有效的。但純粹的數字

A74
B74

命題所討論的不是事物，而是純粹普遍性中的數字——3這個數字大於2那個數字——，而且這種命題不僅可以運用於個體對象，而且也可以運用於「普遍」對象，例如：顏色和聲音的類別、幾何構成物的種類以及其他非時間的普遍性[13]。

如果承認所有這些，那麼（被當作是純粹的）[14]邏輯規律當然就不可能是心理活動或心理產物的規律。

第24節　續論

也許有人爲了避開我們的結論而指責說：並非每一個事實規律都產生於經驗和歸納。毋寧說必須在這裡區分：每個對規律的認識都建立在經驗的基礎上，但並不是每個對規律的認識都以歸納的方式，即透過那種眾所周知的、從個別事實或經驗的普遍性導致規律性的普遍性的邏輯程序，而產生於經驗之中。尤其是邏輯規律，它們雖然是合經驗的規律，卻不是歸納性的規律。我們是從心理學的經驗中抽象出邏輯學的基本概念以及與這些概念一同被給予的純粹概念關係。我們一舉便可以認識到，我們在個案中發現的東西是普遍有效的，因爲它建立在被抽象出來的內容的基礎上。經驗就是這樣爲我們提供對我們精神的規律性的直接意

A75
B75

[13] 在A版中爲：等等。

[14] 在A版中爲：（本質性的）。

識。正如我們在這裡並不需要歸納一樣，這裡的結果也不會帶有歸納的不完善性，不會僅僅具有或然性的特徵，而是具有絕然的確定性，這種結果的界限不是模糊的，而是精確的，這種結果也不包含任何對實存性內涵的主張。

然而這種指責不可能是充分的。沒有人會懷疑：對邏輯規律的**認識**作爲心理行爲是以個別經驗爲前提的，這種認識的基礎是在具體的直觀之中。然而人們不應將對規律的認識的**心理學**「前提」和「基礎」與規律的**邏輯學**預設、根據、前提混爲一談；與此相應，人們也不應將心理的依賴性（例如在產生中的心理依賴性）與邏輯的論證和證實混爲一談。邏輯論證和證實所遵循的顯然是根據與結論之間的客觀關係，而心理的依賴性則與並存和延續中的心理聯繫有關。沒有人能嚴肅地主張：作爲對規律的明察之「根據」的具體個案會具有邏輯基礎、前提的作用，就好像規律的普遍性結論是從個別之物的此在中得出的一樣。對規律的直觀把握或許在心理學上需要分兩步進行：對直觀的個別性的關注和對與此有關的規律性明察的關注。但在邏輯學上卻只有一步。明察的內容不是從個別性中得出的推論。

所有認識都「從經驗**開始**」，但所有認識並不因此而都「源於」經驗。我們所主張的是：每一個事實規律都產生於經驗之中，因此，它只有透過對個別經驗的歸納才能得到論證。如果存在著可以明晰地被認識的規律，那麼這種規律便不可能（直接地）是事實規律。

A76
B76

至今爲止，被視爲事實規律的直接明晰性的情況唯有兩種[15]：要麼是人們把眞正的事實規律，即並存和延續的規律誤認爲是那種與受時間規定之物無關的觀念規律；要麼就是人們把對熟悉的經驗普遍性的生動信念，與我們只有在純粹概念的領域中才能體驗到的那種明察混爲一談。

即使這種類型的論據不能產生決定性的作用，它仍然還可以用來輔助其他類型的論據。我們這裡再提一個其他類型的論據。

人們很難否認：所有純粹邏輯規律的特徵都是相同的；如果我們能夠用幾條這樣的規律爲例來指明：不可能將它們理解爲事實規律，那麼這個結果也必定對所有純粹邏輯的規律都有效。在這些規律中有些規律是與眞理一般有關的，就是說，眞理在它們那裡是被調整過的「對象」。例如：對於任何一個眞理A來說有效的是：與它相反的對立面不是眞理。對於任何一對眞理A、B來說有效的是：它們的結合與分離的聯繫[11]也是眞理。如果三個眞理A、B、C處於這樣一種關係中：A是B的原因，B是C的原因，那麼A也是C的原因，如此等

A77
B77

11 我把這種聯繫理解爲下列命題：「A和B」，或者說，「A或B」；前一個命題意味著：兩者都有效；後一個命題則意味著：兩者之一有效——但它並不意味著只有一個有效。

[15] 在A版中爲：我並不一定把下列觀點視爲是荒謬的，即：事實規律可以直接明晰地被認識；但我否認這種情況會發生。至今爲止，人們所認爲的這類情況有兩種。

等。但把對眞理本身有效的規律稱之爲事實規律是荒謬的。沒有一個眞理是一個事實，亦即一種受時間規定的東西。一個眞理當然可以含有這樣的意義，即：一個事物存在著，一個狀態延續著，一個變化在形成，如此等等。但這個眞理本身是超越於所有時間性之上的，就是說，賦予它以時間上的存在、形成或消亡，這種做法是毫無意義的。這種荒謬性在眞理規律（Wahrheitsgesetz）這裡表現得最明顯：假如這種眞理規律是實在規律的話，那麼它們就是各種事實並存和延續的規則，更爲特殊地說，是各種眞理並存和延續的規則，而它們本身作爲眞理同時又必須屬於它們所支配的事實。一個規律對某些被稱爲眞理的事實做出來和去（Kommen und Gehen）的規定，而這個規律本身又處在這些事實之中。這個規律根據這個規律產生和消亡——這是一個明顯的悖謬。而如果我們想把眞理規律解釋成爲並存的規律，解釋成爲一種時間性的個別之物，但又是一種對所有時間性的存在之物來說至關重要的普遍規則，那麼情況便與此類似。如果人們沒有注意到或沒有在正確的意義上理解觀念客體與實在客體之間的基本區別，以及與此相應地沒有注意到或沒有在正確的意義上理解在觀念規律與實在規律之間的基本區別，那麼上述這種悖謬性[12]便是不可避免的；我們會一再地看到，這個區別對於解決心理主義邏輯學和純粹邏輯學之間的爭論來說是至關重要的。

12　此處參閱本書第七章的系統論述：任何一種認爲邏輯規律依賴於事實的觀點，都具有懷疑論和相對主義的悖謬。

第五章　對邏輯原理的心理主義詮釋

A78
B78

第25節　彌爾和斯賓塞對矛盾律的心理主義詮釋

我們在前面已經說明：如果人們把邏輯規律前後一貫地理解爲一種關於心理事實的規律，那麼這種理解必定會導致對邏輯規律的根本誤解。但在這個問題上和在所有其他問題上一樣，流行的邏輯學總是沒有勇氣保持其一貫性。我幾乎要說：心理主義只有靠不一貫性才能得以生存；誰對心理主義做過前後一貫的徹底思考，誰就會放棄它；但是極端的經驗主義卻提供了一個值得注意的例子：一個根深蒂固的成見可以比最清晰的明察證據更有力量。極端的經驗主義以一種無畏的一貫性做出那些最嚴酷的結論，但它之所以這樣做只是爲了利用這些結論並且將它們結合成爲一個理論，一個顯然矛盾的理論。我們前面所反駁的那種邏輯學立場——即：邏輯眞理不是那種先天（a priori）可靠的、絕對精確的純概念性規律，而是一種透過經驗和歸納來論證的、帶有或多或少模糊性的、與人的心理生活的事實性有關的或然性——恰恰就是（如果我們撇開對模糊性的強調不論）明顯的經驗主義學說。我們這裡的任務不可能是對這個認識論流派做詳盡的批判。但有一種在這個學派中形成並在這個學派之外也產生過輝煌影響的對邏輯規律的心理學解釋尤其引起我們的興趣。[1]

A79
B79

1　對這一節和下一節的「增補」提供了對經驗主義原則性主要缺陷的一般論述，這個論述比較廣泛，以至於我們希望能透過它來促進我們在邏輯學中所具有的那種觀念主義意向。（「觀念主義」一詞的原文是如所周知，彌爾[2]教導說：矛盾原則（prinzipium contradictionis）是「我們最早和最容易理解的經驗普遍化之一」。他認爲矛盾原則的原初基礎在於：「信與不信是兩個不同的精神狀態」，它們相互排斥。他接著說：只要最簡單地考察一下我們自己的精神，我們便可以認識到這一點。而如果我們將這種考察朝向外界，我們也可以在那裡發現：光明與黑暗、聲音與寂靜、平等與不平等、前行與後繼、連續與同時，簡言之，每個肯定的現象與它的否定（每個否定的現象）都是不同的現象，都處於尖銳的對立狀態；一個現象出現的地方，另一個現象總是不出現。他說：「我把這個可疑的原理視爲是對所有這些事實的普遍化。」

只要涉及他的經驗主義的原則基礎，通常如此敏銳的彌爾就像被諸神遺棄了一般。這裡的困難實際上僅僅在於：我們無法理解，這樣一種學說如何能讓人信服。首先引人注目的是下面這個論斷的明顯的錯誤，即：兩個相互矛盾的命題不同爲眞並且在這種意義上相互排

「idealistisch」，即通常所指的「唯心主義」。由於胡塞爾在這裡所涉及的是關於「實在科學與觀念科學的（或經驗科學與先天科學的）劃分」（胡塞爾：《純粹現象學與現象學哲學的觀念》，第一卷，海牙，一九七八年，〈引論〉，第六頁），所以捨去通常的譯法而將這個概念譯作「觀念主義」。以下所有「觀念主義」概念都源於「Idealismus」或「idealistisch」，但反過來並不成立，就是說，並不是所有的「Idealismus」在這裡都被譯作「觀念主義」。——中譯注）

2 彌爾：《邏輯學》，第二卷，第七章，第四節（貢沛爾茲譯，第一版，第二九八頁）。

A80 B80 斥，這是一個原則；光明與黑暗、聲音與寂靜等相互排斥，這是對這些「事實」的普遍化，而這些事實要先於矛盾律。簡直無法理解彌爾如何能把這些所謂的經驗事實與邏輯規律聯繫在一起。在反駁漢彌爾頓的那篇文章中，彌爾曾對此做過類似的闡述，但這些闡述也未能解除我們的疑問。他在這篇文章中以讚賞的口吻引用那條被他的同仁斯賓塞稱作是邏輯原則之基礎的「絕對常規」，即：「意識的任何一個肯定的形式都不可能在不排除相應的否定形式的情況下顯現；而任何一個否定的形式也不可能在不排除相應的肯定形式的情況下顯現」。[3]但有誰會看不出：這條規律所體現的僅僅是一種同語反復，因爲在「肯定的和否定的現象」這對相關術語的定義中已經包含著相互的排斥？而與此相反，矛盾律卻絕對不是同語反復。在對相互矛盾的命題的定義中並不包含著它們之間的相互排斥；而且，即使它們因爲矛盾原則的緣故確實是在相互排斥，這種狀況反過來也並不成立，即：並不是每一對相互排斥的命題都是一對相互矛盾的命題——這些證據足以說明：不能把我們的原則與那種同語反復混爲一談。而彌爾本人也並不想把這條原則理解爲同語反復，因爲在他看來，這條原則最初應當產生於對經驗的歸納。

彌爾用外在經驗的不共存來解釋矛盾的做法實在令人費解，他的另外一些論述至少比這

---

[3] 彌爾：《對威廉·漢彌爾頓爵士的哲學的考察》，第四九一頁。斯賓塞沒有回溯到矛盾律上，而是回溯到排中律上，這可能是一個疏忽。（此處所引的是彌爾的英文原文。——中譯注）

種解釋能更容易使我們弄清這個原則的經驗意義何在，尤其是討論以下問題的那些論述：邏輯學的三個基本原則是否可以作爲「思維固有的必然性」、作爲「我們心智構造的一個原本部分」、作爲「在心智的自然結構中的我們思想的規律」而有效；或者，是否它們之所以是思維規律，只是「因爲我們感知到它們是那些被觀察的現象的普遍眞理」——彌爾並不想對後一個問題做出肯定的回答。關於這些規律，我們在彌爾那裡讀到：「儘管它們有可能隨經驗的不同而產生變化，但我們的實存條件卻不允許我們接受那些要求改變這些規律的經驗。因此，任何一個與這些規律發生衝突的論斷——例如：任何一個顯露出矛盾的命題對我們來說都是不可信的，即使它遠離我們主體的經驗領域。在當下的自然構造中，含有這種命題的信仰（belief）作爲一種心智事實是不可能的。」[4]

我們可以從這裡看到：在矛盾律中表現出來的那種不一致性（Inkonsistenz），即相互矛盾的定律的不同爲眞，被彌爾解釋爲在我們的信仰中這些命題的不相容性。換言之：**命題的不同爲眞被相應判斷行爲的實在不相容**所取代。與此相應，彌爾一再聲稱：信仰行爲是唯一能在眞正的意義上用正確和錯誤來標誌的客體。**兩個相互矛盾的信仰行爲不能共存**——在他看來必須對矛盾原則做如此理解。

A81
B81

4　彌爾：《對威廉・漢彌爾頓爵士的哲學的考察》，第四九一頁。也可參閱第四八七頁：「精神行爲的一般性在於：它是連續的事件，並且它無法擺脫論證。」（此處所引的是彌爾的英文原文。——中譯注）

第26節　彌爾對此原則的心理學詮釋所得出的不是規律，而只是一個完全模糊的和在科學上未經檢驗的經驗定律

這裡會產生各種各樣的疑慮。首先，對這個原則的陳述肯定是不完整的。人們一定會問：對立的信仰行爲在何種情況下不能共存？眾所周知，對立的信仰行爲完全可以在不同的個體中共存。因而我們在分析實在共存的意義的同時必須更確切地說：在同一個客體中，或者更好是：在同一個意識中，相互矛盾的信仰行爲無法持續哪怕是極短暫的一段時間。但這眞的是一個規律嗎？我們眞的能在無限的普遍性中陳述它嗎？爲它的設定提供根據的心理學歸納在哪裡？難道以往不曾有人，並且將來也不會有人像是由於受錯誤的結論的困擾，而把對立的東西同時認之爲眞嗎？這種情況難道在精神病人那裡也不會出現，那些明顯的自相矛盾難道也不屬於這種情況，對此有人做過科學研究嗎？這個原則是否適用於睡眠狀態，是否適用於發燒時的病態，如此等等？它對動物也有效嗎？

爲了避開這種指責，這位經驗主義者也許會用適當的附注來限制他的「規律」，例如：這種原則僅僅對正常的、處於正常思維狀態中的人（homo）這一類個體有效。但只要有人提出關於「正常個體」和「正常思維狀態」的更確切定義是什麼的尷尬問題，我們就會認識到：我們這裡所涉及的這條規律的內容是多麼複雜和多麼不精確。

沒有必要將這種考察再繼續進行下去了（儘管這個規律中，例如時間關係還可以給我

A82
B82

們提供一些啟示）；已有的考察已經足以論證這樣一個令人驚異的結論：我們所熟悉的矛盾原則以往被人們當作是一種明見的、絕對精確和毫無例外的規律，而實際上它只是一個粗糙、不準確、不科學的命題的樣式；這類命題只有在經過一些修正，從而將它表面上精確的內涵改變成實際上模糊的內涵之後，才能上升到一種令人可信的猜測的地位。如果經驗主義的觀點是正確的話，即：如果這個矛盾原則所陳述的不相容性的確可以被解釋爲是相互矛盾的判斷行爲的實在不共存，因而這個原則本身的確可以被解釋爲是一種經驗心理學的普遍性，那麼上述結論的形成就是必然的。然而，這種彌爾式的經驗主義卻根本沒想過要對這個就上述心理學解釋而言，粗糙而不精準的定律進行劃界和論證；它含糊地生造出這個定律，然後又含糊地接受這個定律，也許「我們最早和最可以理解的經驗普遍化之一」，即對前科學經驗的粗糙普遍化就只能以這種方式進行。在它看來，所有科學的最終基礎恰恰就在於這種素樸經驗連同其盲目的聯想機械論。在它看來，不帶任何明察而從各種心理學機械論中——這些機械論所擁有的論據僅僅是一些泛泛的偏見而已，它們生來就未得到可靠的或確定的劃界，並且，可以說只要隨便觀察一下便可證明，它們自身包含著錯誤的東西——生成的那些信念才應當是論證所有最嚴格詞義上的科學認識的最終根據。

我們無須再繼續探討下去了。但重要的是要帶著下面這個問題回溯到對立一派學說的基本錯誤上，即：那個關於信仰行爲的經驗定律是否確實就是在邏輯學中被運用的那個定律。這個經驗定律陳述說：在某些主觀的（可惜未得到進一步研究而只能籠統交待的）X 狀況下，在同一個意識中不能有兩個像是與非那樣相互對立的信仰行爲共同成立。當邏輯學

A83
B83

家說「兩個相互矛盾的命題不同爲眞」時，他所指的確實是這個嗎？我們只需要看一下運用這條規律來規整判斷活動的情況，便會認識到，他所指的完全是另外一回事。這條規律在正常的含義中顯然僅僅意味著：無論從對立的信仰行爲中取出哪一個對子——無論這些對子是屬於同一個個體還是被分散到各個個體；無論這些對子是在同一段時間內共存還是分別處在不同的時間中——絕對嚴格地、毫無例外地有效的是：各個對子的成分不會兩個都正確，即不會都符合眞理。我想，即使經驗主義那方面也不能懷疑這個規範本身的有效性。無論如何，在邏輯學談論思維規律的時候，它所涉及的僅僅是這個第二種規律，即邏輯的規律，而不是那種模糊的、在內容上完全不同的並且至今也仍然沒有得到表述的心理學「規律」。

A84
B84

對前兩節的增補：關於經驗主義的幾個原則性缺陷

我們有必要稍微偏離一下主題來討論心理主義與經驗主義之間親密的姐妹關係，這樣可以揭示出經驗主義的那些基本錯誤。極端的經驗主義作爲一種認識論與極端的懷疑主義一樣荒謬。它取消對間接認識進行合理證實的可能性，從而也取消了它自己作爲一門受到科學論證的理論的**可能性**。[5] 它承認有從論證關係中形成的間接認識，而且不否認論證的原則。它不僅承認一門邏輯學的可能性，而且自己也在建立著這樣一門邏輯學。但是，如果任何一個論證建基於它所依照進行的那些原則之上，而對它的最後證實只能透過向這些原則的回溯來進行，那麼，在這些論證原則本身也一再需要論證的情況下，最終的結果要麼是一種**循環**，要麼是一種無窮**倒退**。如果論證原則本身與用來證實它們的那些論證原則是同一的，那麼結果便是循環論證。如果這兩者始終不相同，那麼結果便是無窮倒退。因此很明顯，只有當我們有能力明晰而直接地認識那些作爲所有論證的最終基礎的原則時，才可能有意義地要求對所有間接的認識做出原則性的證實。因而所有那些爲可能的論證提供證實的原則必須演繹性地被回歸到那些最終的、直接明見的原則上，而**這種**演繹的原則本身也必須全部包含在那些最終的、直接明見的原則之中。

A85 B85

但從根本上說，極端的經驗主義僅僅只對經驗的個別判斷抱有一種完全的信任（而且是一種全然不加批判的信任，因爲它沒有注意到那些恰恰與這種個別判斷在如此大程度上相關聯的困難），這樣它就明確地（eo ipso）放棄了對間接認識進行合理證實的可能性。它不

5 就是說，從懷疑主義的確切概念來看（我們在第七章，第33節中將會對這個概念進行發揮），經驗主義的特徵在於懷疑論。文德爾班非常確切地用康德所說的「無望的企圖」來形容它——它是這樣一種無望的企圖，即：「**透過經驗的理論來論證這個理論的前提本身**」（《序曲》，第一版，第二六三頁）。

承認那種爲證實間接認識所須依賴的最終原則是直接的明察，因而就是被給予的眞理，而是相信：如果它從經驗和歸納中推導出這種眞理，即間接地證實這種眞理的話，那麼它會取得更大的成就。如果人們詢問這種推導的原則，詢問是什麼在證實這個推導，那麼，由於經驗主義的眼中只有素樸的、非批判性的日常經驗，從而無法看到直接明晰的普遍原則，因而它的回答更多會是：素樸的、不加批判的日常經驗。而經驗主義相信，透過用休謨的方式來說明日常經驗，可以爲這種經驗獲得更高的威嚴。因此，它忽略了一點：如果根本就沒有一種對間接設想的明晰證實，就是說，如果沒有一種根據直接明見的普遍原則以及有關論證來進行的證實，那麼整個心理學理論、整個建立在間接認識基礎上的經驗主義學說本身也就沒有得到合理的證實，它們因而可能只是一種隨意的假想，並不比習常的成見好多少。

很奇怪，在一門負載著上述矛盾的理論與邏輯學和數學的基本平凡性這兩者之間，經驗主義更信任前者。作爲眞正的心理主義，它處處表現出一種趨向：將某些普遍判斷在經驗中的心理學形成——或許是因爲這種被誤認的「自然性」——與對這些判斷的證實混爲一談。

值得注意的是：休謨的溫和經驗主義所處的境地也並不更妙，它試圖將純粹邏輯學和數學的領域（即便它們受到心理主義的困擾）作爲已得到先天證實的領域加以堅持，並且以經驗主義的方式犧牲事實科學。這種認識論的立場也被證明是不可靠的，甚至是悖謬的；與我們前面對極端經驗主義的批評相類似的指責可以說明這一點。完全一般地說，間接的事實判斷——我們可以這樣來簡要地表達休謨理論的意義——不可能提供一個**理性的**證實，而只能提供一個**心理學的說明**。人們只須要提出這樣的問題：這個理論本身所依據的心理學判斷

A86
B86

（關於習慣、觀念聯想等等）是如何得到理性證實的，這個理論本身所運用的事實結論又是如何得到證實的，這時人們便會認識到，在這個理論所想證明的命題的意義與這個理論所想運用的推理的意義之間存在著明見的爭執。這個理論所具有的心理學前提本身是間接的事實判斷，因而缺乏對有待證明的命題的任何理性證實。換言之：這個理論的正確性預設了它的前提的不合理性，這些前提的正確性預設了這個理論的（或者說，這個命題的）非理性。（據此，休謨的學說在確切的意義上也是一種**懷疑論**，這個意義將會在第七章中受到進一步規定。）

第27節　對其他各種從心理學出發來詮釋邏輯原則之做法的類似批評。含義模糊是產生困惑的根源

顯而易見，我們在前幾節中所做的那些批評，必然也涉及任何一種從心理學出發對所謂思維規律以及所有依附於它們的規律的錯誤解釋。即使人們用「理性的自身信任」或用思維規律在邏輯思維中所具有的明見性爲引證，來逃避我們對劃界和論證的要求，這也是於事無濟的。**邏輯**規律的明晰性是堅定不移的。然而一旦將邏輯規律的思維內涵理解爲心理學的內涵，人們就完全改變了邏輯規律的原本意義，明晰性是與這種原本的意義相聯繫的。如我們所見，精確的規律變成了經驗的模糊普遍性，後者儘管在它們的不確定性領域中具有其有效性，但卻遠離了所有的明見性。心理學的認識論者遵循著他們思維的自然步驟，然而他們

A87
B87

自己卻並沒有意識到這一點，他們無疑也首先——即在他們開始表演他們的哲學解釋藝術之前——在客觀的意義上理解所有那些與此有關的規律。但他們隨後便犯了一個錯誤：他們以為可以在後補的反思中對規律的公式做一些解釋，而這些（相對於自然思維而言）有了根本變化的解釋也應當具有在眞正意義上的明見性，即那種可以為規律的絕對有效性提供保證的、在客觀意義上的明見性。如果我們所說的那種覺知眞理的明察確實具有某種合理性，那麼這個合理性肯定就在於這樣一個定律：兩個相互對立的命題不都為眞；而如果我們必須否認這種關於明察的說法的合理性，那麼我們就只能對這同一個定律（或它的等值物）做心理學的重新解釋，例如：「肯定與否定在思維中相互排斥」，「被認識到是相互矛盾的判斷不能夠同時在一個意識中並存」；[6]以及我們不可能相信一個明顯的矛盾；[7]沒有人會設想，一

6　以上這兩句話是海曼斯所做的陳述（《科學思想的規律與要素》，第一卷，第一版，第十九節等）。與第二個陳述相近的是西格瓦特（《邏輯學》，第一卷，第二版，第四一九頁）的說法，「不可能有意識地既肯定又否定同一個定律」。

7　參閱在本書第25節中所引用的彌爾反駁漢彌爾頓的文字的結尾部分。〔即：《對威廉·漢彌爾頓爵士的哲學的考察》，第四九一頁：「任何一個與這些規律發生衝突的論斷——例如：任何一個顯露出矛盾的定律對我們來說都是不可信的，即使它遠離我們主體的經驗領域。在當下的自然構造中，含有這種定律的信仰（belief）不可能作為一種精神事實」。〕在這篇文章的第四八四頁上他還說：「無法同時思考兩個相互否定的主張」；（這裡引用的是彌爾的英文原文。——中譯注）「思考」（thought）隨後又被解釋成「相信」（believed）。

A88
B88

個東西同時存在又不存在；如此等等。

爲了避免有含糊不清的東西遺留下來，我們要繼續對這些敘述性的理解做一些思考。在做進一步考察時，人們立刻便可以注意到摻雜其間的含義模糊性所造成的令人困惑的影響，正是這種含義的模糊性導致人們將眞正的規律或某些與這種規律等值的規範性轉化混同於心理學的論斷。第一個陳述所提供的情況便是如此。肯定與否定在思維中相互排斥。當思維這個術語在其較廣泛的意義上被等同於所有的智慧活動時，它在許多邏輯學家的用語中往往與合理的、「邏輯的」思維，即正確的判斷有關。是與否在正確的判斷中相互排斥，這是明見的，但這同時也表述了一個與此邏輯規律等值的、絕非心理學的命題。這個命題意味著：對同一個事態既做肯定又做否定的判斷，不會是正確的判斷；但它絲毫也沒有對此做出陳述，即：相互矛盾的判斷行爲是否能夠——無論是在一個還是在幾個意識中——實在地（realiter）共存。[8]

因而第二個陳述（被認識到是相互矛盾的判斷不能夠同時在一個意識中並存）也就同時不可能是合理的，除非人們在這裡把「意識」解釋成「意識一般」（Bewußtsein überhaupt），解釋成超時間的正常意識（Normalbewußtsein）。但一個原始的邏輯原則當

A89
B89

8　赫夫勒和邁農也犯了同樣的錯誤，他們將共存的思想歸入邏輯的原則之中（《邏輯學》，一八九〇年版，第一三三頁）。

然不可能預設這個「正常」概念，這個概念若不回溯到這個原則上，就根本無法被人理解。此外很明顯，只要中止所有形上學的設定，那麼這個被如此理解的命題就只是對這個邏輯原則的一種等值的改寫，它也就與所有心理學都毫不相干。

在第三和第四個陳述中也有與第一個陳述類似的含義模糊性。沒有人能夠相信矛盾，沒有人能夠設想，一個東西同時存在又不存在——這裡顯然須要補充說：沒有一個有理性的人會這樣做。不是對於其他人而言，而是對於每個想正確進行判斷的人來說，這裡存在著一種不可能性。因而這個說法所陳述的並不是一種心理學上的壓迫力，而是一種明察，即：相互對立的命題不同爲眞，或者說，與相互對立的命題相符合的事態不能共存[16]，從而，誰想要正確地進行判斷，即做到視眞爲眞、視錯爲錯，誰就必須按照這個規律所規定的那樣去判斷。在事實性的判斷中，情況有可能會兩樣；沒有一條心理學的規律在強迫判斷者受邏輯規律的桎梏。所以我們在這裡所接觸的仍然是這條邏輯規律的一種等值轉化，而沒有什麼比它更遠離有關判斷現象之心理學[17]規律的想法了。但恰恰是這種想法在另一方面構成了以上所述的心理學解釋的本質內涵。當「不能」（Nichtkönnen）不是被理解爲相應的定律的不相容性（即規律性的不同爲眞），而是被理解爲判斷行爲的不共存性時，這種心理學解釋便形成了。

[16] 在A版中爲：相互對立的事態不同爲眞。

[17] 在A版中還有：、即因果性的。

沒有一個「有理性的人」或沒有一個「有健全判別力的人」**能夠**相信一個矛盾，對這個命題還可以做其他解釋。如果我們稱某個人是「有理性的人」，那麼我們是指：我們相信這個人具有習常的素質，他會「在正常的思維狀態中」、「在他的那個範圍內」進行正確的判斷。誰擁有習常的能力，至少能夠在正常的思維狀態中明瞭那些「不言而喻的東西」、「一目了然的東西」，我們就會將他視爲是「有健全判別力的人」。當然，我們也將這種避免明顯矛盾的做法視爲是包含在這些不言而喻之物的範圍內的——雖然這是一個相當模糊的範圍。如果這種包含確實成立，那麼，「沒有一個有健全判別力的人（甚至沒有一個有理性的人）會將矛盾視爲眞」這個定律就僅僅是普遍之物在個別情況中的平凡轉化而已。我們當然不會把那些視矛盾爲眞的人稱爲「有健全判別力的人」。因而在這裡也無從談及心理學的規律。

但這裡還要提及一些其他的可能解釋。「**不可能性**」（Unmöglichkeit）這個詞具有強烈的含義模糊性：它不僅意味著那種**客觀規律上的不可協調性**（Unvereinbarkeit），而且也意味著一種**主觀能力上的不能夠**（Unvermögen）加以統合（Vereinigung）；這種含義模糊性在一定程度上助長了心理主義傾向。我**不能**相信矛盾共存——無論怎樣努力，我最後仍然可以感到有一種無法克服的抵抗力在迫使我不相信這一點。人們以此論證說：這種「不能信」是明見的體驗，也就是說，我明察到：相信矛盾的事物，這對於我，也對於我所能想象的任何一種生物來說都是一種不可能性；因此我可以明見地明察到那種在矛盾律中得到表述的心理學的規律。

我們的回答僅僅顧及在這個論據中所出現的新謬誤，這個回答如下：根據經驗，在我們

A90
B90

判斷地做出決定時，任何一種放棄我們所抱有的信念而去相信與這個信念相悖的事態的嘗試都會失敗；除非有新的動機產生出來，附加的疑慮、某種與當前信念不相容的較早的信念、常常只是對湧現出來的大量對立思想的模糊「感受」。徒勞的嘗試、被感受到的抵抗等等，這些都是個體性的體驗，它們受個人和時間的偶限，受某些根本無法精確規定的狀況的束縛。它們如何能夠論證對於一個普遍的、超越個人和時間的規律而言的明見性呢？人們不應將對於個別體驗的此在而言的斷然的（assertorisch）明見性混同於對於普遍規律的存在而言的絕然的（apodiktisch）明見性。那種被解釋爲「無能」（Unfähigkeit）的感覺的此在所具有的明見性能保證我們明察到：我們剛才事實性地無法做到的事，以後也就規律性地永遠無法做到？人們必須注意這一點：在這裡起著根本作用的「狀況」是無法規定的。如果我們堅信A事態的存在[18]，我們便很容易說：無法想象有人會做出非A的判斷，儘管如此，實際上我們在這方面卻常常會出錯。在同樣的意義上我們也可以說：無法想象有人會不相信矛盾律——矛盾律是我們最堅定的信念；我們還可以說：沒有人能夠做到將兩個相互矛盾的命題[19]同視爲眞。也許這裡所表述的的確是一個在對各種事例多次試驗後才得出的、有可能相當生動的經驗判斷；但我們在這裡並不具有這樣的明見性，即：上述情況就是一種普遍必然的狀態。

A91
B91

[18] 在A版中爲：一個事態A。

[19] 在A版中爲：事態。

眞實的事態可以這樣來描述：相互矛盾的命題的不同爲眞，或者說，相互對立的事態不同存有，對此我們具有絕然的明見性，即確切詞義上的明察。這種不相容性的規律就是眞正的矛盾原則。絕然的明見性然後也延伸到心理學的運用上；我們也可以明察到：兩個具有相互矛盾的內涵的判斷是不能共存的，如果這兩個判斷僅僅涉及那些在奠基性[9]直觀中現實地被給予的東西的話。我們可以更普遍地明察到：即使那些帶有相互矛盾的內涵的判斷是一種斷然明見的判斷，或者甚至是一種絕然明見的判斷，它們也都既不可能在一個意識中共存，也不可能在各個意識中分散地共存。所有這些都只是要說明：相互矛盾的事態是在客觀上互不相容的事態，實際上也沒有人能夠在其直觀與明察的範圍內發現它們的共存——但這並不排除這種可能，即：有人將它們視爲共存的。與此相反，在涉及相互矛盾的判斷時，我們缺乏絕然的明見性；只有在那些我們實際已知的案例，以及在那些對於我們的實踐目標來說相當有限的案例範圍內，我們才擁有一種合經驗的知識，就是說，我們知道，在這些情況中，相互矛盾的判斷行爲事實上相互排斥。

A92
B92

9 「奠基性的」（fundierend）一詞是德文中動詞「fundieren」（奠基、固定、確定等）的第一不定式，這裡譯作「奠基（性）的」或「原生的」；而與它相對應的第二不定式「fundiert」則被譯作「奠基於……之中的」或「次生的」；以下均同。這個概念在胡塞爾哲學中有十分重要的意義。——中譯注

第28節　人們誤以爲矛盾原則具有兩面性，就好像它既可以被理解爲思維的自然規律，同時又可以被理解爲對思維進行邏輯規整的規範規律一樣

在我們這個熱衷於心理學的時代，只有少數幾個邏輯學家能夠完全擺脫那種對邏輯原則的心理學錯誤解釋；[20]連那些本身也反對用心理學來爲邏輯學奠基的邏輯學家們，或者，連那些出於其他原因而堅決拒絕心理主義指責的邏輯學家們也無法做到這一點。只要考慮到，所有那些不是心理學的，也無法用心理學來澄清的東西，即任何一種想透過心理學研究來揭示「思維規律」之本質的好心嘗試，都是以對「思維規律」的心理學重新解釋爲前提的，那麼我們就不得不認爲，在西格瓦特所開創的那個流派中的所有德國邏輯學家都未能擺脫那種心理學的錯誤解釋，儘管他們並沒有明確地把思維規律表述爲或標誌爲心理學規律，並且始終把思維規律與心理學的其他規律相對置。如果在他們的規律公式中沒有明顯地表現出這種思想上的偏頗，那麼它們就一定可以在他們對這些公式所做的各種說明中或在他們所做的各種闡釋的上下文中被發現。

在我們看來，尤其值得注意的是那些想賦予矛盾律**雙重**地位的企圖，按照這種做法，據說矛盾律一方面作爲**自然規律**而構成一種規定著我們實際判斷的力量，另一方面則作爲**規範規律**而構成所有邏輯規則的基礎。朗格在其才華橫溢的著作《邏輯研討》中便尤爲引人注目

A93
B93

[20] 在A版中還有：其中，。

地提出這一主張；此外，這部著作並不想促進彌爾式的心理主義邏輯學，而是想「對形式邏輯學做出新的論證」。當然，只要仔細考察一下這種新論證並且在他那裡讀到：邏輯學的眞理和數學眞理一樣來源於空間直觀，[10]「由於這兩門科學保證了我們所有認識的嚴格的正確性」，因此，這兩門科學的簡單基礎也就是「我們智力的組織機構的基礎」，從而，「這兩門科學所具有的、爲我們所讚嘆的合規律性實際上起源於我們自身……起源於我們自身的未被意識到的基礎」[11]——這時人們就不得不把朗格的立場仍然歸入到心理主義中，它只是心理主義的另一個屬而已，康德的形式觀念主義——按照目前對形式觀念主義的流行解釋——以及其他各種有關先天認識能力或「認識來源」的學說都屬於這一個屬。[12]

朗格在這方面的論述如下：「矛盾律是思維的自然規律與思維的規範規律相互接觸之

A94
B94

10 朗格：《邏輯研討——對形式邏輯學和認識論的新論證》，一八七七年版，第一三〇頁。

11 朗格：《邏輯研討》，第一四八頁。

12 眾所周知，康德的認識論在某些方面企圖超越並且已經超越這種主張心靈能力就是認識來源的心理主義。這裡只須指出，康德的認識論在某些方面也十分明顯地進入到心理主義之中，當然這並不排除他與其他形式的心理主義的認識論證展開激烈論戰的可能。此外，不只是朗格，而且一大批康德化的哲學家[21]都屬於心理主義認識論的領域，無論他們是否喜歡這個字眼。超越論的心理學仍然是心理學。

[21] 在A版中爲：新康德主義者。

點。在自然的、不受任何規律指導的思維中，我們表象的構成在始終不變地進行著，透過這種表象構成活動的進行，我們表象構成的心理學條件便滔滔不絕地既推出眞理，也推出謬誤；有一個事實在補充、限制著這些心理學條件，並把它們引向一個確定的目標，這個事實就是：一旦相互對立的東西彷彿要達到一致時，我們在自己的思維中便無法將它們統一起來。人類的精神可以接受最大的矛盾，只要它能夠做到把相互對立的東西分別隔離在不同的思想圈中，不使它們相互接觸；但如果一個陳述和與它相反的陳述直接涉及同一個對象的話，人類精神的這種統一能力便中止了；這時人們或是感到毫無把握，或是必須排除兩個陳述中的一個。當然，只要相互矛盾之物的直接一致是暫時的，對矛盾之物的消除在心理上便也是暫時的。那些深深地根植在各個不同的思維領域之中的東西是不會僅僅因爲人們透過推斷指出其矛盾性便受到摧毀的。在這個命題和另一個命題的結論直接達到一致的地方，人類精神的這種統一能力就仍然有效，只是它不能始終貫穿於整個推理序列並一直深入到原初矛盾之所在處。對推理序列的簡潔性和對推理對象的同一性的懷疑往往會保護謬誤；但即使謬誤被暫時摧毀，它也還會從表象聯繫的習慣範圍中產生出來，重新表現自己，只有透過不斷的打擊才能使它退縮。

儘管錯誤是頑固的，思維中直接矛盾的不可協調性，這個心理學規律必定會隨時代而發揮巨大的作用。這個規律是一把鋒利的剪刀，在經驗的進程中，那些不可行的表象聯繫被它逐漸剪除，而較爲可行的表象聯繫便繼續維持下去。與生物的進程一樣，人類思維的自然進程中的消滅原則就在於，不斷地有新的表象聯繫被造出來，其中的一大批表象聯繫又一再地

A95
B95

被消滅掉，而較好的表象聯繫則得以留存並繼續發揮作用。

這個心理學的矛盾規律……直接產生於我們的結構之中，並作為所有經驗的條件而先於所有經驗發揮作用。它的有效性是客觀的，它在我們意識到它之前便在發揮作用。

但如果我們應當把這條規律理解為邏輯學的基礎，如果我們應當承認它是所有思維的規範規律，就像它作為自然規律即使不被我們承認也在發揮作用一樣，那麼為了使自己信服，我們對它和對其他公理一樣需要進行類型直觀（der typischen Anschauung）。」[13]

「如果去除了所有心理學的附加物，那麼對邏輯學來說什麼是本質性的東西呢？無非是不斷地揚棄矛盾之物這一事實而已。如果人們說矛盾不能存有，那麼從直觀上來看這只是一種文字的堆砌和重複，就好像在必然之物後面還隱藏著一個必然性一樣。事實在於：這個矛盾不存有，每個超越出概念界限的判斷會立即被一個相反的、更確定地得到論證的判斷所揚棄。但這種實際的揚棄對邏輯學來說是所有規則的最終基礎。從心理學上來看，人們也可以把這種揚棄又稱之為是必然的，只要人們把它視為是自然規律的一個特例；但邏輯學與此無關，毋寧說邏輯學連同其基本的矛盾律都是從這裡才獲得其起源的。」[14]

13　朗格：《邏輯研討》，第二十七、二十八頁。

14　朗格：《邏輯研討》，第四十九頁。

A96 B96 朗格的這些學說尤其對克羅曼[15]和海曼斯[16]的學說產生過明顯的影響，海曼斯曾做過一個系統的嘗試，即在心理學的基礎上盡可能前後一貫地提出認識論。這一嘗試作爲一個幾乎純粹的思想實驗尤其引起我們的興趣，我們很快便有機會來進一步考察它。——利普曼[17]也曾表述過類似的觀點，令人驚異的是，他在提出這些觀點的同時又堅持這樣一個完全正確的思想，即認爲邏輯必然性「對於每個理性思維生物來說都具有絕對的有效性」，「無論這些理性思維生物的構造是否與我們的構造相一致」。

從上面所述的內容中，人們已經可以知道，我們將要對這些學說進行何種指責。我們並不是要否認朗格在其如此透徹的闡述中所說的心理學事實，但我們認爲，找不到任何在這裡談論「**自然規律**」的理由。只要將他所做的各種對所謂規律的表述與那些事實比較一下就會發現，這些表述是極爲疏忽粗糙的。如果朗格曾試圖對我們所熟悉的經驗做出概念上仔細的描述和界定，他就會看到，經驗絕不能被視爲與邏輯原則相關的那種精確意義上的規律的個案。實際上人們所說的「矛盾的自然規律」可以被還原爲一種粗糙的經驗普遍性，它本身附著了一個完全無法精準地被確定的模糊領域。此外，這個規律只與**正常的**心理個體有關；

15 克羅曼：《我們的自然認識》（菲舍爾－本松譯本），哥本哈根，一八八三年。

16 海曼斯：《科學思想的規律與要素》，第一版，二卷本，萊比錫，一八九〇年和一八九四年。

17 利普曼：《思想與事實》，第一冊，一八八二年版，第二十五－二十七頁。

因爲，正常者在此所[22]訴諸的日常經驗並不能陳述：心理不正常者如何行爲。簡言之，我們在朗格這裡發現，他缺乏嚴格的科學態度，而只要我們爲了科學目的去運用前科學的經驗判斷，這種態度便是必不可少的。我們堅決反對將模糊的經驗普遍性，與那種只有邏輯學才具有的絕對精確的和純粹概念的規律混爲一談；我們恰恰認爲，將兩者等同起來，或從一者中推導出另一者，或將兩者視爲是所謂雙重矛盾規律，這些做法都是悖謬的。只是因爲沒有注意到邏輯規律的素樸意義內涵，他才忽視了這一點，即：邏輯規律與思維中對矛盾之物的事實揚棄之間既沒有絲毫的直接的關係，也沒有絲毫的間接的關係。這種事實性的揚棄顯然只涉及在同一個時間點上和同一個行爲中、同一個個體的判斷體驗；它並不涉及各個個體或各個時間和行爲所共有的肯定和否定。對於這裡所涉及的事實性的東西而言，這類區分具有本質意義，但邏輯規律卻根本沒有爲這些區分所觸及。邏輯規律所陳述的恰恰不是相互對立的判斷之間的鬥爭，不是這些時間性的、實在地受到這種或那種規定的行爲之間的鬥爭，而是那些被我們稱之爲在對立命題的各種非時間的、觀念的統一之間的規律性的不相容性。兩個相互對立的命題不同爲眞，在這個眞理中不含有任何關於某個意識及其判斷行爲的經驗主張的影子。我想，一旦認眞地弄清楚這一點，就可以看出上面被批判的觀點的欠缺所在。

A97
B97

[22] 在A版中還有：唯一。

第29節　續論：西格瓦特的學說

我們發現，這裡引發爭議的有關邏輯原理的雙重性質的學說，早在朗格之前便爲一些卓越的思想家所宣導，甚至連貝格曼這樣一位很少贊同心理主義的思想家也偶爾會表露出這種觀點；[18]但其最主要的宣導者是西格瓦特，他對近代邏輯學具有廣泛的影響，因此有必要在這裡更仔細地討論他在這方面的論述。A98 B98

這位重要的思想家說：「矛盾原則……作爲規範規律出現，在與此相同的意義上，矛盾原則曾是一個自然規律並且確定了否定的含意；但作爲自然規律的矛盾原則只說明，人們在任何一個時刻都不可能有意識地說：A是B並且A又不是B，而作爲規範規律的矛盾原則卻被運用於意識統一所包容的所有恆定概念的範圍；在這個前提下，矛盾原則所論證的便是通常所說的矛盾律（Principium Contradictionis），但它現在不再構成同一原則（在A等於A公式意義上）的一個部分，而是再次設定：這些概念本身的絕對恆定性（Konstanz）已得到實現。」[19]

與此相符的是對（那種被解釋爲一致性原則（Prinzip der Übereinstimmung）的）同一

---

[18] 貝格曼：《純粹邏輯學》，第二十頁（第二節的結尾）。

[19] 西格瓦特：《邏輯學》，第一卷，第四十五節，五，第三八五頁。

律的闡述：「一致性原則是被視爲自然規律，還是被視爲規範規律，這裡的區別……不在於它自己的本性，而在於根據什麼前提去運用它；作爲自然規律，它被運用在那些對意識來說當下的事物上；作爲規範規律，它的運用範圍是意識所具有的全部表象內容的始終變動不居的[23]當下的觀念狀態，這個狀態在經驗上永遠不可能得到窮盡。」20

現在來看一看我們的疑慮。一個（作爲矛盾律）「確定了否定之含義」的定律如何能夠具有自然規律的特徵？西格瓦特所說的當然不是指：這個定律以名稱定義的方式說明了否定這個詞的意義。他所說的僅僅是指：這個定律建基於否定的意義之中，它辨析著否定這個概念所具有的含意[24]；換言之，西格瓦特所說的僅僅是指：如果放棄了這個定律，也就放棄了否定這個詞的含義。但這恰恰不能構成一個自然規律的思想內涵，尤其無法構成西格瓦特接下來如此表述的那種自然規律的思想內涵，即：人們在任何一個時刻都不可能有意識地說：A是B並且A又不是B。建立在概念之中的定律（而不是那些把建立在概念之中的東西僅僅轉用於事實的定律）不可能陳述我們在某個時刻能夠有意識地做什麼和不做什麼；如果定律像西格瓦特在另一處所說的那樣，是超時間的，那麼它們就不可能具有與時間性的東西

A99
B99

20 西格瓦特：《邏輯學》，第一卷，第四十五節，二，第三八三頁。

[23] 在A版中爲：不變的。

[24] 在A版中爲：屬於否定這個概念的含意的東西。

有關的本質內容，也就是說，與事實性的東西有關的本質內容。任何一種將事實納入到這類定律中的做法，都會不可避免地導致對這類定律的眞正意義的放棄。因此很明顯，那些陳述時間之物的自然規律，和那些陳述非時間之物的規範規律是完全不同的，因而這裡所涉及的不可能是同一種規律，即同一種在相同的意義上只是起著不同的作用或出現於不同運用區域的規律。此外，如果對立的觀點是正確的話，那麼就必定可以給出一個普遍的公式，這公式均等地包含那個關於事實的規律與這個關於觀念客體的規律。誰在這裡傳授一個規律，他就必須擁有一種在概念上確定的理解。但顯而易見，對這種統一理解的追問是徒勞的。

我還有如下的疑慮。規範規律眞的將概念的絕對恆定性預設爲已實現的嗎？如果這樣，那麼規律便只能在這樣一個前提下才有效，即：表達隨時都能夠以同一的含義被運用；而當這個前提不成立時，規律便喪失其有效性。這不可能是這位出色的邏輯學家的眞正信念。對規律的經驗運用當然要以此爲前提，即：作爲我們表達的含義而起作用的概念或定律的確也就是我們表達的含義，規律的觀念範圍中包含著所有可能的、質性（Qualität）相反而質料（Materie）同一的定律對子。但這顯然不是有效性的前提，就好像有效性是一種假設的有效性一樣；其實這只是在把有效性可能地運用於已有的個案所需的前提而已。對一個數字規律的運用預設了，數字有可能先於我們而在此，而且是帶有受此數字規律所明確標示的那種規定性的數字；與此相同，邏輯規律也預設了，定律已經先於我們而在此，而且它們是邏輯規律所明確要求的具有同一質料的定律。

A100
B100

另外，對西格瓦特所描述的[25]意識一般，21我也不認爲能夠有多少助益。在這樣一種意識[26]中，據說所有概念（更確切地說是所有表達）都在絕對同一的意義上被運用，沒有變動不居的含義，沒有什麼雙重的和四重的含義。但邏輯規律自身並不具有與這種理想的本質聯繫，毋寧說是我們爲了邏輯規律的緣故才構造出這種理想。這種一再向理想意識的回溯，使人產生一種不舒適的感覺，就好像嚴格意義上的邏輯規律並不對經驗地出現的個案有效，而只對[27]臆想的理想情況有效一樣。我們在前面已經解釋了，純粹邏輯規律在何種意義上「預設了」同一的概念。如果概念的表象是變動不居的，即隨「同一個」表達、隨表象的「這個」概念內涵的再現而變化，那麼我們在邏輯的意義上所具有的便不是同一個概念，而是第二個概念了，而且概念的表象每變化一次，我們便具有一個新的概念。但每一個個別概念本身都是一個超經驗的統一，並屬於那些與其各個形式有關的邏輯眞理。正如經驗的顏色內容的變動和對它性質上的確認的不完善性並不會影響到作爲性質種類的顏色的區別，正如相對於可能的（本身不是顏色，而是一個顏色的各種情況的）個案的雜多性而言，一個種類是一個觀念

A101
B101

---

21 參閱西格瓦特：《邏輯學》，第一卷，第四十八節，四，第四一九頁。

[25] 在A版中爲：一種理想的。

[26] 在A版中爲：一種理想思維。

[27] 在A版中還有：這種。

的同一物，那些與概念表象有關的同一含義或概念的狀況也是如此[28]，概念表象是含義的或概念的「內容」。在個別之物中觀念直觀地把握普遍之物，在經驗表象中直觀地把握概念並在重複表象中對概念意向的同一性做出確證，這種能力是[29]認識可能性的前提。就像我們在觀念直觀的行爲中直觀地把握一個概念之物一樣——作爲這樣一個種類，我們能夠明晰地主張這個種類相對於事實的、或作爲事實被表象的個案的雜多性而言的統一性——我們也能夠獲得邏輯規律的明見性，這些規律與這些有時具有這種、有時具有那種形式的概念有關。

現在，矛盾原則（Pricipium Contradictionis）所陳述的那些「定律」，以及在對邏輯定律的形式陳述中所使用的所有那些字母符號的含義，也都屬於這些在觀念統一性意義上的「概念」。凡是在我們進行概念表象的行爲的地方，我們都會具有概念；表象有其「內容」，有其觀念的含義，我們可以抽象地、在觀念直觀的抽象中獲取這些內容和含義；這樣我們也就處處提供了運用邏輯規律的可能性。但這些規律的有效性是絕對無限的，它並不依賴於我們和其他人是否能夠事實地進行概念表象，以及是否能夠用同一意向的意識去確定或重複這些表象。

[28] 在A版中爲：這種情況也適用於那些與概念表象有關的同一含義或概念。

[29] 在A版中還有：思維的。

第六章　心理主義對三段論的說明。推理公式和化學公式

A102
B102

第30節　心理主義對三段論定律的詮釋嘗試

在前一章的闡述中，我們主要以矛盾律爲基本對象，因爲對這個定律以及對邏輯原理一般做心理主義理解的企圖尤爲嚴重。迫使人們做出這種理解的思想動機的確帶有強烈的自明性色彩。除此之外，人們也很少將經驗主義教義專門實施在推理規律上；由於這些推理規律可以被還原爲原理，因而人們以爲不必在它們那裡花費更多的心力；如果這些原理是心理學的規律，而三段論規律又是對這些原理進行純粹演繹的結果，那麼三段論就必然可以作爲心理學的規律而有效。此時人們應當認爲：每一個錯誤的推理的出現都會迫使經驗主義交付出一個反駁它自身的決定性反證，因而從這個演繹中反而可以得出反駁那種對原理做心理主義解釋的可能性的證據。人們還應當認爲：在對原理的心理學內涵做思想上和語言上的確定時，人們需要謹慎從事，這種狀況必定會說服經驗主義者，使他們相信：他們所做的這種心理主義解釋不能爲證明推理公式做出絲毫的貢獻，並且，無論這些證明在哪裡形成，它自始至終都帶有規律的特徵，而這種規律和那些在心理學中被稱爲規律的東西是截然（toto coelo）不相同的。但是，哪怕是最明晰的反駁也無法動搖心理主義學說在其信念方面的自鳴得意。海曼斯近來又詳細地闡述了這個學說，他對那些錯誤推理的實存不抱絲毫異議，以至於他還認爲：對一個錯誤推理進行證明的可能性甚至正是對心理學觀點的證實；因爲這種證明並不在於對一個不按照矛盾律來思維的人進行啟迪，而在於指出在錯誤推理中未被發現的矛盾。在這裡人們要問：未被發現的矛盾難道不也是矛盾嗎？邏輯原則難道只是陳述被發

A103
B103

現的矛盾的不相容性，相反卻允許未被發現的矛盾同爲眞？這裡又可以看到——只要想一想心理學的不相容性和邏輯學的不相容性之間的區別——，我們仍然還是在前面所說的那種含義模糊性的混沌領域中徘徊。

人們或許還想說：錯誤推理所包含的「未被發現的」矛盾這種說法並不是一種眞正的表述；只是在反駁性思維的進程中，矛盾才作爲新的事物出現；這個矛盾自身表明是一種錯誤的推理方式的結果，而這個結果又與進一步的結果相銜接（始終還是在心理學的意義上），以至於我們現在看到，我們必須把這種推理方式當作錯誤的東西加以否定——如果人們這樣說，那就正好幫了我們一個小忙。這一種思維活動會具有這種成就，另一種思維活動則會具有那種成就。沒有一條心理學規律在束縛人們去「反駁」錯誤的推理。無論如何，錯誤的推理在無數的情況中出現時都未受到反駁，而且是以令人信服的方式在聲張自己。因此，爲什麼這一種僅僅在一定的心理狀況下與錯誤推理相連結的思維活動，就偏偏有權將一個絕然矛盾（Widerspruch schlechthin）歸咎於這個錯誤推理，並且有權不僅否認它在這種狀況中的有效性，而且還否認它的客觀、絕對的有效性呢？這些問題同樣也適用於「正確的」推理形式，連同透過邏輯原理對其證實性的論證。論證的思路只有在一定的心理狀況下才能產生，這種思路爲何有權將有關的推理形式標誌爲絕然有效的（schlechthin gültig）？心理主義學說對這些問題沒有做出令人可以接受的回答。在這裡和在任何地方一樣，心理主義學說沒有可能澄清邏輯眞理對客觀有效性的要求，因此也沒有可能澄清邏輯眞理作爲正確與錯誤判斷的絕對規範的功能。每次提出這種批評時都會說明：將邏輯學規律與心理學規律相等

A104
B104

同的做法，同時會取消正確思維與錯誤思維之間的區別，因爲錯誤的判斷方式與正確的判斷方式一樣是按照心理學的規律進行的。或者，我們難道是根據某種隨意的慣例，才把某些規律的結果稱作是正確的，把另一些規律的結果稱作是錯誤的？經驗主義者是如何回答這些指責的呢？「誠然，朝向眞理的思維所追求的目標是建立起各種無矛盾的思想聯繫；但這些無矛盾的思想聯繫的價值卻又在於以下這樣一種狀況，即：事實上只有無矛盾之物才能被肯定，因而矛盾律是思維的自然規律。」[1]這裡我們要說，海曼斯爲思維所規定的追求目標（即無矛盾的思想聯繫）眞是一個奇怪的目標，因爲除了無矛盾的思想聯繫之外根本就沒有、也不可能有其他的聯繫——至少，如果這裡所說的「自然規律」的確存在的話，情況就應當是如此。或者，這樣說是否會是一個更好的論據：「我們沒有任何理由將兩個相互矛盾判斷的聯繫宣判爲『不正確的』；即使有理由，也應當是如下的理由，即：我們本能地和直接地感覺到，不可能同時肯定這兩個對立的判斷。現在可以嘗試一下，在不考慮只有無矛盾之物才能被肯定這個事實的情況下證明：人們始終必須在設定被證明之物的情況下才能進行

A105
B105

1　海曼斯：《科學思想的規律與要素》，第一卷，第一版，第七十頁。持這種說法的還有朗格（參閱在前面第28節中所引《邏輯研討》中的較長一段引文的最後一個段落），他認爲：事實性地取消我們判斷中的矛盾，這是邏輯規則的最後基礎。

證明」。[2]這裡可以看出前面分析過的那種意義雙關性所帶來的結果：對兩個相互矛盾的命題不同爲眞這種邏輯規律的明察被等同於一種對心理學上的無能力的本能的和被誤認爲直接的「感覺」，即無能力同時進行相互矛盾的判斷行爲。明見性和盲目的信仰、精確的普遍性和經驗的普遍性、事態的邏輯不相容性和信仰行爲的心理學不相容性，就是說，不能同爲眞（Nicht-zusammen-wahrsein-können）與不能同時信（Nicht-zugleich-glauben-können）在這裡被融爲一體。

第31節　推理公式與化學公式

海曼斯將推理公式與化學公式進行比較，試圖以此來說服人們相信這樣一個學說，即：推理公式所表述的是「思維的經驗規律」。$2H_2 + O_2 = 2H_2O$ 這個化學公式所表述的僅僅是一個普遍事實：兩個氫原子與一個氧原子在適當的狀況下會組合成一個水分子——與此完全相同，

$$MaX + MaY = YiX + XiY$$

2　海曼斯：《科學思想的規律與要素》，第六十九頁。

這個邏輯公式僅僅表述：兩個普遍肯定判斷與兩個共同的主體概念在適當的狀況下會在意識中產生出兩個新的個別肯定判斷，而原初的普遍肯定判斷所具有的謂語概念在這兩個新的個別肯定判斷中則作爲謂語概念和主語概念出現。爲什麼在這種狀況下會形成新的判斷，而在例如 MeX + MeY 的組合中就不會形成新的判斷，對此我們現在還一無所知。但我們知道，這種狀況具有不可動搖的必然性，並且我們知道，只要前提得到承認，那麼這種必然性會壓迫我們，使我們將結論也視之爲眞，而且無論人們重複……實驗多少次，最後的結果都會證明這種結論爲眞。」[3]當然，這種實驗必須「在排除所有干擾的狀況下」以下面這種方式進行：「人們必須盡可能清晰地設想有關的前提，然後讓思維機制發揮作用，並且等待一個新判斷的產生或不產生」。但如果一個新判斷確實形成了的話，人們就必須敏銳地關注：除了起點和終點以外，是否還有個別的中間階段進入意識；而如果有的話，人們就必須盡可能詳細、完整的將它們記錄下來。[4] A106 B106

這種觀點讓我們吃驚的地方在於它所包含的這樣一個論斷，即：在上述那些被邏輯學家們所排除的組合中不會形成新的判斷。在涉及任何一個錯誤判斷，例如像：

XeM+MeY=XeY

[3] 海曼斯：《科學思想的規律與要素》，第六十二頁。

[4] 海曼斯：《科學思想的規律與要素》，第五十六—五十七頁。

這種形式的錯誤推理時，人們必須說：兩個 XeM 和 MeY 形式的判斷「在適當的狀況下」會在意識中造出一個新的判斷來。這裡也可以舉化學公式爲例，儘管這種與化學公式的類比在這裡和在所有地方一樣，都是既合理又糟糕的。對此當然不能僅以逃避的方式回答說：在一種情況與另一種情況中，「狀況」是不相同的。從心理學上來看，它們都同樣有趣，而且那些從屬於它們的經驗命題具有同等的價值。因此我們爲什麼要對兩種公式做根本的區分呢？如果人們要向我們提出這樣的問題，我們便會回答：因爲我們在涉及邏輯公式時明察到：它們所表達的是眞理；而在涉及另一種判斷時則明察到：它們是謬誤。但這位經驗主義者卻無法給出這樣的回答。因爲，如果他所做的那些解釋是對的，那麼，那些與錯誤推理相應的經驗命題也就會和那些與其他推理相應的命題一樣有效。

這位經驗主義者立足於對那種「不可動搖的必然性」的經驗之上，而「只要前提得到承認，那麼這種必然性會壓迫我們，使我們將結論也視之爲眞」。但所有推理，無論是被證實的還是未被證實的推理，它們的進行都帶有心理學的必然性，而那種（在一定狀況下）可以感受到的壓迫力在哪裡都是一樣的。誰要是不顧批評指責而始終維護一個已做出的錯誤推理，他就會感受到那種「不可動搖的必然性」，就會感受到那種不可能別樣（Nichtanderskönnen）的壓迫——他對這種壓迫的感受和另一個進行正確推理並始終堅持其正確性的人所感受到的壓迫是完全一樣的。與所有的判斷一樣，推理也不是隨意的事

A107
B107

情。這種被感受到的不可動搖性並不是一種對現實的[30]不可動搖性的證明，即證明它會由於新的判斷動機的形成（甚至在正確的和被認作是正確的推理的情況中）而發生變化。因而人們不能將它混同於眞正的、邏輯的必然性，這種必然性包含在每個正確的判斷之中，它只意味著並且也只能意味著推理所具有的明晰可認識的（儘管不是爲所有判斷者都認識到的）觀念規律的有效性。誠然，唯有在推理規律被明晰地把握到時，有效的規律性本身才會顯示出來；與這種規律性相比，此時此地（hic et nunc）進行的推理所具有的明晰性則顯現爲一種對個案的必然有效性的明察，就是說，對建立在規律基礎上的個案的有效性的明察。

這位經驗主義者認爲：我們「起初還不知道」，爲什麼在邏輯學中遭到摒棄的那些前提組合「不提供結果」。這也就是說，他希望從未來的認識進步中能獲得更多的教益？但他前面的說法卻讓人得出這樣一種印象：在這裡我們已經知道了我們所能知道的一切；我們已經明察到：推理命題的任何一個可能的（即在三段論組合的範圍之內的）形式在與那些有關的前提組合相結合時會提供一種錯誤的推理規律；人們應當認爲，在這些情況下，即使是對於一個無限完善的智力而言，也不可能有更多的絕然知識了。

與這些以及類似的批評相連結的還有另一種批評，這種批評雖然與前面的批評同樣有力，但對我們的目的來說卻顯得並不同樣重要。這種批評如下：毫無疑問，用化學公式來進行類比是遠遠不夠的，我是說，這種類比還不足以使我們感到有理由像對待邏輯學規律那樣

[30] 在A版中爲：眞實的。

A108
B108

莊嚴地對待那些與此相混淆的心理學規律。在化學中，我們清楚地知道，在公式中表述出來的那些結合是在什麼樣的「狀況」下進行的；這些狀況可以極爲精確地得到規定，正因爲如此，我們將化學公式視爲是自然科學最有價值的歸納之一。但心理學的情況則相反，我們所能獲得的對「狀況」的認識是如此微不足道，以至於我們最後只能說：這是一種常常出現的情況，即：人根據邏輯規律來進行推理，而在這種推理的過程中，某些無法得到精確規定的狀況、某種「注意力的集中」、某種「精神的清新」、某種「預備教育」如此等等，是一個邏輯的推理行爲得以成立的有利條件。推理的判斷行爲因果必然產生於其中的那些狀況或那些在嚴格意義上的條件，對我們來說是完全隱而不顯的。在這種狀態下便可以理解：爲什麼至今爲止還沒有一位心理學家想過要分別地闡述這些可以納入到雜多的推理公式中去的、帶有模糊的「狀況」特徵的心理學普遍性，並且敬獻給它們以「思維規律」的桂冠。

在完成所有這些分析之後，我們也可以把海曼斯的這種有趣的（在許多在這裡未曾提及的細節上富於啟發性的）認識論嘗試——「這種認識論也可以被稱之爲判斷的化學」[5]而且它「無非就是一種思維的心理學而已」[6]——視爲康德意義上的那種「無望的企圖」[7]之一。

A109
B109

5　海曼斯：《科學思想的規律與要素》，第十頁。

6　海曼斯：《科學思想的規律與要素》，第三十頁。

7　這個「無望的企圖」是指：「透過經驗的理論來論證這個理論的前提本身」。參閱本書第五章「對前兩節的增補。關於經驗主義的幾個原則性缺陷」中胡塞爾的原注一。——中譯注我們無論如何也不能動搖反對那些心理主義解釋的決心。推理公式並不具有那些爲其奠基的經驗內涵；當我們在等值的、觀念的不相容性中表述這些推理公式時，它們的眞正意義便得到最清楚的顯現。例如：普遍有效的是：倘若「有幾個X不是P」這種形式的命題不爲眞，那麼「所有的M都是X」和「沒有一個P是M」這種形式的兩個命題也就不爲眞。在任何情況下都是如此。這裡沒有談及意識、沒有談及判斷行爲和判斷的狀況以及如此等等。一旦人們看到了推理規律的眞正內涵，那麼下面這種錯誤的假象也就會消失，這個假象就是：對一個承認推理規律的明晰判斷的實驗造就，就可以意味著對推理規律本身的一個實驗論證，或可以引入這樣一個實驗論證。

第七章　心理主義作爲懷疑論的相對主義

A110
B110

第32節　一門理論可能性的觀念條件。懷疑主義的嚴格概念

對一門理論，尤其是對一門邏輯學理論，所能提出的最嚴厲指責就在於指責它違背了**一門理論一般**（eine Theorie überhaupt）的**可能性**的明見條件。提出一門理論並且在這門理論的內容中——無論是明確地還是隱含地——反駁那些對所有理論的意義和權利做出論證的命題——這不僅是錯誤的，而且從根本上是悖謬的。

人們可以從兩個角度來談論任何一門理論的「可能性」的明見「條件」。首先可以從**主觀的**角度來談論。從這個角度上看，這裡所說的條件是指直接和間接**認識**[1]的可能性以及對任何一門理論的**理性**證實的可能性所依賴的那些先天條件。理論作爲對認識的論證，本身便是一種認識，並且在其可能性方面依賴於某些純粹概念性地建基於認識以及它與認識主體關係之中的條件。例如：在嚴格意義上的「認識」這個概念包含有這樣的意思：認識是一種判斷，這種判斷不僅要求切中眞理，而且有把握證實並且也確實能夠證實這個要求的合理性。但如果判斷者在自身中根本無法體驗和把握對判斷的論證所具有的這種特色，那麼他做的所有判斷都缺乏明見性，然而正是這種明見性才能使判斷區別於盲目的成見，才能賦予

A111
B111

1　我請讀者注意，在這部著作中，對「認識」這個術語的理解不應像通常所做的那樣侷限在對實在之物認識的範圍內。

判斷者以鮮明的確定性，即確定他自己不只是將某物視之爲眞，而是把握了眞理本身——這樣的話，在這個判斷者那裡也就談不上什麼理性地提出和論證認識、談不上理論和科學。因此，根據這個例子，如果一門理論否認明見判斷相對於盲目判斷所具有的優越性，那麼這門理論便違反了它作爲理論一般之可能性的主觀條件；這樣，它便取消了它自己與那種隨意的、不合理的主張之間的區別。

可以看出，可能性的主觀條件在這裡不應被理解爲那種根植於個別判斷主體或判斷生物（如：人類）的變換種類之中的實在條件，而應被理解爲一種根植於主體性一般之形式中以及根植於這種主體性與認識的關係中的觀念條件。爲了有所區別，我們將這種主觀條件也稱爲**意向活動**（noetischer）的條件。

從**客觀**的角度看，關於任何一門理論的可能性條件的說法都不涉及作爲**認識之主觀統一**的理論，而是涉及作爲一種客觀的、由理由與結論關係連結在一起的**眞理**之統一或**命題**之統一的理論。這裡的條件都是**純粹建基於理論的概念之中的規律**——更特殊地說，這裡的條件都是一些純粹建基於眞理、命題、對象、性質、關係等等概念之中的規律，簡言之，它們是**建基於本質地構成理論統一這個概念**的各個概念之中的規律。對這些規律的否定因而等同於（等值於）這樣一種主張，即認爲所有這些相關的術語，如理論、眞理、對象、性質等等，都缺乏**恆定的**意義。如果一門理論在其內容上違背這些規律，——一門沒有規律的理論不具有任何「**理性的**」（恆定的）意義——，那麼從客觀邏輯的角度看，這門理論便揚棄了自身。

A112
B112

一門理論從邏輯上違背規律的原因可能在於它的前提、可能在於它的理論聯繫的形式，最後也可能在於被證明的命題本身。而對邏輯條件最粗暴的損害顯然就在於：在理論命題的意義中就包含著對這樣一些規律的否定，這些規律決定了任何一個命題以及對一個命題的論證是否可能合理。同樣的情況也適用於意向活動的條件以及那些違背這些條件的理論。因而我們區分（當然不是出於分類的目的）：錯誤的理論、荒謬的理論、邏輯上荒謬的理論，意向活動方面荒謬的理論以及最終是**懷疑理論**：在懷疑理論的標題下包含著所有如下的理論，這些理論或是明確地陳述著，或是自身分析地包含著這樣的命題，即：一門理論一般的可能性的邏輯條件或意向活動條件是錯誤的。

這樣，**懷疑主義**這個術語便獲得了一個清晰的概念，並且同時明確地被劃分為**邏輯的懷疑主義和意向活動的懷疑主義**。與這個懷疑主義概念相符的，例如有懷疑主義的古代形式連同這樣一類命題：沒有眞理、沒有認識和對認識的論證，如此等等。如前所述，[2]經驗主義——無論是溫和的還是極端的經驗主義——也是一個例子，它與懷疑主義的這個確切概念相符合。而從定義來看就已經完全不言而喻的是：懷疑主義理論的概念已經表明，它是**悖謬的**。

2　參閱本書第五章，第25節和第26節的附錄。

第33節　形上學意義上的懷疑主義

A113
B113

通常對懷疑主義這個術語的使用是比較含糊的。如果我們撇開它的通俗意義不論，那麼，人們會把任何一門這樣的哲學理論稱爲懷疑主義，這種理論出於原則性的理由而想說明，人類的認識有很大的侷限性，尤其是這種理論想把實在存在的廣泛領域或極富價值的科學（例如作爲理性學科的形上學、自然科學、倫理學）從可能認識的領域中驅逐出去。

在懷疑主義所具有的這些非眞正形式中，有一種形式往往會與我們這裡所定義的、眞正認識論的懷疑主義相混淆，這種懷疑主義的形式便是指：人們將認識侷限在心理此在上，並且否認「物自體」（Ding an sich）的實存或可認識性。但這類理論顯然是形上學的；它們自身與眞正的懷疑主義無關，它們的命題首先在邏輯上和在意向活動方面是無任何悖謬的，它們的合法要求只是一個論據與證明的問題。只有在各種容易理解的歧義或在另一些被宣導的懷疑論基本信念造成了錯誤邏輯推理的影響時，各種混淆以及眞正懷疑的轉變才會形成。例如：如果一個形上學的懷疑論者，以如下的形式表達他的信念：「沒有客觀的認識」（即：沒有關於物自體的認識）；或者：「所有認識都是主觀的」（即：所有事實認識都只是對意識事實的認識），那麼這裡就有一個很大的力量在誘惑你屈服於主觀－客觀這個表達方式的雙重意義，並把意向活動－懷疑論的意義強加給原初的、與原有立場相符的意義。於是這句話便轉變成了這樣一個全新的判斷：「所有認識作爲意識現象都服從於人類意識的規律；我們稱之爲認識形式和認識規律的東西，無非只是『意識的作用形式』或這些作用形式

A114
B114

的合規律性——無非只是心理學的規律而已。」正如形上學的主觀主義（以這種不合理的方式）推薦了認識論的主觀主義一樣，認識論的主觀主義（當它被視爲是明白清楚的時候）又反過來爲形上學的主觀主義提供了似乎是充分有力的論據。例如人們推論說：「邏輯規律作爲我們認識作用的規律缺乏『實在的含義』；無論如何，我們永遠無法知道，這些規律是否與自在之物相和諧，對一個『前構形系統』的推測因而是完全隨意的。如果物自體的概念已使個別認識與其對象之間的比較［爲了確定『事物與智性的相即性』（adaequatio rei et intellectus）而做的比較］成爲不可能，那麼要想對我們意識作用的主觀合規律性與事物的客觀存在及其規律進行比較就更不可能了。因此，如果有物自體的話，我們對它只能是全然一無所知。」

形上學的問題在這裡與我們無關，我們提到它只是爲了從一開始便著手分析人們對形上學懷疑主義和邏輯—意向活動的懷疑主義所做的混淆。

第34節　相對主義的概念及其特點

爲了批判心理主義，我們必須闡釋（同樣也出現在上述形上學理論中的）**主觀主義**或**相對主義**概念。如果我們對普羅達哥拉斯的公式「人是萬物的尺度」加以下述意義上的注釋，即：「個體的人是所有眞理的尺度」，那麼這便構成主觀主義的原初概念。對於任何一個人來說，他覺得是眞的東西便爲眞；對這個人爲眞的東西有可能對另一個人來說不爲眞。因而，我們在這裡可以選擇這樣一個公式：所有眞理（認識）都是相對的——相對於偶然進行判斷的主體。相反，如果我們撇開主體而考慮作爲這個「相對」關係之關係點的判斷生物這個偶然種類，那麼就產生出一個相對主義的新的形式。因此，人本身是所有人類眞理的尺度。任何一個根植於人的種類之中、根植於構造著這個種類的規律之中的判斷——對於我們人來說——都爲眞。就這個判斷屬於普遍人類主體性（人類「意識一般」）的形式而言，人們在這裡也談及主觀主義（談及一種作爲認識的最終源泉的主體，如此等等）。但我們最好還是選擇相對主義這個術語並且區分個體的和種類的相對主義；與人的種類的有限關係決定了種類的相對主義就是人類主義。——現在我們轉向批判，我們的興趣要求我們對此批判做出最爲審愼的展開。

第35節　對個體相對主義的批判

個體相對主義是一個如此明顯的，並且我幾乎要說，一個如此放肆的懷疑主義，以至於人們雖然不是從未認眞地宣導過它，但至少在較近時期內沒有認眞地宣導過它。這門學說在被提出時便已被反駁——這當然是對那些能明察邏輯之物的客觀性的人而言。主觀主義者與明確的懷疑論者一樣是無法被說服的，倘若他們連這個狀況都明察不到的話，即：定律、如矛盾律，僅僅建基於眞理的意義之中，根據這些定律，關於相對於不同的人而言的相對主觀眞理的說法必然是矛盾的。人們甚至無法用這樣的指責來說服主觀主義者，即：透過

A115
B115

A116 B116

對其理論的提出，他實際上是使別人相信，他先設定眞理的客觀性，然後又在其命題中（in thesi）否定它。對此，主觀主義者當然會回答說：我用我的理論陳述我的立場，這個立場對我來說爲眞，並且不需要對任何其他人也爲眞。他聲稱自己的主觀意見這一事實也只對他自己的自我而言爲眞，而不是自在地爲眞。[3]但問題不在於是否可能說服主觀主義者本人並使他承認自己的錯誤，而在於是否可能客觀有效地反駁主觀主義者。但反駁必須預設某些明晰的，因而普遍有效的信念作爲其槓桿。那些平凡的明察便可以被我們這些具有正常素質的人當作這種槓桿來運用，任何一門懷疑論都會在這些平凡明察面前潰敗，只要我們透過這些明察認識到：懷疑論的學說在最眞正、最嚴格的意義上是悖謬的，這種悖謬表現在：懷疑論主張的內容否定了完全包含在任何一個主張的意義或內容中，並因此而無法有意義地與任何一個主張相分離的東西。

第36節　對種類相對主義的批判，尤其是對人類主義的批判

我們可以懷疑主觀主義究竟有沒有被嚴肅地宣導過，但無可懷疑的是：近代哲學和當代

3　在這點上，有這樣一些人肯定會認爲他是合理的，這些人相信能區分純主觀的和純客觀的眞理，因爲他們否認對自己的意識體驗的感知判斷具有客觀性特徵：就好像意識內容的爲我的存在並不同時也是自在的存在一樣；就好像心理學意義上的主觀性與邏輯學意義上的客觀性是相互對立的一樣！

哲學在如此之大的程度上傾向於種類相對主義，進而言之，傾向於人類主義，以至於我們難得遇到一個能完全純粹地排斥這個學說之謬誤的思想家。儘管如此，這種學說仍然是一種在前面所確定的詞義上的懷疑論學說，也就是說，它帶有一門理論所能帶有的最大可能的荒謬性；在它那裡，我們也可以找到一種隱藏不深的、明見的矛盾，即在它的命題的意義與那個在意義上無法從任何一個命題中分離出來的東西之間的矛盾。要具體地證明這一點並非是難事。

一、種類相對主義提出這樣的主張：對於任何一種判斷生物來說，眞乃是根據這種生物的構造、根據它們的思維規律而能夠被視爲眞的東西。這個學說是悖謬的。因爲，在這個學說的意義中包含著這樣的意思：同一個判斷內容（命題）對於一個主體，即人這個種類來說爲眞，而對另一個主體，即具有另一種構造的種類來說則爲假。但同一個判斷內容不可能既爲眞又爲假。這是包含在眞與假這兩個詞的單純意義中的。如果相對主義者是在屬於這些詞的意義上使用這些詞，那麼他的命題所陳述的東西便與這命題自己的意義相悖。

爲了逃避這一指責，相對主義者會找出這樣一種遁詞：我們是透過剛才提到的矛盾律的字面意義來闡釋眞與假這些詞的意義，而這些字面意義是不完善的，這些字面意義是指對人而言的眞和對人而言的假；然而這種遁詞顯然是無濟於事的。通常的主觀主義也可以有類似的說法：眞與假的說法不準確，它指的是「對於個別的主體而言的爲眞或爲假」。人們當然會回答他：明見有效的規律不可能是指某些明顯悖謬的東西；而且事實上，悖謬就在於一個對這個主體或那個主體而言的眞理的說法。悖謬就在於保留著這樣一種可能性，即：同一

A117
B117

個判斷內容（我們在危險的模棱兩可的意義[31]上說：同一個判斷）隨兩個判斷者的不同而可以爲眞或爲假。與此相應，對種類相對主義的回答便是：「對這個種類或那個種類而言的眞理」是一種悖謬的說法。人們當然可以在好的意義上來運用這一說法；但那樣的話，這個說法所指的便是完全不同的東西了：它指人本身所能接觸的、所能認識的那個眞理圈。一個東西如果是眞理，便絕對地、「自在地」爲眞理；眞理總是同一的一個，無論它是被人還是被非人、被天使還是被上帝判斷地把握。如果我們沒有受到相對主義的迷惑，那麼我們所說的邏輯規律，就是指在這種相對於種族、個體和體驗的實在多樣性的觀念統一性中的眞理。

二、矛盾律、排中律所陳述的東西包含在眞和假的單純詞義中，如果顧及到這個情況，那麼我們也可以這樣來提出指責：如果相對主義者說，也可能有些生物不受這些基本定律的束縛（很容易看出這種主張是與前面所描述的相對主義主張等值的），那麼他**要麼**是指：在這些生物的判斷中有可能出現與這些基本定律不相符的定律和眞理；他**要麼**是指：這些生物所做的判斷的過程**在心理上**不受到這些定律的支配。在後一種說法中，我們根本沒有發現任何特別的東西，因爲我們本身便是這樣的一種生物。（可以回憶一下我們對心理主義的含義邏輯規律解釋的批評。）而對於前一種說法，我們可以這樣簡單地回答：這些生物或者是在**我們**的意義上理解眞與假這些詞，那麼說基本規律沒有有效性就是不合理的：因爲基本規律在這種情況下，僅僅只是我們對這些詞的詞義理解而已。這樣，所有與這些語詞不相符的東

A118
B118

[31] 在A版中爲：模糊含義。

西，我們都不能稱爲眞或假。或者，這些生物是在另一種意義上運用眞與假這些詞，那麼整個爭論就只是一場語詞爭論。例如：如果這些生物將我們稱作命題的東西稱之爲樹木，那麼被我們理解爲原理的那些陳述就自然無效；但這樣一來，這些陳述便也失去了我們在提出它們時所賦予它們的意義。這樣，相對主義最終便會完全改變眞理這個詞的意義，但卻又要求在這種意義上談論眞理，即受邏輯基本定律規定的、我們所有人在談到眞理時唯一所指的那種意義。在一種意義上只有一種眞理，而在模棱兩可的意義上則有多少模棱兩可的意義，當然便有多少「眞理」。

三、種類的構造當然是一個事實；從事實中始終只能推導出事實。將眞理相對主義地建立在種類的構造上，這便意味著給眞理賦予事實的性質，但這是悖謬的。每一個事實都是個體的，即在時間上受到規定的。而在涉及眞理時，時間規定性的說法只能對一個由眞理所設定的事實（假如這事實恰好是事實眞理的話）有意義，而對這眞理本身是無意義的。將眞理設想爲原因或結果是荒謬的。我們已經談到過這一點。如果人們想依據這樣一個理由，即：與每個判斷一樣，眞實的判斷是在相應自然規律的基礎上產生於判斷生物的構造之中，那麼我們將回答：不應該混淆作爲判斷內容，即作爲觀念統一的判斷與個別的、現實的判斷行爲。前者是指，當我們在談「二乘二等於四」這個判斷時，無論這個判斷是誰做出的，它都是同一個。也不應該混淆作爲正確的、合乎眞理的判斷行爲的眞實的判斷與這個判斷的眞理或這個眞實的判斷內容。我做 2×2 = 4 這個判斷肯定受因果規定，但 2×2 = 4 這個眞理卻不受因果規定。

A119
B119

四、如果（在人類主義的意義上）所有眞理的唯一源泉是在普遍人類的構造之中，那麼可以確定，如果沒有這種構造，眞理便也不存在。這個假設性主張所提出的命題是悖謬的；因爲「不存在眞理」這個命題與「存在著這樣一個眞理，即眞理不存在」這個命題是等値的。命題的悖謬性必然連帶著假設的悖謬性。作爲對一個關於事實內涵的有效定律的否定，假設可以是錯誤的，但從不會是悖謬的。事實上還沒有人曾想過要將那些在時間上設定人種的開端和終結的著名地質學和生物學理論指責爲**荒謬**的。據此，對其悖謬的指責正切中了整個假設性主張的要害，因爲它將一個從意義上來看是一致的（「邏輯可能的」）前提與一個悖謬的（「邏輯不可能的」）結論聯繫在一起。而後，同一個指責也適用於人類主義，並且經過必要的修正（mutatis mutandis），當然也擴展地適用於相對主義的更一般形式。

A120
B120

五、按照相對主義的說法，根據一個種類的構造可以得出一個對此種類有效的「眞理」，即這樣一種構造根本不實存。我們究竟應當說，它實際上不實存；還是應當說，它實存，但只是對我們來說實存呢？如果除了前面所設定的那個種類以外，所有的人和所有的判斷生物的種類都毀滅了呢？我們顯然處於悖謬之中。一個種類的構造之不實存的根據就在這同一個構造之中——這種想法是明顯的矛盾；按照這種想法，論證著眞理的，因而實存的構造除了論證其他一些眞理之外，也論證了這個構造本身不實存的眞理。——即使我們把不實存和實存調換一下，並且與此相應地用人的種類作爲根據來取代那些臆造的，但從相對主義觀點來看是可能的種類，荒謬性也不會因此而變得更小。儘管前一種矛盾消失了，但與它交織在一起的其他悖謬卻不會消失。眞理的相對性意味著：我們稱之爲眞理的東西依賴於人

（homo）這個種類的構造以及依賴於支配著這個構造的規律。這種依賴性只想並且只能被理解爲因果的依賴性。因此，這個構造和這些規律存有的眞理必須從這裡吸取對它的實在說明，即：這個構造和這些規律存有，而同時，這種說明過程所遵循的原則與這些規律又是同一的。——這完全是悖謬。若眞如此，那麼這個構造便是一種以某些自爲因果的規律爲依據的、自因性（causa sui）的東西了，如此等等。

六、眞理的相對性會推導出世界存在的相對性。因爲世界無非是對象的整體統一，這個統一與所有事實眞理的觀念系統相符合，而且無法與這個系統分離。人們不可能將眞理主觀化而將眞理的對象（這對象只有在眞理存在的情況下才存在）[32]視爲絕對（自在地）存在著。因而，如此說來，沒有什麼自在的世界，而只有爲我們的或爲某個其他的偶然生物種類的世界。這對一些人來說是合適的；但如果我們提醒他，自我及其意識內容也屬於這個世界，那麼他也許便會有所顧慮。「我存在」和「我體驗這些和那些」也可能是錯的；因爲可以假設，我被如此地構造起來，以至於我必須否定這些根據我的種類構造而得出的定律。而如果這個世界上判斷生物的事實種類被如此不幸地構造起來，以至於沒有一個種類能承認這個世界（包括它自己），那麼就不只是沒有爲這個種類或爲那個種類的世界，而是根本就沒有世界了。以我們實際所了解的唯一種類，即動物種類爲例：動物構造的變化將引起世界的變

A121
B121

[32] 在A版中爲：（這對象只在眞理之中並借助眞理而存在）。

化，而同時，根據普遍被接受的學說，動物種類顯然應當是世界發展的產物。我們在玩著一種優雅的遊戲：從世界中發展出人，從人中發展出世界；上帝造人，人造上帝。

這個指責的本質核心在於：相對主義也明見地是在反駁直接直觀的此在的明見性，即反駁在合理的，而且也是不可或缺的意義上的「內感知」的明見性。一旦建基於直觀之上的判斷意向地超越了事實性意識材料的內涵，那麼就可以合理地否認這些判斷的明見性。但只要這些判斷的意向僅僅朝向這個內涵本身，僅僅在這個如其所是的內涵中得到充實，那麼這些判斷就是眞實明見的。所有那些判斷的含糊性都不會爲此而進行訴訟（只要想一下那些對於任何直接的直觀判斷來說都不可取消的時間規定的含糊性，以及有可能也包括的地點規定的含糊性）。

A122
B122

第37節　一般說明。在擴展了的意義上的相對主義

相對主義的這兩種形式是在某種最廣泛詞義上的相對主義的特類，這種特類是指這樣一種學說，它以某種方式從事實中推導出純粹邏輯的原則。事實是「偶然的」，它們也可能不是這樣，而是另一種樣子。因而，事實不同，邏輯規律便也不同；於是邏輯規律也成偶然的了，它們僅僅是相對於那些論證著它們的事實而言的邏輯規律。與此相對，我在這裡不只是想指出邏輯規律的絕然的明見性，指出我們在前面各章中已確定的東西，而且還想指出在

這裡有重要意義的另一點。[4]正如人們根據以上所述可以得知，我把純粹邏輯規律理解為純粹地建基於眞理、命題、對象、屬性、關係、連結、規律、事實等等這些概念的意義（「本質」、「內容」）之中的觀念規律。更一般地說，它們純粹地建立在那些屬於所有科學的遺產的概念之中，因爲它們所表明的是基石的範疇，科學本身按其概念來說便是由這些基石構造起來的。這一類規律不應被任何理論主張、論證和理論所損害；這不僅僅是因爲，如果這樣做它們便成爲錯誤的——只要它們違背任何一條眞理，它們也就成爲錯誤的——，而且還是因爲，如果這樣做它們便會是自身悖謬的。例如：如果一個主張的內容違背了那些建基於眞理本身的意義之中的原則，這個主張便「揚棄了自身」。因爲，主張就是陳述，即陳述這個或那個內容是眞實的。如果一個論證在內容上違背了那些建基於根據與結論關係的意義之中的原則，那麼這個論證便揚棄了自身。因爲，論證又意味著陳述，即陳述這個根據與結論的關係存有，如此等等。一個主張「揚棄自身」是「邏輯悖謬的」，這意味著，它的特殊內容（意義、含義）與它所具有的含義範疇所普遍要求的東西相互矛盾，與普遍地建立在它的普遍含義之中的東西相互矛盾。現在很明顯，在這個確切的意義上，任何一門從某些事實中推導出邏輯原則的理論都是邏輯悖謬的。這種理論違背了「邏輯原則」和「事實」這兩個概念的普遍含義；或者，說得更確切、更一般些：它違背了「僅僅建立在概念內容之中的眞

A123
B123

4 參閱本章引論性的第32節。

理」和「關於個體此在的眞理」這兩個概念的一般含義。不言而喻，前面對那些相對主義的指責一般說來也涉及最普遍意義上的相對主義。

第38節　任何形式的心理主義都是相對主義

我們反駁的是相對主義，我們所指的當然是心理主義。事實上，心理主義連同其所有變異和個別擴展形態都無非就是相對主義，都只是一種未被始終認識到的和未被明確承認的相對主義而已。無論心理主義是以「超越論心理學」爲依據，並相信自己能作爲形式的觀念論來拯救認識的客觀性，還是以經驗心理學爲依據，並把相對主義作爲不可避免的事實接受下來，其結果都是完全相同的。

如果一門學說或是按照經驗主義者的方式將純粹邏輯規律理解爲經驗—心理學的規律，或是按先天主義者的方式將純粹邏輯規律或多或少神祕地回歸爲（人類）理智的某種「原初形式」或「作用方式」，回歸爲作爲（人類）「種類理性」的「意識一般」，回歸爲人的「心理物理構造」，回歸爲那種作爲先天的（普遍人類的）秉性而先於所有事實性思維和所有經驗的「智性本身」（intellectus ipse），如此等等，——那麼這門學說就不言自明地是相對主義的學說，而且是那種種類的相對主義。我們針對相對主義所提出的所有指責也都切中它。但顯而易見，人們必須在一種自然的意義上來把握先天主義所具有的那些部分是描述性的口號，如知性、理性、意識，而這種自然的意義使這些口號與人的種類發生本質的

A124
B124

聯繫。這些相關的理論的不幸就在於：它們時而賦予這些口號以這種實在的含義，時而又賦予它們以一種觀念的含義，從而造成一種由部分是正確命題、部分是錯誤命題夾雜在一起的、令人無法忍受的混亂。不管怎樣，只要先天主義的理論爲相對主義的動機留下空間，我們就同樣可以把它歸入相對主義。誠然，一部分康德化了的研究者將一些邏輯原理作爲「分析判斷」的原則置而不論，這樣他們的相對主義也就得到了限制（即：他們的相對主義僅侷限於數學認識和自然認識的領域內）；但他們並沒有因此而擺脫懷疑主義的荒謬性。他們在較爲狹窄的範圍內仍然堅持從普遍人類事物中推導出眞理，即從實在之物中推導出觀念之物，更確切地說：從事實的偶然性中推導出規律的必然性。

但我們在這裡還感興趣的是心理主義的更極端和更澈底的形式，這種心理主義對上述限制一無所知。英國經驗主義邏輯學以及近代德國邏輯學的主要代表人物，如彌爾、拜因、馮特、西格瓦特、埃德曼、利普斯這樣的研究者，便屬於這種心理主義。這裡既不可能，也不希望對這個派別的所有著作進行批判。但爲了這個《導引》所帶有的改革目標，我不能繞過現代德國邏輯學的引領著作，首先不能無視西格瓦特的那部重要著作，它獨一無二地將近幾十年的邏輯學運動引入了心理主義的軌道。

A125
B125

第39節　西格瓦特《邏輯學》中的人類主義

在那些於其邏輯學工作中有意識朝向反心理主義方向的思想家那裡，我們也可以發現一些短暫的誤解，即一些具有心理主義音色和特徵的個別論述。在西格瓦特那裡情況則不同，心理主義在他那裡不是一種非本質的和可脫離的雜質，而是一種系統地主宰著的基本理解。他在其著作的一開始便明確地否認「邏輯學的規範（那些不只是方法論的技術規則的規範，而且也是純粹邏輯定律、矛盾律、根據律等等的規範）能夠被認識，除非是依據對那些受這些規範支配的自然力量和作用形式的研究。」[5] 與此相符的是他處理邏輯學這門學科的整個方式。西格瓦特將它分爲分析的部分、立法的部分和技術的部分。如果撇開我們不感興趣的第三部分不論，那麼分析的部分要「研究作用的本質，爲此應當尋找規則」。立法的部分建立在分析的部分之上，它要提出「它們的正常進行的條件和規律」。[6] 如果持守「其所有條件和因素都被認識的判斷作用」，那麼「對『我們的思維是必然的和普遍有效的』的要求」就會產生出「一定的、判斷活動所必須滿足的規範」。這些規範集中在以下兩點上：「第一，判斷的各個要素受到澈底的規定，即在概念上被確定；第二，判斷行爲本身以必然的方式產生於它的前提之中。從而，在這部分中便包含了關於概念和推理的學說，它是關於完善的判斷之構成的規範規律的總和。」[7] 換言之，判斷行爲這部分中包含了所有純粹邏輯

A126
B126

5 西格瓦特：《邏輯學》，第一卷，第二版，第二十二頁。

6 西格瓦特：《邏輯學》，第四節，第十六頁。

7 西格瓦特：《邏輯學》，第二十一頁。

學的原則和定律（也就是處在西格瓦特邏輯學這樣一種傳統邏輯學視野中的那些原則和定律），而且對於西格瓦特來說，這些原則和定律據此而事實上具有一個心理學的奠基。

西格瓦特的具體陳述也與此一致。純粹邏輯命題和理論以及構成這種理論的客觀要素始終未從認識—心理學研究和認識—實踐研究之流中被提取出來。每當需要指出邏輯必然性及其觀念的合規律性相對於心理學的偶然性所具有的特徵時，他總是偏偏去談我們的思維及其作用。純粹的原理，如矛盾律、根據律，一再地被他稱之爲「我們思維的作用規律」或「我們思維的基本活動形式」，[8]如此等等。例如我們讀到：「否定的根源在於思維所做的一種超出存在物的、對不相一致的事物進行比較的活動，這是確然的；同樣確然的是，亞里斯多德用他的原則只能切中我們思維的本性。」[9]我們在另一處還可以讀到這樣的文字：「矛盾原則以及由此而推出的那些否定語詞矛盾（contradictio in adjecto）的命題所具有的絕對有效性是建立在這樣一種直接意識上，即：只要我們進行否定，我們便始終會做同樣的事情……」[10]西格瓦特認爲類似的情況也適用於同一律［它被稱作「一致性原則」（Prinzip

A127
B127

8 西格瓦特：《邏輯學》。也可參閱整個上下文，第一八四頁及後頁。

9 西格瓦特：《邏輯學》，第二五三頁。

10 西格瓦特：《邏輯學》，第三八六頁。

der Übereinstimmung）」並且至少適用於所有概念命題，尤其是邏輯命題。[11] 我們讀到如下的表述：「即使人們否認……對在自在狀態中的某物的認識的可能性；即使存在者只是我們所創造的思想中的一個而已；這一點卻還仍然有效：我們把客觀性強加給那些我們用必然性意識所創造出的表象，而且，所有具有同一本性的其他思維生物、包括那些假設的思維生物，都必然和我們一樣以同樣的必然性來進行創造。」[12]

這種人類主義的傾向貫穿在西格瓦特的所有與邏輯基本概念有關並且首先與眞理概念有關的論述中。例如：在西格瓦特看來，「在不考慮有一個智性在思索判斷的情況下，以爲這個判斷爲眞……是一種臆想」。說這種話的人只能是對眞理做了重新解釋的人。就是說，在西格瓦特看來，談論一個自在有效，但卻未被人認識的眞理，例如一個超越出人類認識能力之外的眞理，這也是一種臆想。至少那些不相信有超人智慧的無神論者不能去談論這種眞理，而我們自己則只能在證明了這種超人智慧存在之後，才能去談論。表述了萬有引力公式的那個判斷在牛頓之前是不眞的。確切地看，這實際上是充滿矛盾並且是完全錯誤的，因爲

A128
B128

11 西格瓦特：《邏輯學》，第四一一頁。「這些命題必須在這個意義上是先天確然的，即：我們在它們之中只能意識到我們的思維所具有的一種確定的和無法拒絕的作用……」儘管這一處的文字的上下文與邏輯原理並無直接聯繫，我還是允許自己引用它，因爲〔西格瓦特〕這些陳述的整個意義（二，第48節）以及在同一頁上對矛盾律的明確對照指示都會證實我的這一做法是合理的。

12 西格瓦特：《邏輯學》，第八頁。

在牛頓的主張本身之中，顯然就包含著在所有時代都具有的無限有效性。

我們在這裡必須放棄對西格瓦特有關**眞理**概念的各種陳述的更深入分析，它會造成更大的困難。但這種分析無論如何都會證明，我們在前面所引的文字是西格瓦特的本意。對他來說，眞理消融在意識體驗之中，這樣，即便他仍在談論客觀的眞理，建立在其超經驗的觀念性中的眞理的眞正客觀性還是被放棄了。體驗是實在的個別性，受時間規定，生成並且消失。但眞理卻是「永恆的」，或者毋寧說：它是一個觀念，並且作爲觀念是超時間的。爲眞理在時間中分派一個位置，或分派一個哪怕是穿越所有時間的延續，這都是毫無意義的。誠然，人們也說，眞理有時「被我們意識到」或爲我們所「把握到」、「體驗到」。但在這裡，在涉及這種觀念性存在時，我們所說的「把握」、「體驗」、「意識到」不同於對經驗存在，亦即對個別存在的「把握」、「體驗」、「意識到」。它們不是現象之中的現象，而是一個在完全改變了的意義上的體驗，在這個意義上，普遍之物、觀念是一個體驗。我們具有關於眞理的意識，正如我們具有關於一個種類，例如關於「這個」紅的普遍意識一樣。

我們眼前有一個紅色的東西。但這個紅色之物並不是紅的種類。具體之物也並不把種類作爲（「心理學的」，「形上學的」）部分包含在自身之中。這個部分，即這個不獨立的紅色成分，與整體一樣是個體性的東西，它是一個此地和此時（ein Hier und Jetzt），它隨此地和此時並在此地和此時之中存在和消失，它在各種不同的紅色客體中是相同的，但不是同一的。然而紅卻是一個觀念的統一，談論這統一的形成和消失是悖謬的。前面所說的那個不獨立的紅色成分不是紅，而是紅的一個個案。對象之間的差異有多大，普遍對象與個別對象

A129
B129

之間的差異也就有多大，把握這些對象的行爲之間的差異也就有多大。在對直觀具體之物的觀察中，一種是對被感知到的紅的意指（meinen），對這個在此時此地存在的個別特徵的意指；另一種是[33]意指紅的種類（如在「紅是一種色彩」這個陳述中便含有這種意指），這兩種意指是完全不同的兩回事。這樣，只要我們在觀察具體個別之物時不去意指這些具體個別之物，而是意指普遍之物、意指觀念，那麼，根據多個這樣的觀念化（Ideation）行爲，我們便可以獲得關於這些觀念的、在個別行爲中被意指的統一體之同一性的明見認識。這是在眞正的、最嚴格意義上的同一性：它是**同一個**種類，或者，它是同一個屬中的諸種類，如此等等。

因而眞理也是一個觀念，我們對它的體驗就像在一個以直觀爲基礎的觀念直觀行爲中（這當然是一種明察的行爲）對任何一個其他觀念的體驗一樣，並且我們在比較中也可以從眞理觀念相對於具體個案（這裡指的是明見的判斷行爲）的散亂雜多性而言所具有的同一的統一那裡獲得明見性。無論普遍性的存在或有效性此外也具有何種**觀念可能性**的價值——這是指包含在那些普遍性中的經驗個別性的可能存在而言——我們所看到的都是同樣的東西：「眞理有效」與「**可能**存在著一種能夠明察有關含義內涵之判斷的思維生物」，這兩個陳述是等值的。如果沒有智慧生物，如果自然秩序排除了這種生物的可能性，也就是說，如果智慧生物不可能**實在地**存在，或者，如果就某些眞理種類而言，沒有能認識它們的生

A130
B130

[33] 在A版中還有：像在心理學分析中所做的那樣。

物，那麼這些觀念可能性便永遠缺乏充實的現實；對眞理（或眞理種類）的「把握」、「體驗」和「**意識到**」便永遠得不到實現。但每一個眞理自身仍然是它所是，它保留著它的觀念存在。它並不存在於「虛空中的某處」，而是一個存在於觀念的非時間王國之中的有效統一。它屬於絕對有效之物的領域，我們首先把所有那些我們可以**明察**到的或至少可以合理猜測到其有效性的東西納入這個領域，就是說，這個領域還包括所有那些有效的，但我們尚未認識並且也許永遠不會認識的東西。

我覺得，西格瓦特在這些方面沒能達到清晰的認識。他想拯救眞理的客觀性，不讓它陷入主觀主義的現象主義。但是，西格瓦特的心理學認識論自認爲能夠達到的眞理客觀性是透過何種途徑達到的呢？如果我們提出這樣的問題，那麼我們得到的陳述將會是這樣的：「確定始終維持一個判斷、確定這個綜合是不可撤回的、確定我始終會說同樣的話，[13]——這種確定性只有在這種情況下才能存在，即：人們認識到，這種確定性不是建立在**瞬間的**、**隨時間而變化的心理動機**上，而是建立在**某種我每次思維都不會改變並且不受任何變化觸動的東西**上；這種東西一方面是**我的自身意識本身**，是我在和我思的確定性，是我就是這個現在思維著的和以前思維過的、思維這個和那個的我的確定性；另一方面這是我所判斷的東西，是

13 我曾幾何時能夠有把握地這麼說？這種不可取消性所涉及的不是事實之物，而是觀念之物。不是（像西格瓦特前面所說的）「判斷的確定性」，而恰恰是有效性或眞理才是「一種不會變化的確然性」。

被思之物本身及其始終相同的、**爲我在其同一性中所承認的內容**，這內容完全獨立於思維者的個體狀況。」[14]

徹底的相對主義的心理主義在這裡當然會回答：不只是那些隨個體而變化的東西是心理事實，而且那些永遠固定不變的東西，即永遠相同的內容和統治著這內容的固定不變的作用規律也是心理事實。如果對所有人來說有本質上共同的特徵和規律，那麼這種特徵和規律便構成人的種類的本性。據此，所有眞理作爲普遍有效性便都與人的種類有關。種類不同——思維規律也就不同，眞理也就不同。

但我們這方面現在會說：內容上的普遍有效性和恆定的作用規律（作爲普遍相同內容之產生的自然規律）方面的普遍有效性並不構成眞正的普遍有效性。眞正的普遍有效性的基礎毋寧是在同一性中。如果一個屬中的所有生物按其構造必須做出相同的判斷，那麼它們在經驗上是一致的；但在超出一切經驗之物之外的邏輯學所具有的觀念意義上，它們的判斷卻可能不是一致的，而是悖謬的。用本性的共同性來規定眞理，這就意味著放棄眞理的概念。如果眞理與思維的智性及其精神作用和活動形式有本質的關係，那麼眞理便會隨它們一起產生和消失，即使不隨個別的人，也會隨種類一起產生和消失。與眞理的客觀性一樣，存在的客觀性完結了，甚至主觀存在的或主體存在的客觀性也完結了。假如全部的思維生物都沒有能

A131
B131

14　西格瓦特：《邏輯學》Ⅰ，第三十九節，二，第三一〇頁。

力去設定它們自身的存在是眞實存在的，那麼情況會怎樣呢？這樣的話，所有的思維生物都既存在又不存在。眞理與存在，兩者在相同的意義上都是「範疇」，而且顯然是相互關聯的。人們不能把眞理相對化而同時堅持存在的客觀性。當然，對眞理的相對化卻又預設了作爲關係點的客觀存在——這也就是相對主義的矛盾所在。

A132
B132

與西格瓦特其餘的心理主義觀點相和諧的是他關於普遍之物的學說，我們在這裡要討論它，因爲眞理的觀念性完全是以普遍之物、概念之物的觀念性爲前提的。有時我們會在他那裡讀到一些滑稽的表述，如「普遍之物本身只［實存於］我們的大腦之中[34]」，[15]還可以讀到一些嚴肅的表述：「概念地被表象之物」「是一種純內在的東西，……一種僅僅依賴於我們思維的內在力量的東西。」[16]毫無疑問，人們可以把我們的概念表象視爲是一種具有這些或那些心理內涵的主觀行爲。但是，這個表象、這個概念的「內容」（Was）卻在任何意義上都不能被理解爲心理學內涵的實項（reell）部分，不能被理解爲一種此地和此時，一種隨行爲而到來並隨行爲而消失的東西。這種東西可以在思維中被意指，但卻不能在思維中被造出。

15　西格瓦特：《邏輯學》，第一〇三頁，注。

16　西格瓦特：《邏輯學》，第四十五節，九，第三八八頁。

[34]　在A版中爲：我們大腦中的普遍之物。

西格瓦特將眞理概念相對化，同樣也前後一致地將與眞理概念如此相關的根據（Grund）概念和必然性概念相對化。「嚴格地說，一種我們不知道的邏輯根據就是一個矛盾，因爲只是透過我們知道它，它才是邏輯根據。」[17]據此，「嚴格地說」，數學定理的根據在於數學公理，這個陳述所涉及的是人類—心理學內容的狀況。我們還能否聲稱，無論現在、過去或將來是否有認識這些定理的人存在，這些定理都是有效的？如此說來，談論對根據與結論之間關係的發現，並因此而賦予這種關係以客觀性，這種做法便也是錯誤的了。

無論西格瓦特如何努力區分各種本質不同的根據概念，無論他在其中表現得多麼敏銳（這在這位重要的研究者那裡是不足爲奇的），他的思考的心理主義方向仍然阻礙了他，使他無法做出最本質的區分，這種區分恰恰是以觀念之物與實在之物的明確差異爲前提的。如果他將「邏輯的根據」或「眞理的根據」與「確定性的心理學根據」相對置，那麼他只有在被表象之物的某種普遍相同性中才能找到前一種根據，「因爲不是個體的情緒以及如此等等，而是這種被表象之物才可能是對所有人而言的共同之物」；對他的這種說法，我們無須再重複前面的考慮了。

A133
B133

我們發現，西格瓦特沒能在與純粹邏輯有關的眞理的根據和與規範邏輯有關的判斷根據之間做出基本的區分。一方面，一個眞理（不是判斷，而是觀念的有效性統一）具有一個根

17 西格瓦特：《邏輯學》，第三十二節，二，第二四八頁。

據，這意味著，用等值的說法，有一個理論證明可以把這個眞理回溯到它的（客觀的、理論的）諸原因上。根據律僅僅涉及這個意義。而這個根據概念完全不是指：每個判斷都有一個根據，也就更不是指：每個判斷都「**隱含地**（implicite）提出」這樣一個根據。每個最終的論證原則，即每個眞正的公理都在上述意義上是無根據的（grundlos），而在與此相反的方向上，每一個事實判斷也是無根據的。能夠論證的是事實的或然性，而不是事實本身，或者說，不是事實判斷本身。另一方面，「**判斷的根據**」這個表述——只要我們撇開心理學的「根據」，即做判斷的原因，尤其是做判斷的內容動機[18]不論——無非是指**判斷的邏輯權利**（Recht）。誠然，在這個意義上，每個判斷都「要求」自己的權利（儘管我們不能毫無顧慮地說；每個判斷都「隱含地一同主張」這個權利）。這就意味著：對每個判斷都須提出這樣的要求，即：它所聲稱爲眞的東西確實爲眞；而作爲認識的技術師、作爲通常意義上的邏輯學家，我們還必須對判斷提出一些與進一步的認識活動有關的要求。如果這些要求得不到滿足，那麼我們就批評這個判斷是邏輯上不完善的、「未被論證的」；後一種批評當然帶有某種對通常的詞義的誇張。

A134
B134

西格瓦特關於必然性的陳述也引起我們類似的疑慮。我們讀到：「只要我們明白易懂地說話，那麼最終就「必須」爲所有邏輯必然性預設一個**存在著**的、思維著的主體，它的

18　參閱西格瓦特對連結的起因和決定的理由的確切劃分，《邏輯學》，第二五〇頁。

本性就在於如此思維。」[19]或者讓我們來注意一下他關於斷然（assertorisch）判斷和絕然（apodiktisch）判斷之間區別的論述。西格瓦特認爲，「只要在每個以完善的意識而得到陳述的判斷中，陳述這個判斷的必然性也一同被主張」，那麼斷然的和絕然的判斷之間的區別便是一種非本質的區別。[20]在西格瓦特這裡缺少對各種截然不同的必然性概念的相互區分。主觀必然性，即那種依附在每個判斷上的（或者毋寧說，對每個判斷而言，當我們尚未堅信它，而企圖做出相反的判斷時，這個判斷所表現出的那種）主觀的信念強制力，沒有明確地區別於其他截然不同的必然性概念，尤其沒有區別於絕然的必然性，這種必然性是一種特別的意識，在它之中形成了對一個規律或一個合規律之物的明晰把握。從根本上說，西格瓦特缺乏這後一種（實際上是雙重的）必然性概念。同時，他忽略了這樣一個基本的雙重意義，這個雙重意義允許我們不僅可以將絕然的必然性意識稱之爲必然的，而且還可以將它的客觀相關項——即規律，或者說，我們在必然性意識中可以明察到的這種規律的有效性——稱之爲必然的。只有這樣，「這是一種必然性」和「這是一個規律」這些表達才能獲得其客觀的等值性，與此相同，S是P「是必然的」，S是P「是根據規律得到論證的」這些表達也才能獲得其客觀的等值性。

A135
B135

19　西格瓦特：《邏輯學》，第三十三節，七，第二六二頁。

20　西格瓦特：《邏輯學》，第三十一節，一，第二三〇—二三二頁。

當然，最後這個純粹客觀的和觀念的概念是在純粹邏輯學的客觀意義上所有絕然判斷的基礎；唯有它在主宰著和構造著所有理論的統一，它將假定關係的含義規定爲諸命題的一種客觀—觀念的眞理形式，它把推理定律作爲「必然的」（觀念—規律）結論與前提結合在一起。

西格瓦特對萊布尼茲所做的關於「理性眞理和事實眞理」（vérités de raison et celles de fait）的基本劃分的分析尤其表明，他對上面那些區別的處理是多麼不合理，他在心理主義中陷得有多深。西格瓦特認爲，「這兩種必然性最終是一種假定的必然性」，因爲，「從『事實眞理的對立面並不是先天不可能的』這一點中並不能導出：我在這個事實發生後並不必然會主張這個事實，而且也不能導出：了解這個事實的人可能會提出相反的主張。」[21]他還認爲：「另一方面，對所有那些建立在同一性定律基礎上的概念的擁有最終也是某種事實，這種事實必定在同一性原則被用來創造一個正確判斷之前便在此存在了。」最後他相信可以得出這樣的結論：萊布尼茲「對必然性特徵的劃分自身解體了」。[22]

西格瓦特在開始時所做的陳述，當然是正確的。在我進行判斷時，每個判斷的提出對我來說都是必然的，而在我還能確定其對立面時，要否定其對立面對我來說是不可能的。但萊

A136
B136

21 西格瓦特：《邏輯學》，第三十一節，六，第二三九頁。

22 後面兩段引文引自西格瓦特：《邏輯學》，第二四〇頁。

布尼茲在否認事實眞理所具有的必然性—合理性時，他指的是這種心理學的必然性嗎？沒有對普遍概念的擁有，也就無法認識概念的規律，這也是對的。但萊布尼茲難道會將對眞理的認識標誌爲必然嗎？難道他不更多是將被認識的規律眞理標誌爲必然嗎？由於判斷行爲的份額有可能成爲明晰的認識，這樣，它不就完全可以與事實眞理的必然性相協調了嗎？只是由於混淆了兩種本質不同的必然性概念，即心理主義的主觀必然性和萊布尼茲觀念主義的客觀必然性，西格瓦特的論證才得出這樣的結論：萊布尼茲「對必然性特徵的劃分自身解體了」。與規律和事實之間基本的、客觀的區別相對應的必定是這兩者之間的主觀區別，即體驗方式所表現出的主觀區別。假如我們從未體驗過那種在特徵上不同於事實性意識的理性意識、絕然之物的意識，那麼我們也就永遠不會擁有規律的概念，我們也就不能區分規律與事實、總體的（觀念的、規律的）普遍性和普全的（事實的、偶然的）普遍性、必然的（即又是規律的、總體的）結論與事實的（偶然的、普全的）結論；如果上述情況爲眞，那麼那些不是作爲已知概念之組合而被給予的概念便只能根據對個案的直觀[35]而原初地產生出來。萊布尼茲的「理性眞理」無非就是規律，並且是在觀念眞理的嚴格和純粹的意義上的規律，這種觀念眞理「純粹建基於那些在絕然明見的、純粹的普遍性中被給予我們並被我們認識的概念之中」。萊布尼茲的「事實眞理」是個體的眞理，這是一個對所有其餘的存在進行陳述的

[35] 在A版中爲：在對個案的體驗中。

命題領域，儘管這些命題對我們來說也具有「普遍」命題的形式，例如「所有南方人都易於衝動」。

第40節　埃德曼《邏輯學》中的人類主義

在西格瓦特對邏輯的基本概念和基本問題的整個探討中包含著相對主義的結論，但我們未曾在其中發現他對這個結論做過明確的闡述。馮特也是如此，儘管較之於西格瓦特的《邏輯學》，馮特的《邏輯學》爲心理主義的動機提供了一個更爲自由的活動場所，而且還包含擴展了的認識論章節，這部著作卻幾乎還是沒有觸及那些原則性的懷疑。類似的情況也出現在利普斯那裡，他的邏輯學所宣導的心理主義愈是原本、愈是澈底，他所做的那些妥協便愈是令人生厭，他便愈深地陷入到邏輯學的所有分裂之中；自貝奈克以後，利普斯在這方面幾乎是獨一無二的。 A137 B137

而埃德曼的情況則完全不同。透過一種富於教益的正確推理方式，他在較大篇幅的論述中都堅定地站在相對主義一邊，並且，透過對思維規律變化的可能性的指明，他相信，那種「以爲在這一點上能超出我們思維的界限，從而爲我們獲得一個在我們自身之外的立足點」

的說法是一種「不自量力」的說法。[23]這裡有必要對他的學說做更深入的分析。

埃德曼以反駁對立的立場爲開端。我們讀到：[24]「自亞里斯多德以來占主導地位的主張是：這些「邏輯」原理的必然性是一種絕對的必然性，它的有效性是永恆的……」

「對此的關鍵論據是在矛盾判斷的思維不可能性中尋找的。但從矛盾判斷的思維不可能性中只能推導出：那些原理再現了我們表象和思維的本質。因爲，如果這些原理使此本質得以認識，那麼與這些原理相對立的判斷便無法進行，因爲這些判斷恰恰試圖取消那些束縛著我們表象、思維、因而也束縛著我們判斷的條件。」

我們先談一下這個論據的意義。看起來是這樣來推論的：對那些原理的否定是無法進行的，由此導出：這些原理再現了我們表象和思維的本質；因爲如果這些原理確實再現了這個本質，那麼對原理之否定的無法進行便是必然的結果。這裡所指的不可能是推論。從「由A導致B」的狀態中，我無法推導出：「由B導致A」。埃德曼的意思顯然是這樣的：我們不可能否定邏輯原理的原因在於，這些原理「再現了我們表象和思維的本質」。後面這句話的意思是說，這些原理是規律，它們確定，哪些東西屬於普遍人類表象和思維本身，「它們給明，我們在所有的表象和思維中被束縛在哪些條件上」。正是由於這些原理進行這種確定，所以——如埃德曼所認爲的那樣——對立的、否定這些原理的判斷是無法進行的。

A138
B138

23 埃德曼：《邏輯學》，第一卷，第一版。第六十節，三七〇，第三七八、三七九頁。

24 埃德曼：《邏輯學》，第一卷，三六九，第三七五頁。後面的引文出處按此頁碼順序銜接下去。

然而我既不能贊同這個推論，也不能贊同組成這個推論的那些主張。我覺得非常可能的是：恰恰是根據這些支配著一個生物（如一個人）的所有思維的規律，在個體中（in individuo）產生出否定這些規律的有效性的判斷。對這些規律的否定恰恰是與對這些規律的主張相矛盾的；但否定作爲一種實在行爲完全可以與這些規律的客觀有效性相協調，或者也可以說，它完全可以與規律在一個普遍陳述中，所表達的那些條件的實在效用性相協調。如果在前面談及矛盾時涉及的是判斷內容的觀念關係，那麼在這裡則事關判斷行爲及其規律性條件之間的實在關係。若假定觀念聯想的規律就是人的表象活動和判斷活動的基本規律，就像聯想心理學事實上所教導的那樣，那麼一個否定這些規律的判斷恰恰因爲這些規律的效用性才能在此，這難道不是一種必須被斥之爲荒謬的不可能性？[25]

但即使這個推理是正確的，它也沒有達到它的目的。因爲邏輯絕對主義者（恕我如此稱呼（sit venis verbo））將會合理地指責說：埃德曼所談的思維規律，要麼不是我和所有人所談的那種思維規律，這樣他便根本沒有涉及我的命題；要麼是他給這些規律附加了一個與這些規律的明確意義相違背的特徵。而且他還會指責說：從這些規律中推導出，對這些規律的否定是在思維上不可能的，這種思維的不可能性，要麼是我和所有人所理解的那種思維不可能性，那麼它便應驗了我的觀點；要麼這種思維不可能性是另外一種思維不可能性，那麼這就再次與我無涉了。

A139
B139

25　參閱本書第22節。

先談第一點。邏輯原理所表達的無非是某些眞理，這些眞理僅僅建基於某些如眞理、謬誤、判斷（命題）等等這樣一些概念的意義（內容）之中。在埃德曼看來，它們都是一些「思維規律」，它們表述的是我們人類的思維本質；它們提出束縛著所有人類表象活動和思維活動的條件，它們會——如埃德曼隨後便用明確的言詞（expressis verbis）所教導的那樣——隨人類本性的變化而變化。據此，這些規律在埃德曼看來應當會具有實在的內容，但這就與這些作爲純粹概念命題的規律之特徵相矛盾。任何一個單純建立在概念[36]之中，僅僅確定在概念中所包含的以及連同概念一起被給予的東西的命題，都不會對實在之物做出陳述。而且，人們只要看一下邏輯規律的眞實意義便可以認識到，邏輯規律是不會對實在之物做出陳述的。即使在這些規律中談到判斷，這些判斷也不是指心理學規律用這個詞所要涉及的東西，即作爲實在體驗的判斷，而是指在種類的（in specie）陳述含義之意義上的判斷，無論這種判斷是否是眞實的陳述行爲的基礎，並且，無論這種判斷是否由這個或那個陳述行爲陳述出來，它們都同一不變地是其所是。只要人們把邏輯原則理解爲一種以自然規律的方式支配著我們實在表象活動和判斷活動的實在規律，人們便完全改變了邏輯原則的意義。——前面我們對此已有詳細闡述。

A140 B140

可以看出，將邏輯基本規律標誌爲思維規律是多麼危險。如我們在下面一章將要進一步論述的那樣，思維規律只是下面這種意義上的規律，即：這些規律的作用注定只是在於將思

[36] 在A版中還緊接：（特殊的含義）。

維規範化；這意味著，與思維規律有關的是實踐的作用，是利用方式，而不是某種包含在它們自身內容之中的東西。說思維規律表述了「思維的本質」，這從它們的規範作用上來看還是合理的，當然還要滿足下面這個前提，即：在這些規律中，必要而充分的標準已被給予，人們可以根據這些標準來測量任何一個判斷的正確性。無論如何可以說，這些標準清晰地標示出所有思維的**觀念**本質以及誇張意義上的正確思維的**觀念**本質。舊理性主義是非常樂意做這種理解的，但它無法說明，邏輯原理無非只是平凡的普遍性，一個主張之所以不能反駁這些普遍性，只是因爲一旦這樣做，這個主張就會是悖謬的；因而反過來說，思維與這些規範的和諧也就不再保證思維自身在形式上是[37]一致的。據此，現在還在這種（觀念的）意義上談論「思維的本質」便是極爲不合適的，而且用那些——如我們所知——只能使我們避免邏輯**悖謬**的規律[26]來改寫思維的本質也是極爲不合適的。如果人們在我們這個時代仍然不

A141
B141

26　我想這裡已經囊括了所有的純粹邏輯學規律。用傳統意義上的兩個或三個「思維規律」是無法使一種形式一致的思維概念得以成立的，而且我認爲（且不只是我一人這樣認爲），所有那些自古以來與此相悖的論述都是錯誤的。任何一個形式悖謬都可以還原爲一個矛盾，但這種還原只有借助於各種其他的形式原理才能進行，例如借助於三段論原理、算術原理等等。在三段論中，原理的數目就至少有十幾個。它們都可以得到確切的演證（demonstrieren）——在假證明中，即在那些預設了這些原理本身以及與它們等值的命題的假證明中。

[37]　在A版中還有：不。

談形式的一致性，而談形式的眞理，那只是理性主義成見的殘餘在作怪，這是一種對眞理一詞的玩弄，由於它令人迷惑，所以應當受到譴責。

但我們現在要過渡到第二點。對思維規律之否定的不可能性被埃德曼理解爲這種否定的不能進行性。我們邏輯絕對主義者認爲這兩個概念是如此地不同一，以至於我們可以完全否定不能進行性而堅持不可能性。並非作爲行爲的否定是不可能的（就是說，否定作爲實在的行爲並不是實在不可能的），而是構成這個否定內容的否定性命題是不可能的，就是說，這個命題作爲一個觀念命題在觀念的意義上是不可能的；但在其中所包含的是：它是悖謬的，因而明見地是錯誤的。這個否定性命題的觀念不可能性並不與否定的判斷行爲的實在可能性[38]相衝突。我們在這裡可以避免最後殘留下來的模糊表述而這樣說：這個命題是悖謬的，這個判斷行爲[39]在因果上不是[40]不可能的，這樣就一切都完全清楚了。

當然，在正常人的事實性思維中，一般不會出現對一個思維規律的現實否定；但在伊比鳩魯和黑格爾這些大哲學家對矛盾律做出否定之後，就很難說人永遠不可能做出這種否定。也許，從這點來看，天才與瘋狂是親戚，也許在瘋人中會有人否定思維規律；而人們總得把他們視爲是人。我們再考慮這樣一點：與對原初原理的否定一樣，對這些原理的結論的

[38] 在A版中爲：不可能性。
[39] 在A版中爲：這判斷。
[40] 在A版中爲：是。

A142
B142

否定也在同樣的意義上是思維不可能的。但眾所周知，在涉及複雜的三段論定理或算術定理時，人們往往會出錯，這也是一個無可爭辯的論據。此外，這些爭論的問題也並沒有觸及本質性的東西。邏輯的不可能性是觀念判斷內容的悖謬性，心理學的不可能性是相反的判斷行爲的不能進行性，即使後一種不可能性是隨前一種一起以普遍人類所具有的方式被給予，就是說，即使從自然規律上來看人們不可能將悖謬性視爲眞，這兩種不可能性也仍然是不同質的概念。

相對於思維規律而言，矛盾所具有的這種眞正的邏輯不可能性，現在可以被邏輯絕對主義者用來作爲這種思維規律的「永恆性」的論據。永恆性的說法在這裡指的是什麼呢？僅僅是指這樣一種狀況，即：在獨立於時間和環境、獨立於個體和種類的情況下，每個判斷都受純粹邏輯規律的「束縛」，這裡所說的束縛當然不是指心理學意義上的思維強制力，而是指觀念意義上的規範：誰做出別的判斷，誰的判斷便必然是錯的，無論他把自己視爲是何種心理生物種類。與心理生物有關顯然並不意味著對普遍性的限制。對判斷而言的規範「束縛著」判斷的生物，而不束縛石塊。這已包含在規範的意義之中。因此，將石塊或類似的生物在這方面作爲例外來對待，便是可笑的。邏輯絕對主義的證明現在很簡單：下面的聯繫是透過明察而被給予我的：這些或那些原理是有效的，它們只表述那些建基於它們概念的內容之中的東西。因此，任何一個命題（即任何一個觀念意義上的判斷內容），只要它直接否定了基本規律或間接地違背了基本規律，便是悖謬的。間接地違背規律只是指：一個純粹演繹關係將判斷內容的眞作爲假設與那些原理的非眞作爲命題結合在一起。如果這種判斷內容因此

A143
B143

而是悖謬的，從而也是錯誤的，那麼每個具有這種判斷內容的現時（aktuell）判斷也必定是不正確的；因爲，只有當判斷的內容爲眞時，判斷才是正確的，而當判斷內容爲假時，判斷便是不正確的。

我剛才強調「每個判斷」是爲了提醒人們注意，這種嚴格的普遍性的意義截然地排除了任何限制，就是說，它也不限制在人的種屬或其他判斷生物種屬上。我無法強迫任何人去明察我所明察到的東西。但我自己不能懷疑，因爲我自己又明察到：凡在我具有明察時，即凡在我把握了眞理自身時，任何懷疑都是錯誤的；這樣，我便處在這樣一個點上：或者我可以將這個點視爲是阿基米德之點，以便從這個點出發去澈底震撼非理性的和懷疑的世界；或者我放棄這個點，從而放棄所有的理性和認識。我明察到，情況就是如此，並且在上面所說的後一種情況中——如果還能談理性和非理性的話——我必須中止所有理性的對眞理的追求、所有主張和論證。

自然，在所有這些問題上，我和埃德曼這位出色的研究者都是有爭議的。因爲他繼續寫道：

「如此被論證的形式原理的必然性……只有在這樣一種情況下才是絕對的，即我們的認識能夠保證：我們在自身中發現並透過我們的認識而表述出的思維本質是一種不變的，甚至是唯一可能的思維本質，我們思維的那些條件同時也是任何可能的思維的條件。然而我們只知道我們的思維。我們無法構想一個與我們思維不同的思維，也就是說，我們無法構想一個包含不同種類思維的思維屬。那些看起來能夠描述這樣一種思維屬的語詞對我們來說並不具有任何一種可由我們進行的意義，即一種使這個假象所喚起的那種要求得到滿足的意義。因爲任何一種想將這些語詞所描述的東西製作出來的企圖，都受我們的表象活動和思維活動之條件的束縛，都是在這些條件的範圍內活動。」

倘若我們在純粹邏輯聯繫中果眞承認「我們思維的本質」這類棘手的說法有效，也就是說，倘若我們按照我們的分析而果眞透過一批對思維的形式一致性做出界定的觀念規律來理解這些說法，那麼我們當然也可以聲稱已經嚴格地證明了埃德曼認爲不可證明的東西：思維的本質是不變的，甚至是唯一可能的，如此等等。但顯然可以看出，埃德曼在否認這一點時並沒有遵從那些相關說法的唯一合理意義。很明顯，他（在後面的引文中，這一點還將更鮮明地表現出來）把思維規律理解爲對我們思維的實在本質的表達，也就是理解爲實在規律，彷彿我們可以用它來獲得對普遍人類結構的認識方面的直接明察。可惜情況根本不是這樣。試想，〔邏輯〕命題絲毫不會談論實在之物，而只會澄清隨某些普遍性語詞含義和陳述含義一同不可分離地被設定的東西，這類命題如何能夠爲如此重要的實在認識，即關於「精神過程的本質，簡言之，我們心靈的本質」（我們在下面會讀到這種說法）的實在認識提供保證呢？

另一方面，即便我們眞的透過這些規律而獲得對思維的實在本質的明察，我們也仍然會得出與這位卓有貢獻的研究者完全不同的結論。「我們只知道我們的思維。」更確切地說，我們不僅知道我們個體－本己的思維，而且作爲科學的心理學家，我們還略知一些普遍－人類的思維，還較少地知道一些動物的思維。但無論如何，在實在意義上的另一種思維以

A144
B144

A145
B145

及與這種思維相應的思維生物種類，對我們來說根本不是不可思議的，它們完全可以得到**有意義**的描述，正如在各種自然科學的虛構中，這種情況也是可能的一樣。伯克林[27]生動天然地爲我們描畫了最優美的半人半怪和水妖。我們相信他所描畫的東西——至少在美學上相信他。當然，誰能決定，這些妖怪從自然規律上看是否可能。但倘若我們確實具有對有機因素的複合形式的最終明察，這些因素有規律地構成了有機物的活的統一，倘若我們確實了解，是什麼樣的規律將這種生成的流動保持在具有典型形態的河床中，那麼我們也就可以在科學精確的概念中將雜多的、客觀可能的種類與現實的種類按序排列在一起，我們可以嚴肅地討論這些可能性，就像理論物理學家討論他所虛構的萬有引力的各個種類一樣。無論怎樣，這種虛構的**邏輯可能性**在自然科學領域和在心理學領域一樣，都是無可辯駁的。只有當我們進行向另一個屬的越度（μετάβασις εἰς ἄλλο γένος）時，只有當我們混淆心理學思維規律的區域和純粹邏輯學規律的區域並在心理學的意義上錯誤地解釋邏輯規律時，埃德曼的主張才會獲得合理性的假象，這個主張便是：我們無法想象其他的思維方式，描述這些思維方式的語詞對我們來說不具有任何能進行的意義。或許我們確實不能「眞正地想象」這些思維方式，或許這些思維方式對我們來說確實是在絕對的意義上不能進行的；但這種不能進行性

27 伯克林（一八二七—一九〇一年），瑞士畫家；擅長風景畫、神話中的人物畫，對超現實主義有重大影響。——中譯注

無論如何也不是荒謬性，不是悖謬性意義上的不可能性。

也許下列思考會有助於澄清這一問題。阿貝爾[28]超越論的定理對於嬰兒來說，而且同樣對於一個外行來說（像數學家們所戲稱的那樣，對於一個數學兒童來說）不具有「能進行的意義」。原因在於對它們的表象活動和思維活動的個體條件。就像我們成熟的人對待孩子，數學家對待外行一樣，一般說來，更高一類的思維生物——我們姑且說，天使——也這樣對待我們人。天使的語詞和概念對我們不具有能進行的意義，我們心理構造的某些性質不允許我們做到這一點。普通人爲了理解阿貝爾的函數論，甚至爲了理解這理論的概念就需要幾年，我們姑且說五年。也許，普通人以他的構造爲了理解某些天使的函數論需要一千年，而他自己即使長壽也差不多只能活一百年。但這種絕對的、受特殊構造的自然限制所決定的不能進行性，當然仍非那種由荒謬性、由**悖謬的**命題所苛求我們的不能進行性。一種情況所涉及的是我們始終無法理解的定律；但它們就自身來看是一致的，甚至是有效的。另一種情況則相反，我們很能理解那些定律；但它們是悖謬的，並且正因爲此，「我們不能相信它們」，就是說，我們明察到，它們可以被譴責爲悖謬的。

現在讓我們來考察一下埃德曼從他的前提中所推導出的極端結論。依據「直觀思維的

A146
B146

---

28 阿貝爾（Niels Henrik Abel，一八〇二—一八二九年），挪威數學家；證明了代數中五次以上積分方程式的不可解性；建立了代數函數的積分理論。——中譯注

空洞假設」，他認爲，我們必須「承認這樣一種可能性，即：一種與我們的思維本質不同的思維是存在著的」，他由此得出結論說，因此，「邏輯原理也只適用於我們這種思維的領域，同時我們還無法保證我們思維的屬性不會變化。因爲，這種變化的出現始終是可能的，無論這種變化是涉及所有原理，還是只涉及其中的幾個原理，因爲並非所有這些原理都可以從一個原理中分析地推導出來。這種可能性在我們自身意識所做的關於我們思維的陳述中找不到能夠預見其實現的依據，但這是無關緊要的。這種可能性即使如此也仍然存在著。因爲我們只能按我們思維本身所是來承受我們的思維。我們無法用我們思維當下的屬性來束縛它未來的屬性。我們尤其無法如此地把握我們的精神過程的本質，簡言之，我們心靈的本質，以至於我們能從心靈中演繹出我們已有思維的不變性。」[29]

因此，在埃德曼看來，我們「不得不承認，所有那些命題——即這樣一些命題：與這些命題相矛盾的思維對我們來說是不能進行的——都僅僅在我們思維性質的前提下才是必然 A147 B147

29 參閱埃德曼：《邏輯學》，第一卷，三六九，e，第三七七、三七八頁。——一旦人們相信了邏輯思維變化的可能性，那麼離邏輯思維發展的思想也就不遙遠了。我在拉松的一篇報告（載於《哲學雜誌》，第一一三卷，第八十五頁）中讀到，弗雷羅在《心理學規律作爲符號論》（巴黎，一八九五年）中認爲：「邏輯學應當實證化，而且推理規律應當隨年代和文化發展階段的不同而得到分別的闡述，因爲邏輯也隨大腦的發展而變化……。以往人們偏好純粹邏輯和演繹方法，這是一種思維惰性，而形上學便是這種思維惰性維持至今的龐大紀念碑，幸運的是它只在幾個落伍者那裡還有影響。」

的，這個前提是作爲這個特定的前提被我們體驗到的，但不是被絕對地體驗到，不是在任何可能的條件下都被體驗到；因此根據這種情況，對於我們的邏輯原理來說，它的思維必然性仍然存在；只是這種思維必然性不再**被視爲是絕對的**思維必然性，而是**被視爲是假設的**［以我們的說法：相對的］思維必然性。我們只能贊同這些邏輯原理——根據我們表象活動和思維活動的本性。它們是普遍有效的，但前提是我們的思維仍然保持原狀。這些原理是必然的，這是因爲，只要它們表達了我們思維的本質，我們就只能在它們的前提下進行思維。」[30]

根據以上闡述，我無須再說：埃德曼的這些結論在我看來是無法合理成立的。我們確實只能按我們思維本身所是來承受我們的思維，任何一個想從「我們的精神過程的本質，簡言之，我們心靈的本質」中演繹出我們思維的不變性的企圖確實都是愚蠢的。但從這裡卻無法推導出那種截然不同的可能性，即：我們的種類構造的變化會涉及原理，無論是所有的原理還是幾個原理，因而這些定律的思維必然性僅僅是假設的必然性。毋寧說所有這些都是悖謬的，並且在我們於此始終運用的確切詞義上（當然不帶任何色彩，只作爲科學的術語）是悖謬的。這種學說能夠得以產生並且甚至能夠迷惑嚴肅的研究者，這是我們所運用的那些多義的邏輯術語所帶來的厄運。如果基礎邏輯學進行了原始的概念區分並且在此基礎上澄清那些

A148
B148

30　參見埃德曼：《邏輯學》，第一卷，三七〇，第三七八頁。

術語，我們就不會背負著那些附在所有邏輯術語——思維規律、思維形式、實在的和形式的眞理、表象、判斷、命題、概念、特性、根據、必然性等等——上的沉重的雙關含義的包袱而四處蹣跚了；也就不可能有如此之多的悖謬性，包括相對主義的悖謬性還在邏輯學和認識論中得到理論上的宣導，而且它們也不能再具有那種甚至迷惑了重要思想家的假象了。

現在我們來看「思維規律」的變化可能性，這種可能性是指：思維規律就是表象活動和判斷活動的心理學規律，它們對於各種不同的心理生物來說是各不相同的，甚至相同的規律也會隨時間的變化而變化，關於這種可能性的說法[41]給出了一個好的意義。因爲我們通常把心理學「規律」理解爲「經驗規律」，即理解爲那種並存和延續的大致普遍性，它們與事實性有關，可能在一種情況中是這樣，在另一情況中則是那樣。我們也很樂意承認思維規律作爲表象和判斷的規範規律所具有的變化可能性。規範規律確實能夠適應判斷生物的特殊構造並隨它們的變化而改變。這顯然與作爲方法論的實踐邏輯學的規則有關，同樣也與具體科學的方法規定有關。數學的天使也許具有與我們不同的計算方法——但也具有不同的原理和定理嗎？這個問題還會繼續引領我們：只有在我們把可變的思維規律理解爲純粹邏輯規律時（我們可以把數論、序數論、純粹集合論等等所具有的純粹規律都算作純粹邏輯規律的一部分），可變思維規律的說法才是悖謬的。人們會用另一種模糊的表達，即「思維的規範規律」來標誌純粹邏輯規律，這個表達一般會誘使人們把純粹邏輯規律與那些奠基於心理學

A149
B149

[41] 在A版中爲：這種可能性。

之中的思維規則混爲一談。可是純粹邏輯規律是一種觀念的、純粹理論的眞理，它們純粹地植根於它們的意義內涵中，並且永遠不會超越出它們的意義內涵。因此，任何在事實材料（matter of fact）的世界中發生的現實的或虛構的變化都不會觸動到它們。

從根本上說，我們在這裡實際上要考慮到一個三重的對立：不只是**實踐**規則與**理論**規律之間的對立，以及**觀念**規律和**實在**規律之間的對立，而且還有**精確**規律與「**經驗**規律」（即作爲平均普遍性的規律，這就是人們常說的：「沒有無例外的規則」）之間的對立。倘若我們能明察心理發生的**精確**規律，那麼這些規律也將是永恆不變的，它們會與理論自然科學的基本規律一樣，就是說，即使沒有心理發生，它們也仍然有效。即使所有受引力吸引的物體都毀滅了，萬有引力的規律並不因此而被取消，它仍然存在，只是沒有實際運用的可能性而已。它並沒有對受引力吸引的萬物的實存作任何陳述，而只陳述應屬於那些受引力吸引的萬物本身的東西。（當然，如我們在前面[31]所認識到的那樣，對精確的自然規律的確定是以理想化的臆構（idealisierende Fiktion）爲基礎的，我們在這裡對此忽略不計，而僅僅持守住這些規律的意向。）因此，只要人們承認，邏輯規律是精確的，並且[42]作爲精確的規律被明

A150
B150

31 參閱本書第四章，第23節。

[42] 在A版中還有：僅僅。

察到，那麼這些邏輯規律便不可能因事實存在之組建的變化，以及因此而導致的自然史種類和精神種類的變形而發生變化，而這些邏輯規律的「永恆的」有效性便因此而得到保證。

在心理主義方面，也許有人會對我們這種立場提出異議：與所有眞理一樣，邏輯規律的眞理也處於認識之中，而認識作爲心理體驗不言自明地要服從心理學的規律。但無須詳盡地解釋眞理在何種意義上處於認識之中這個問題，我便可以指出，心理學事實性的變化不會將認識變成謬誤，將謬誤變成認識。認識的產生和消失作爲現象當然取決於心理學條件，正如另一些現象，如感性現象的形成和消失也取決於心理學條件一樣。但是，任何一個心理學事件都無法做到這一點，即：我現在正在看的紅不是顏色，而是一種聲音；或者，兩個聲音中較低的一個聲音是較高的聲音；或者更一般地說：所有包含在和建基於各個體驗的普遍之物中的東西都超越出任何可能的變化之上，因爲所有變化都涉及個體的個別性，而這對概念性的東西來說則毫無意義；與此相同，相應的情況也適用於認識行爲的「內容」。認識的概念意味著：認識的內容具有眞理的性質。這種性質不歸那種轉瞬即逝的認識現象所有，而是歸這些現象的內容所有，歸那些觀念之物和普遍之物所有；當我們說：我認識到 a + b = b + a 時，並且當無數個其他人也認識到這一點時，我所看到的便是這些觀念之物和普遍之物。當然，認識有可能發展成謬誤，例如在假推理中；認識本身並不因此而成爲謬誤，這只是因果上的順序而已。也有可能在一種能進行判斷的生物那裡沒有形成認識，也有可能這些生物視之爲眞的東西都是假的。但眞與假自身卻是不變的；它們本質上是有關判斷內容的屬性，而不是判斷行爲的屬性；它們歸這些判斷內容所有，哪怕它們不爲任何人承認：正如顏色、聲

A151
B151

音、三角等等也具有屬於那些作爲顏色、聲音、三角等等判斷內容的本質屬性，無論這世界上是否曾有人認識到這一點。

因此，我們無法承認埃德曼試圖論證的那種可能性，即其他生物可能會具有完全不同的原理。一個悖謬的可能性就是一個不可能性。只要充分思考一下在他學說中包含的東西便可以了。也許存在著一種特殊的生物，我們姑且稱之爲**邏輯超人**，我們的原理對他們無效；毋寧說，對他們有效的是另一些原理，以至於對我們來說爲眞的東西對他們爲假。對他們來說合理有效的是，他們不體驗他們所體驗的心理現象。也可能我們的存在以及他們的存在對我們來說爲眞，對他們來說則爲假，如此等等。我們這些**邏輯常人**當然會判斷說：這些生物瘋了，他們談論眞理並且取消眞理的規律，他們聲稱擁有他們自己的思維規律，並且他們否定那些決定著整個規律可能性的規律。他們提出主張並且又允許否定這個主張。是與否，眞理與謬誤，存在與不存在在他們的思維中不具有任何相互的差異。只是他們沒有發現其悖謬性，而我們發現了，甚至可以說，我們以最清晰的明察認識到了這種悖謬性。——誰承認上述情況是可能的，誰便與最極端的懷疑主義大同小異：眞理的主觀性在最極端的懷疑主義那裡與個別的人有關，在他那裡則與個別的種類有關。這人因而便是一個我們前面所確定的意義上的種類相對主義者，並且，他要受到我們前面已說明過、這裡無須再重複的那些指責。此外，我看不出有什麼理由要抓住虛構的種族差異的極端不放。爲什麼不承認現實的種族差異、理性與瘋狂的差異以及個體的差異有同樣的權利呢？

也許，針對我們訴諸**明見性**的做法，或者說，針對我們訴諸那個被強加於我們的可能性

A152
B152

所具有的明見的悖謬的做法，一個相對主義者會用前面引用的那句話來反駁：「**這種可能性在我們自身意識所做的陳述中找不到依據，但這是無關緊要的**」；顯而易見，我們不可能進行與我們思維形式相悖的思維。然而，撇開我們自己已反駁過的那種對思維形式的心理主義解釋不論，我們要指出，這樣一條出路意味著絕對的懷疑主義。如果我們不再相信明見性，那我們如何還能提出主張並理性地宣導這些主張呢？考慮到其他人和我們有一樣的構造，也就是說，他們借助於同樣的思維規律並傾向於類似的主張，那麼他們又如何還能提出主張並理性地宣導這些主張呢？但我們如何能知道這些事情，如果我根本無法知道任何事情的話？沒有明察也就沒有知識。

奇怪的是，人們竟會去相信如此可疑的、超越出普遍人類事物之上的主張而不去信任那些單純的平凡性，這些平凡性雖然在內容上給人教益很少，但卻爲我們保證了對它們所含的意義的最清晰的明察；而且在這些意義中至少絕不會包含任何與思維生物和它的特殊個性有關的東西。

相對主義者也不能指望透過下面的說法而使自己的處境得到哪怕是暫時的改善，這種說法便是：你把我當作極端相對主義者來對待，但我只是就邏輯原理而言的相對主義者，其他的眞理盡可以不受攻擊地繼續存在下去。這位相對主義者以此方式至少無法擺脫對種類相對主義的指責。誰將邏輯基本眞理相對化，誰也就將所有眞理相對化了。只須看一下矛盾律的內容便足以做出顯而易見的結論。

埃德曼本人始終會全然遠離這類權宜之計；他的學說所要求的**相對主義眞理概念**的確

是他的邏輯學的基礎。他對此概念的定義是：「一個判斷的眞理就在於：判斷對象的邏輯內在性是主觀的，更具體地說，是客觀上確定的，而對這種內在性的謂語表達是思維必然的。」[32]這樣我們當然還仍然停留在心理主義的領域內。因爲對象對埃德曼來說就是被表象之物，而被表象之物又明確被視爲與表象是同一的。同樣，「客觀確定性或普遍確定性」只在表面上是客觀之物，因爲它「建基於諸判斷者的普遍的一致之上」。[33]儘管我們在埃德曼那裡仍然能找到「客觀眞理」這種表述，但他把它等同於「普遍有效性」，即對所有人而言的有效性。而且他又把這種普遍有效性分爲對所有人而言的確定性和——如果我理解正確的話——對所有人而言的思維必然性。前面的定義也說明了這一點。人們在這裡會懷疑，在一個唯一的事例中，我們如何能夠合理主張客觀眞理，我們又如何避免由這個定義所導致的，並爲這位出色的研究者已注意到的無窮倒退。可惜他所提供的[43]消息並不充分。如他所說，具有確定性的不是一致性本身，而是這樣一些判斷，在這些判斷中我們與他人一起主張這種一致性；但這又有什麼用呢？而且我們在此所獲得的這種主觀確定性又有什麼用呢？而實際上只有當我們知道了這種一致性，就是說，只有當我們領悟到這種一致性的眞理時，我

32　埃德曼：《邏輯學》，第一卷，二七八，第二七五頁。

33　埃德曼：《邏輯學》，第一卷，第二七四頁。

[43]　在A版中爲：把握的。

們的主張才是**合理的**。這裡還有這樣的問題：我們怎樣才能獲得那種**所有人**都一致的主觀確定性；即使拋開這個問題不論，也還有這樣的問題：究竟是否有理由提出普遍確定性的要求，因爲人們並不是在所有人那裡，而毋寧說是在幾個特定的人那裡才能找到眞理。

第八章　心理主義的成見

至此爲止，我們主要是從心理主義的結論來反駁心理主義。現在我們轉向它的論據本身。我們將試圖證明：心理主義所依據的那些被誤認爲自明性的東西，實際上是錯誤的成見。

第41節　第一個成見

第一個成見是認爲：「支配心理之物的那些規定不言自明地是奠基於心理學之中的。據此也就很明顯：認識的規範規律必須建基於認識心理學之中。」

如果人們不是泛泛地進行論證，而是去接近實事本身，那麼這裡的謬誤便會消失。

首先有必要終結這兩派所共有的一個錯誤觀念。我們要指出，如果我們從邏輯規律的自在和自爲方面來考察邏輯規律，那它絕不是規定意義上的規範原理，即不是這樣一些原理，它們的內容在於陳述：人們應當如何進行判斷。人們必須完全區分：一方面是那些被用來規範認識活動的規律，另一方面是包含著這個規範本身的思想並將這個規範作爲普遍的義務而陳述出來的那些規則。

我們來考察一個例子，例如著名的三段論原則，這個原則自古以來就被理解爲：標記的標記，也就是實事本身的標記。要不是這個理解沒有將一個顯然是錯誤的命題當作對所指

A155
B155

思想的表達，那麼它的簡練還是值得推薦的。[1] 爲了更具體地[44]表達這個思想，我們必須運用更多的語句。「對於任何一對標記A和B來說，這樣一個定律是有效的，即：如果每個對象既具有A的標記，也具有B的標記，同時，某個對象S具有A的標記，那麼它也就具有B的標記。」我們必須堅定地否認這個思想包含著絲毫的規範思想。我們當然可以用它進行規範，但它並不因此本身就是規範。我們也可以將一個**明確**的規定建立在它的基礎上，例如：「誰始終判斷，每個A也是B，並且某個S是A，那麼他也必須（應當）判斷，這個S也是B。」但任何人都會看到，這已經不是起初那個邏輯定律了，而是某種透過引入規範的思想而從邏輯定律中產生出來的東西。

顯然，這一點也適用於所有三段論的規律，同樣也適用於所有「純粹邏輯的」原理一般。[2] 然而不僅僅是適用於它們。其他理論科學的眞理，首先是人們通常將其與邏輯學劃分

1　一般說來，一個標記的標記肯定不是一個實事的標記。如果三段論原則所指的確實是那些語句所明確意味著的東西，那麼就可以這樣推論：這張吸墨紙是紅的；紅是一種顏色；吸墨紙是一種顏色。

2　規範的思想、應當存在（Seinsollen）不屬於邏輯定律的內容，帶著這個信念，我很高興地和納托普走到一起了。他最近在《社會教育學》（斯圖加特，一八九九年，第四節）一書中簡明扼要地說：「根據我們的主張，邏輯規律不表述人們在這樣或那樣的情況下是如何想的，也不表述人們應當如何想」。在涉及等值推理「如

[44]　在A版中爲：準確地。

A156
B156

開來的純粹數學眞理，也具有向規範轉變的能力。[3]

例如著名的定律：

$$(a+b)(a-b) = a^2 - b^2$$

便意味著，從任意的兩個數字的和與差中得出的積與它們的二次方的差是相同的。這裡談的不是我們的判斷以及判斷應當如何操作的方式。我們這裡所面臨的是理論的規律而不是實際的規則。反之，如果我們來看一個相應的定律：「只要獲得兩個數的平方的差，便可確定這兩個數的和與差的積」，這樣我們便相反地說出了一個實際的規則而不是一個理論規律。在

A157
B157

果A等於B，B等於C，那麼A等於C」的例子時，他說：「我看到這一點，因爲我眼前只有這些可比較的術語和由此而產生的它們之間的聯繫，同時卻不必考慮某個相應的思維的進行過程或形成過程，無論是它的事實性過程，還是它的應當存在過程。」（同上書，第二十頁及後頁）——在其他的幾個根本觀點上，我的這部《導引》也與這位深刻的研究者的著作相接觸，但可惜這部著作已無法幫助我深化和闡述我的思想了。相反，納托普的另外兩份較早的文字，即前面被引用的、刊載在《哲學月刊》第二十三期上的文章以及《心理學概論》，曾對我產生過推動作用——儘管我並不贊成這兩篇文字中的其他觀點。

3 我所運用的「純粹數學」或「形式數學」的術語，包含了整個純粹算術和流形論，但不包含幾何學。幾何學在純粹數學中與歐幾里得的三維流形學說相符合，三維流形是空間的種屬觀念，但卻不是空間本身。

這裡也主要是透過對規範思維的引入，規律變成了規則；規則是規律的自明的、確然的結果，但在思想內涵上卻不同於規律。

我們在這裡還可以繼續前行。很明顯，以同樣的方式，**任何**普遍眞理，無論它屬於哪一個理論領域，都可以用來論證正確判斷的普遍規範。在**這**點上，邏輯規律並不以任何方式顯示自己有特別之處。根據它們的固有本性，它們不是規範的眞理，而是理論的眞理，並且作爲這種眞理，它們和所有其他科學的眞理一樣，可以被用來對判斷進行規範。

另一方面當然也很明顯，將邏輯原理視作思維規範，這種普遍信念可能不完全是無根據的，它向我們所表現出的那種自明性可能不完全是欺騙。在思維規則的實事中必定有某種**內部的**（inner）優越性使這些定律突出於其他的定律。然而，規則（應當）的觀念因此就必定處於邏輯定律本身的內容之中嗎？它難道就不能帶著明晰的必然性而**建基於**這個內容之上嗎？換言之，邏輯的和純粹數學的規律難道就不能具有一種突出的含意內涵，這種內涵賦予這些規律以一種對思維進行規範的**自然職責**嗎？

從這個簡單的考察中我們看到，事實上雙方都有不合理之處。

反心理主義者們的錯誤在於，他們提出，對認識的支配可以說是邏輯規律的實質。因此，形式邏輯以及與它地位相同的形式數學的純粹理論特徵便無法獲得它們應有的有效性。人們正確地看到，在傳統三段論中所探討的那組定律對心理學來說是陌生的。同樣，人們也認識到，這些定律具有對認識進行規範的**自然職責**，爲此，這些定律便必然地構成任何實用邏輯學的核心。但人們沒有看到這些定律本身的內涵與定律的作用、定律的實際運用之

A158
B158

間的區別。人們沒有看到，所謂邏輯原理自身並不是規範，而只能被用作規範。人們已經習慣於在談論思維規律時顧及到規範，這樣看起來，就好像這些規律具有心理學的內涵一樣，就好像它們與習慣上所說的心理學規律的差異僅僅在於：它們進行規範，而心理學規律則不做這類事情。

另一方面，心理主義者們的錯誤則在於他們誤認了公理，我們用幾句話便可以證明這些公理的無效性：任何普遍眞理，無論它們是心理學的眞理還是非心理學的眞理，都論證了正確判斷的規則——如果這是完全自明的，那麼它便爲此提供了保證，即：很有可能，甚至就確實存在著一些並不建立在心理學之中的判斷規則。

當然，儘管所有這類判斷規則爲判斷的正確性提供了規範，它們卻並不因此而就都是邏輯規則；然而必須看到，在那些眞正意義上的邏輯規則中，也就是在那些構成科學思維工藝論的原本區域的邏輯規則中，只有一組規則可以允許並且也要求心理學的論證，即：與人類本性尤其相適應的技術規定，它們規定著科學認識的產生以及規定著對這些認識產生所做的批判。與此相反，另一些更爲重要的邏輯規則卻在於：它們本身是規律轉變成規範的結果，這些規律是指那些按它們的客觀的和觀念的內涵來看是隸屬於科學的規律。心理學的邏輯學家們，其中包括像彌爾和西格瓦特這樣的著名研究者，更多地是從科學的主觀方面（作爲特殊人類認識成果的方法論統一），而不是從科學的客觀方面（作爲眞理的理論統一）來看待科學，並因此而片面強調邏輯學的方法論任務，這樣他們便忽視了純粹邏輯規範和一門特別的人的思維工藝的技術規則之間的根本區別。然而這兩者在內容、起源和作用方面有著

A159
B159

完全不同的特徵。我們看一下純粹邏輯命題和方法論命題各自的原本內容便可以知道：如果純粹邏輯命題僅僅與觀念之物發生聯繫，那麼方法論命題則與實在之物發生聯繫。如果純粹邏輯命題的起源是在直接明晰的公理中，那麼方法論命題的起源則是在經驗的、主要是心理學的事實中。如果那些純粹邏輯命題的提出只是附帶地被用來滿足實際的興趣，那麼方法論命題的情況則相反，它們的直接興趣是實際的興趣，而理論的興趣只是間接地受到它們的推動，就是說，只有當方法論命題的目的在於從方法上促進普遍科學認識時，它們才會間接地推動理論的興趣。

第42節　闡釋性的陳述

如我們前面所見，任何一個理論命題都可以使自己轉變為規範命題。但是，如此而產生的正確思維的規則一般不是那種邏輯工藝論所需要的規則，它們中間只有少數幾個可以說是被命定為邏輯規範。如果邏輯工藝論想為我們的科學追求提供有力的幫助，那麼它就不能以已有的科學認識的豐富性為前提，因為我們恰恰希望透過它的幫助來獲得這些豐富的認識。毫無目的地將所有理論認識轉變為規範之物，這種做法對我們並沒有用處；我們所需要的是那些具有普遍性，並且在其普遍性中超越出所有已確定的科學的規範，用這些規範來評價和批判理論認識和理論認識方法，我們還需要的是那些實際的規則，用這些規則來促進理論認識和理論認識的方法。

A160
B160

邏輯工藝論想要做的正是這些，並且，如果它想作爲一門科學學科來做這些工作，那麼它自己必須以某些理論認識爲前提。從一開始就很明顯，對於邏輯工藝論來說，所有那些純粹建基於眞理、命題、主語、謂語、對象、屬性、根據與結論、關係點與關係等等概念中的認識都是極爲有價值的。因爲所有科學，從它們的學說內容來看（即客觀地、理論地看），都由眞理構成自身，所有眞理都處在命題之中，所有命題都包含主語和謂語並且透過主語和謂語與對象或屬性發生聯繫；各命題本身在根據和結論方面是相互連結的，如此等等。現在很明顯，只要那些賦予所有科學本身以客觀依據和客觀意義的東西不被取消，那麼也就無法想象，建基於所有作爲客觀理論之統一的科學的本質構成要素之中的眞理本身會被取消，它們顯而易見地構成了那種基本的尺度，人們可以用它們來衡量，在一定的情況下，那些要求成爲科學的東西，或者說，那些要求作爲原理或推理、作爲演繹或歸納、作爲證明或理論等等屬於科學的東西確實是與這個意向相符合，還是毋寧說它們與理論和科學一般的可能性的觀念條件先天地發生衝突。如果人們而後承認：那些純粹建立在這些概念的內容（意義）之中的眞理，那些構成了作爲客觀統一的科學觀念的眞理，不可能只是附帶地屬於某一個個別科學的領域；尤其是如果人們承認，這些眞理作爲觀念眞理不可能產生於關於事實材料（matter of fact）的科學之中，因此也不可能產生於心理學之中——那麼我們的事情便有了分曉。這樣人們也就不能否認一門眞正科學，即純粹邏輯學的觀念存在，這門純粹邏輯學絕對地獨立於所有其他的科學學科，在這種獨立狀態中，純粹邏輯學對那些從根本上屬於系統統一或理論統一觀念的各個概念做出劃界，並且更進一步地對那些純粹建基於這些概念之中

A161
B161

的理論聯繫進行研究。這門科學的唯一特性將在於：它本身在其「形式」上要服從於它的規律的內容，換言之，將它本身構造成眞理的系統統一的各種要素和各種理論聯繫是由那些同屬於它的理論內涵的規律來主宰的。

與所有科學在其形式方面相關的科學當然也與其自身相關，這聽上去有些悖謬，但卻不含有任何不相容性。這一點可以用與此有關的一個最簡單的例子來說明：矛盾律支配著所有的眞理，並且因爲它自身也是眞理，所以它也支配著自身。我們可以思考一下，這裡所說的支配意味著什麼；只要我們對這個運用於自身的矛盾律進行描述，我們便會接觸到一種明晰的自明性，並因此接觸到這個自明性的對立面，即詫異性與可疑性。純粹邏輯學的支配在涉及自身時便完全是這種情況。

這門純粹的邏輯學因而是方法論邏輯學的首要的和最本質的基礎。當然方法論的邏輯學還有心理學爲它提供的完全不同的基礎。因爲，如我們所說，任何一門科學都可以從兩個方面受到考察：從一方面看，任何一門科學都是人們爲了獲得、爲了系統地界定和闡述這個或那個眞理區域所做的工作的總稱。這些工作被我們稱之爲方法；例如：用算盤或格子進行計算，在平板上進行書寫，或是借助於某種計算器，或是借助於對數表、正弦表或正切表等等；此外還有借助於望遠鏡和望遠鏡中的線網的天文學方法、借助於顯微技術和染色法的生物學方法等等。所有這些方法，包括闡述的形式，都與人的構造的現有正常狀況相適應，而且這些方法中的一部分甚至是具有民族特色的偶然性。對於具有其他構造的生物來說，這些方法顯然是完全無法使用的。甚至生理組織在這裡也起著根本的作用。例如某種生物的視覺

A162
B162

與終端器官相聯繫，這種終端器官與我們人的終端器官完全不同，這樣的話，我們最好的光學儀器對他們又有什麼用呢？其他所有的情況都與此相類似。

但任何科學都還可以從另一方面受到考察，即根據它們所傳授的東西，根據它們的理論內涵。任何個別的定律所表述的——在觀念的情況中——都是一個眞理。但任何一個眞理在科學中都不是孤立的，它和其他眞理一起構成理論的結合體，透過根據和結論的關係而得到統一。只要科學滿足了它的意向，科學所具有的這種客觀內涵便完全獨立於研究者的主體性，完全獨立於人類普遍本性的特徵，於是它就是客觀的眞理。

而純粹邏輯學恰恰就以這個觀念的方面爲目的，亦即根據其形式；這意味著，它不是以那些屬於特定的具體科學的特殊質料爲目的，不是以屬於具體科學的眞理和連結形式的各個特性爲目的，而是以那些與眞理以及眞理一般的理論結合體有關的東西爲目的。因此，任何一門科學就其客觀理論方面而言，都必須是與純粹邏輯學的那些具有觀念特徵的規律相符合的。

然而這些觀念規律在這裡同樣獲得了方法論的意義，而且它們之所以具有這種意義，也是因爲在論證的關係中產生出了間接的明見性，這些論證關係的規範無非是對那些純粹建基於邏輯範疇之中的觀念規律的規範運用而已。在本書第一章中[4]提出的那些論證的特殊特性

A163
B163

[4] 參閱本書第7節，第一〇四頁及後頁（邊碼 A 17ff./B 17ff.）。

的全部根源以及由此而得出的完整說明就在於：在論證中——即：在推理中、在絕然的證明關係中、在全面的理性理論的統一中，但也在或然性論證的統一中——的明晰性無非是一種對觀念的**合規律**性的意識而已。純粹邏輯學的反思在歷史上第一次在亞里斯多德的靈明中甦醒，它抽象地揭示了基礎性的規律本身，它把由此而獲得的、起初僅僅是零散的雜多規律回歸到原始的（primitiv）基本規律中，並且創造了這樣一個科學體系，這個體系可以在有規則的順序中純粹演繹性地推導出所有可能的純粹邏輯規律——所有推理證明等等的可能「形式」。現在，實用邏輯學的興趣將這個成就獲為己有。這種興趣將純粹邏輯的形式轉變為規範、規則，即：我們**應當**如何論證，以及——與可能的**非規律**性構造有關——我們**不能**如何論證。

據此，規範分成了兩類：一類是對一切可論證之物、對所有確定無疑的聯繫進行規定的規範，它們具有純粹的觀念本性並且僅僅透過明見的轉用才與人類科學發生聯繫。另一類可以被我們描述為論證的單純輔助裝置或代用品，[5]它們是經驗的，**本質**上僅僅與科學的人類種屬的方面有關；因此，它們是建立在人的普遍構造之中的，即一部分（對於工藝論較為重要的這部分）建立在心理構造中，而另一部分甚至還建立在物理構造中。[6]

A164
B164

5　參閱本書第9節（邊碼A 23ff./B 23ff.）。

6　基礎計算工藝也提供了後一方面情況的好例子。一個可以清楚地直觀並能實際地掌握三維分類（尤其是數字

第43節　回顧觀念主義的反證。這些反證的缺陷和正確意義

因此，對邏輯學進行心理主義的論證還是客觀的論證，在就此而進行的爭論中，我採取中間立場。反心理主義者們首先看到的是觀念規律，我們在前面將它們刻畫爲純粹邏輯學規律，心理主義者們首先看到的卻是方法論規則，我們將它們刻畫爲人類學規則。因此，兩派不能相互理解。心理主義者們很少表現出有公正對待對方論據中的重要核心的意圖，而這一點還因爲以下情況而更容易理解：反心理主義論據中混雜著所有心理主義的動機，這些動機恰恰是反心理主義者們首先必須避免的。那些自稱爲是對「形式的」或「純粹的」邏輯學，所做闡述的著作所具有的實際內容，只是使心理主義者們更加堅定他們的反駁態度，並且使他們產生這樣一個印象：這門被宣導的學科所涉及的只是難爲情的，而且受到固執限制的認識心理學的一個部分，或者說，涉及的只是建基於認識心理學之上的認識規則。反心理主義者們在他們的論據中[7]無論如何也不能強調：心理學研究的是自然規律，而邏輯學研究的是

分類）的生物，就如我們人類對於二維分類一樣，完全會有可能擁有許多其他的計算方法。這類問題請參閱我的《算術哲學》；特別是有關物理狀況對於方法構成的影響這部分，第二七五頁及後頁、第三一二—三一四頁。）

7　參閱本書第19節，尤其是第一四六頁（邊碼 A 55/B 55），以及參閱第13節中所引用的：德羅比施：《邏輯學新論》，萊比錫，一八七五年，第四版，第二節，第三頁。

規範規律。**自然規律**是一個受到經驗論證的事實性存在或事實性事件的規則，它的**對立面不是作爲規定的規範規律**，而是一種純粹建立在概念（觀念、純粹概念本質[45]）之中，並因此而是非經驗的規律意義上的**觀念規律**。形式主義邏輯學家們在談及規範規律時所看到的是這種純粹概念性的，並在此意義上是先天的特徵，就這點而論，他們的論辯涉及了一些無疑正確的東西。但是他們忽略了純粹邏輯定律的理論特徵，他們誤認了由於其內容而被命定用來支配認識的理論規律與**本身和根本上**具有規定特徵的規範規律之間的區別。

眞與假的對立在心理學中沒有位置，[8]這種觀點不完全正確，因爲眞理確實是在認識中「被把握」的，並且觀念之物因此而成爲實在體驗的規定性。另一方面，那些與這種具有概念純粹性的規定性有關的定律當然不是實在心理事件的規律，這是心理主義者們的錯誤所在，正如他們誤認了觀念之物一般的本質一樣，他們也誤認了眞理的觀念性。這一要點還會得到詳細的闡述。

最後，反心理主義者們的最終論據[9]不只是建基於謬誤的東西之中，而是同時也建基於正確的東西之中。任何邏輯學，無論是形式邏輯學還是方法論邏輯學，都無法提供一種可

A165
B165

8　參閱本書第19節，第一四七頁（邊碼 A 56/B 56）。

9　參閱本書第19節，第一四九頁（邊碼 A 57/B 57）。

[45]　在A版中爲：類本質。

以用來認識任何眞理本身的標準。因此，在對邏輯學的心理學論證中肯定不存在循環。但是，對邏輯學（在工藝論的習慣意義上的邏輯學）的心理學論證是一回事，而對我們稱作「純粹邏輯學」的那種理論封閉的邏輯定律組的心理學論證則是另一回事。就這點來看，如果人們從某一門具體科學，甚至是事實科學的偶然內容中推導出那些建立在所有理論統一的本質構成中，並因此而建立在科學本身的系統內容的概念形式中的定律，那麼，這儘管只是在某些情況中存在著循環，卻也是一種粗陋有害的做法。需要弄清有關矛盾律的思想，需要將它視爲是透過某個具體科學而得到論證的；它是一個眞理，一個包含在眞理本身意義中的眞理，它透過關於數、直線等等的眞理，甚至透過關於心理的或物理的事實性的眞理而得到論證。無論如何，這種有害性也表現在形式邏輯學的代表人物那裡，以至於他們又因爲混淆了純粹邏輯學的規律與規範規律或標準而以某種方式攪亂了這個好思想，從而使得這一思想不得不喪失其有效性。

只要我們追根尋源就可以看出，這種有害性是在於：那些僅僅與形式有關的（即與科學理論本身的概念因素有關的）命題被認爲是從一些具有完全異質（heterogenen）內涵的命題中推導出來的。[10]現在很明顯，在原始的原理那裡，例如在矛盾律、肯定前件假言

A166
B166

10 誠然，人們尚未在邏輯上充分地研究，在異質的領域之間爲什麼不可能有理論的聯繫，以及這裡所說的異質性的本質是什麼。

推理（modus ponens）等等那裡，只要這些命題的推導的個別推導步驟中預設了這些命題本身，那麼上面所說的有害性便會成爲循環——不是以前提的方式循環，而是以推導原則的方式循環，而沒有這些推導原則的有效性，推導也就喪失了其意義和有效性。就這點來看，人們可以說這是反思的循環，它的對立面是通常的或直接的演證的循環（circulus in demonstrando），即前提與推論相互包含。

在所有科學中，只有純粹邏輯學才能擺脫這種指責，因爲從它所涉及的對象來看，它的前提與它所論證的推論是同質的（homogen）。此外，它並不是在演繹本身之中證明那些將各種演繹設定爲原則的命題，並且它根本就不證明那些被每次的演繹都預設爲原理的命題，而是把這些命題作爲公理置於每個演繹的頂端上，這樣，它就避免了上述循環。所以純粹邏輯學的極爲艱難的任務就在於：一方面分析地向公理上升，這些公理作爲出發點是必不可少的，並且在沒有直接的和反思的循環的情況下是不可再相互還原的；此外，爲邏輯定理（三段論構成這些定理的一小部分）構造和規整各個演繹，以便一步一步地不僅使前提，而且也使演繹步驟的原則或是屬於公理，或是屬於已被證明的定理。

A167
B167

第44節　第二個成見

根據心理主義者的第一個成見，認識的規則顯而易見必須依據認識的心理學，爲了論證

A168
B168

第一個成見，心理主義者訴諸於[11]所有邏輯的事實性內容。

邏輯學所談的是什麼？總不外乎是表象和判斷、推理和證明、眞理和或然性、必然性和可能性、原因和結果，以及其他與它們密切相關的和相近的概念。而這些標題除了讓人想到心理現象和心理構成之外還能想到什麼呢？就表象和判斷來看，這一點是明顯的。推理是借助判斷來論證判斷，而論證也還是一種心理行爲。而一談到眞理和或然性、必然性和可能性等等，人們就會與判斷發生聯繫；這些概念所指的東西只能以判斷爲依據，即只能在判斷中才能被體驗到。人們居然想將與心理現象有關的命題和理論排除出心理學；這不是很不可思議嗎？就這點來看，對純粹邏輯學的命題和方法論的命題進行區分是無用的，這個指責既切中前者，同樣也切中後者。因此，任何哪怕僅僅是將邏輯的一部分作爲被誤認的「純粹」邏輯學而從心理學中異化（entfremden）出去的企圖，都必須被視爲是根本錯誤的。

第45節　反駁：純粹數學按此說法也將成爲心理學的一個分支

無論這一切看上去是多麼顯而易見，它們都必定是錯誤的。那些矛盾的結論說明了這一點，而如我們所知，心理主義無法擺脫這些結論。但還有另一些東西在這裡必須引起人們的

11 參閱本書第18節，第二段落所引用的〔心理主義〕證明。

思索：這就是純粹邏輯學教義和算術教義之間的天然相近性，它甚至常常導致人們聲稱它們具有理論上的統一。如我們已經提到過的那樣，洛采也指出，數學必須被視作「普通邏輯學的一個自爲地發展著的分支」。他認爲，「只是那種被實際論證了的學科劃分」才使人「忽略了數學完全有權利將邏輯的普遍王國視爲自己的家鄉」。[12]而在里爾看來，「人們可以正當地說，邏輯學與純粹形式數學（這個概念是在漢克爾的意義上被運用）的普遍部分是一致的……」[13]無論這裡的情況如何，有一點是肯定的，即：對於邏輯學來說合理的論據，必然也可以運用於算術。算術提出數字的規律、數字之間的關係和連結的規律。數字產生於累計和計數這些心理活動之中。關係產生於關係的活動中，連結產生於連結的活動中。加和乘、減和除——這些無非就是心理過程而已。它們也需要感性的依據；然而這一點在這裡卻無關緊要，因爲所有思維都需要感性依據。因此，和、積、差、商以及所有在算術定律中作爲被規定之物，顯現出來的東西都無非是心理產物，因此它們服從於心理的合規律性。現在，儘管人們極爲希望現代心理學對精確性的認眞追求能夠擴展到數學理論的領域。然而，即使把數學作爲一個部分納入心理學之中，這樣一門心理學也很難得以建成。這兩門科

A169
B169

12　洛采：《邏輯學》，第二版，第十八頁，第三十四頁，第一一二節，第一三八頁。

13　里爾：《哲學批判主義及其對實證科學的意義》，第二卷，第一部分，〈認識的感性基礎與邏輯基礎〉，萊比錫，一八七九年，第二二六頁。

學的異質性恰恰是無法誤認的。因此，如果人們眞想迫使數學家進行心理學的研究，以便對他提出的理論進行那種被誤認爲更爲出色、更爲深入的論證，那麼，數學家在他那一方只會做出微微一笑。他將合理地說，數學之物和心理之物彼此是如此陌生，以至於那種將它們相互連結的想法就已經是夠荒謬的了；如果人們眞有這種想法的話，那麼這裡恰恰用得上「向另一個屬的越度（μετάβασις ἄλλο γένος）」這個說法。[14]

第46節　純粹邏輯學的研究領域與純粹數學的研究領域相似，它們都是觀念的研究領域

A170
B170

誠然，隨著這些指責的提出，我們又得離開結論而陷入論證。但如果我們看一下這些指責的內容，我們就能找到標誌著對方觀點的基本錯誤的方法。我們將**純粹邏輯學與純粹數**

14 補充參閱納托普的出色闡述：「關於認識的客觀與主觀論證」，載於《哲學月刊》，第二十三期，第二六五、二六六頁。此外參閱弗雷格的具有推動力的著述：《算術基礎》，一八八四年版，第六、七頁。（我幾乎無須再說，我不再贊同我過去在我的《算術哲學》第一二九頁至一三二頁中所作的對弗雷格的反心理主義立場的原則性批判。）值此機會我想指出，有關這個《導引》的全部討論都可以參閱弗雷格的後期著作《算術的基本規律》，第一卷，耶拿，一八九三年。

學進行比較，後者是成熟地得到發展的姐妹學科，它無須再爲自己的獨立生存權利而戰鬥了，這種比較可以作爲我們的可靠的主導動機。因而我們先來看一下數學。

任何人都不會把純粹數學理論，例如尤其是純粹數論理解爲「心理學的部分或分支」，儘管我們不計數就沒有數字、不做加法就沒有和、不做乘法就沒有積等等。所有算術的運算構成物，都可以回歸到算數運算的心理行爲上，只有在對這些心理行爲的反思中，數、和、積等等才能「得以顯示」。儘管算術概念有著這種「心理學的起源」，但每個人都會認識到，如果將算術規律視爲心理學規律，就是一種極爲錯誤的越度（μετάβασις）。這應當如何解釋呢？這裡只有一個回答。計數和算數運算作爲事實、作爲在時間上流動著的心理行爲當然是與心理學有關的。心理學是一門普遍的關於心理事實的經驗科學。算術則完全不同。它的研究領域是眾所周知的，這個領域是完善的，並且透過我們所信任的一系列觀念的種類1、2、3……而得到不可逾越的規定。在這個領域中根本談不到個體的事實，談不到時間性的規定性。數、數的和與積（以及其他等等）不是偶然在這裡或那裡進行的加、乘等等計數方法的行爲。顯而易見，它們也不同於它們在其中被表象出來的那些表象。5這個數不是我或某個其他人對5的計數，它也不是我或某個其他人對5的表象。就後者來看，5是表象行爲的可能對象，就前者來看，5是一種形式的觀念種類，它在某些計數行爲中、在其客觀之物方面、在被構造的集合方面具有其具體的個案。[46]在任何情況下都可以毫無矛盾

A171
B171

[46] 在A版中還有：——就像例如在對紅的感覺行爲中的顏色種類紅。

地不把它理解爲心理體驗的部分或方面，因而也可以將它不理解爲一個實在之物。[47]我們可以明確地[48]想象一下，5這個數究竟是什麼，亦即我們創造一個關於5的相即表象，那麼我們首先將構造出一個關於某5個客體的集合表象的多項（gegliedert）行爲。在此行爲中，這個集合在某個分項形式（Gliederungsform）中直觀地被給予，隨之，5這個數的種類個案也直觀地被給予[49]。就這個直觀的個別之物來看，我們完成了一種「抽象」，即：我們不僅僅在被直觀之物本身中抽取出[50]集合形式的不獨立的因素，而且我們在被直觀之物中把握住這個觀念：5這個數作爲形式的種類而出現在意指的意識中。現在這個被意指之物不是這個個案，不是作爲整體的被直觀之物[51]，而是一個雖然自身與這個被直觀之物不可分割，但卻並不寓居於這個被直觀之物之中的形式；毋寧說，這裡所意指的是觀念的形式種類，無論它在什麼樣的行爲中將自己在被構造的集合中個別化[52]，它在算術的意義上也始終是一，並

[47] 在A版中還有：在計數行爲中，我們雖然可以找到相對於作爲觀念統一的種類而言的個體個別之物，但這個觀念統一卻並不是個別性的一個部分。

[48] 在A版中還有：、完整地。

[49] 在A版中爲：5這個數的種類個案作爲其層次形式直觀地被給予。

[50] 在A版中還有：個別之物，抽取出。

[51] 在A版中爲：具體表象。

[52] 在A版中爲：即使它成爲對象。

A172
B172

且，它因此而不含有任何具有時間性和消逝性的行爲的偶然性[53]。計數的行爲產生並消失；而在涉及數字時，人們完全可以不去討論這些行爲。

算術定律——包括數字定律（即算術的特殊定律）和代數定律（即算術的總體定律）——的目的都在於這種觀念的個別性（在一種突出的、明確區別於經驗層次的意義上的最低種類）。它們絕對不表述任何實在的東西，即不表述被計數之物，也不表述計數的實在行爲，或者說，也不表述那些構造出這些或那些數學特徵的實在行爲。具體的數字和數字定律屬於那些包含著有關具體統一性的科學領域；相反，關於算術的思維過程的定律則屬於心理學。因此，算術定律在嚴格的和眞正的意義上不陳述：「在我們對數字的單純表象中有些什麼」；因爲算術定律很少談及我們的表象以及其他的表象。毋寧說，它們所涉及的從來都是數字與數字連結，並且是在抽象的純粹性和觀念性之中涉及數字和數字的連結。普遍算術（arithmetica universalis）——或者我們也可以說算術函數論——的定律是那些純粹建基於數字的觀念類本質之中的規律。在這些規律範圍中，最終的個體是觀念個體，它們是在數量上確定了的數字，即：數字類最低的種差。因此，算術—個別的定律、數字算術（arithmetica numerosa）的定律便與這些差有關。這些定律的產生是由於人們將那些普遍的算術規律運用到在數量上被給予的數字上，它們表明：在這些被給予的數字的觀念本質中包含著什麼。在所有這些定律中，沒有一個定律可以還原爲經驗—普遍的定律，即使這種普

[53] 在A版中爲：實在之物的個體個別性。

遍性是最大可能的普遍性，即使這種普遍性是實在世界的整個領域中的經驗無例外性。

我們在這裡就純粹算術所做的陳述，完全可以轉用於純粹邏輯學。我們承認，對於純粹邏輯學來說，邏輯概念具有心理學的起源，這個事實也是顯而易見的；但我們在這裡也否認由此而得出的心理主義結論。在我們所認可的邏輯學範圍中，也就是在科學認識的工藝論意義上的邏輯學範圍中，我們當然也可以無疑地得出這樣的結論，即：邏輯學在很大程度上與心理體驗有關。顯然，科學研究和科學證明的方法論要求充分顧及到了它們在其中進行的那些心理過程的本性。據此，邏輯術語，例如：表象、概念、判斷、推理、證明、理論、必然性、眞理等等，也可以並且也必須作爲心理體驗與素質構成物的種屬名稱出現。與此相反，我們否認這種情況合乎這裡所談到的工藝論的純粹邏輯部分，我們否認這一點，即：可以作爲獨立的理論學科而劃分出來的純粹邏輯學曾經以心理事實爲對象，而且純粹邏輯學把可以被描述爲心理學規律的那些規律當作自己的對象。我們已經認識到，倘若純粹邏輯學的規律——例如：原始的「思維規律」或三段論公式——被刻畫爲心理學規律的話，那麼它們也就完全喪失了它們的根本意義。因此，從一開始就很明顯，組成那些規律或與它們類似的規律的概念不可能具有經驗的範圍。換言之，它們不可能僅僅具有那種普全的（unversell）、其範圍被事實的個別性所充實了的概念的特徵，恰恰相反，它們必然是眞正的總體的（generell）概念，它們的範圍僅僅是由觀念的個別性、眞正的種類所組成。此外，從中還明顯地得出，上述這些術語以及所有在純粹邏輯學語境中出現的術語必定都是模棱兩可的（äquivok），它們必然是這樣一種術語，即：一方面，它們對於心靈構造物來說

A173
B173

恰恰意味著心理學所包含的那種種屬概念；另一方面，它們則意味著觀念個別性的總體概念，這些概念屬於純粹規律性的領域。

第47節　對邏輯基本概念和邏輯命題的意義的證實性指明

只要我們匆匆地回顧一下歷史上已有的對邏輯學的加工，並且同時特別留意**認識的主觀—人類學統一**和認識的**客觀—觀念統一**之間的基本區別，那麼以上所說便會證實自身。然後，模稜兩可的含義很快便又會出現，它們造成這樣一種虛僞的假象，就好像在傳統的「要素論」的標題下，被探討的是一些與心理學的材料內在同質的（homogen）材料，並且整體而言就是心理學材料一樣。

這裡首先要涉及**表象**（Vorstellungen），而且在很大程度上也是以心理學的方式涉及表象；表象產生於其中的統攝過程得到了盡可能深入的研究。然而，一旦涉及表象的根本「形式」之間的區別，這裡的考察方式就已經在準備分裂了，這個裂痕一直延伸到判斷形式的學說中，最後它還延伸到推理形式的學說中以及有關的思維規律的學說中。表象這個術語突然喪失了一個心理學類概念的特徵。只要我們詢問表象這個概念中的個別之物，這種情況就很明顯。如果邏輯學確定例如特殊的和一般的表象（蘇格拉底——一般的人、4這個數——一般的數）之間的區別，定語的表象和非定語的表象（蘇格拉底、白色——一個人、一種顏色）之間的區別，如此等等；或者，如果邏輯學將表象的多種連結形式視爲是新的表

A174
B174

象，如聯言的連結、選言的連結、定言的連結，如此等等；或者，如果邏輯學家對根本的表象關係，如內容關係和範圍關係進行分類，那麼，每個人都必定會看到，這裡談的不是現象的個別性，而是種類的個別性。我們設想，有人將這樣一句話作爲邏輯例題陳述出來：對三角形的表象包含著對圖形的表象，而三角形的範圍包含著圖形的範圍。這裡面談到了某個人的主觀體驗和現象在現象之中現實的實在包含嗎？在這裡和在所有類似的情況中被稱之爲表象的東西的範圍中，包含著作爲不同成分的我，現在具有的三角形表象和我一小時以後具有的三角形表象嗎？或者是否更應當說，這個範圍中包含著作爲唯一成分的這個「三角形」表象，此外還有作爲個別性的這個「蘇格拉底」表象、這個「獅子」表象，如此等等？

所有邏輯學都常常談到判斷（Urteilen）；但這裡也存在著模棱兩可的含義。在邏輯工藝論的心理學部分中，人們將判斷稱作「視之爲眞」（Fürwahrhaltungen），就是說，人們所談的是特定種類的意識體驗。而在那些純粹邏輯學的部分中，人們根本不談論這些。判斷在這裡差不多意味著命題（Satz），而且它不是被理解爲一種語法的含義統一，而是被理解爲一種觀念的含義統一。這也適用於所有那些對判斷行爲的劃分，或者說，這也適用於所有那些爲純粹邏輯學規律提供了必要基礎的形式。斷言判斷、假言判斷、選言判斷、實存判斷，以及無論在判斷標題下還有哪些行爲，它們在純粹邏輯學中都不是判斷種屬的稱號，而是觀念的命題形式的稱號。這也同樣適用於推理形式：實存推理、斷言推理等等。與此有關的分析是含義分析，而絕非心理學分析。被分析的不是個體的現象，而是意向統一的形式，不是對推理活動的體驗，而是推論。誰帶著邏輯分析的意圖說：「上帝是公正的」這個

A175
B175

絕對判斷具有主體表象「上帝」，那麼他談的肯定不是他或其他個體所具有的作爲心理體驗的判斷，也不是包含在這個體驗中並透過「上帝」一詞而引起的心理行爲；他談的是「上帝是公正的」這個命題，儘管有雜多的可能體驗，此命題仍然只是一個命題，並且，他談的還包括「上帝」這個表象，這個表象也仍然是一個表象，在一個整體的諸個別部分那裡只能是如此。據此，邏輯學家的「每個判斷」這個表述所指的不是「每個判斷行爲」，而是「每個客觀命題」。在判斷這個邏輯概念的範圍內，我剛剛體驗到的「2×2＝4」這個判斷和昨天或其他時候會被其他人體驗到的「2×2＝4」判斷並不是平等的。相反，在這些行爲中，任何一個行爲都不出現在這個相關的範圍內，但「2×2＝4」以及畢達哥拉斯的定理「地球是一個立方體」等等這些判斷則始終出現在這個範圍內，並且是作爲一個環節出現。當人們說「從這個判斷P中推出這個判斷S」時，情況便當然與此相同；所有類似的情況都是如此。

這樣，邏輯原理的眞實意義才得以確定，它恰恰便是我們前面的分析所表述的那種意義。人們說，矛盾原則是關於判斷的判斷。但只要人們將判斷理解爲心理體驗，理解爲視之爲眞的行爲，理解爲信仰等等，那麼這個理解就完全無效。誰說出這個原則，他便在做判斷；然而這個原則和它所判斷的東西都不是判斷。誰陳述出：「在兩個矛盾的判斷中有一個爲眞，有一個爲假」，那麼（如果他沒有誤解自己的話，在以後的解釋中有可能會出現這種情況），他也不是指判斷行爲的規律，而是陳述一個判斷內容的規律，換言之，是我們習慣地簡稱爲觀念含義的規律。因此，這個陳述最好應當是這樣：「在兩個矛盾的命題中有一個

A176
B176

爲眞，有一個爲假。」[15]還有一點也很明顯，我們爲了理解矛盾律只需要想象一下對立的命題含義的意義就行了。我們不須考慮作爲實在行爲的判斷，而且它們無論如何也不會成爲與此相關的客體。人們只須看一眼便可以明察到：在這個邏輯規律性的範圍中只包含著在一種觀念意義上的判斷——根據這個意義，「2×2=5」「這個」判斷是一個與「有龍存在」「這個」判斷以及角的和「這個」命題等等相並列的判斷——，而不包含任何在無限多樣性中與這些完滿統一中的任何一個統一相符合的眞實的或想象的判斷行爲。與矛盾律相似的情況對 A177 B177

15 人們不應混淆矛盾律和判斷的規範性定律，後者明見的結論是：「兩個相互矛盾的判斷中有一個是正確的」。——正確性的概念是與眞理性概念相關的。[54]如果一個判斷把一個眞實的東西認之爲眞，這個判斷便是正確的。就是說如果一個判斷的「內容」是一個眞實定律，這個判斷便是正確的。邏輯謂詞「眞」和「假」就其眞正意義來說僅僅涉及定律，是在觀念的陳述——含意意義上的定律。——矛盾判斷的概念又與矛盾律有關。[55]在意向活動的[56]意義上，判斷內容（判斷的觀念含意）如果處於那種可以描述規定的聯繫中，即處於我們稱之爲——在形式—邏輯的[57]意義上——矛盾的聯繫中，那個判斷便叫作矛盾判斷。

[54] 在A版中爲：設定了眞理概念。

[55] 在A版中爲：矛盾判斷的概念又設定了矛盾律。

[56] 在A版中爲：轉換的。

[57] 在A版中爲：眞正的。

所有純粹邏輯定律，例如三段論的定律都是有效的。

心理學的考察方式將這些術語作爲心理體驗的種屬術語來運用，而在客觀的或觀念的考察方式中這些術語卻恰恰代表了觀念的[58]種和屬，這兩種考察方式之間的區別不是一種微不足道的、單純主觀的區別；這個區別規定了根本不同的科學的區別。作爲關於某些種屬的觀念個別性（或關於先天地建基於這些種屬的觀念本質之中的東西）的科學，純粹邏輯學和算術將自己區別於作爲關於某些經驗種類的個體個別性的科學的心理學。

第48節　關鍵性的差異

最後我們還要強調一些關鍵性的差異，對心理主義論據的整個態度都取決於對這些差異的承認或誤認，這些差異如下：

1. 在觀念科學和實在科學之間存在著一個根本的、始終無法克服的區別。觀念科學是先天科學，實在科學是經驗科學。如果前者闡述的是觀念規律性的普遍性，這些普遍性以明顯的確定性建基於眞正的總體（generell）概念之中，那麼後者則是對實在規律性的普遍性的確定，這些普遍性的確定帶有明顯的、與事實的領域相關的或然性。普遍性概念的範圍在前者那裡是最低種差的一個範圍，在後者這裡則是個體的、時間上確定的個別性

[58] 在A版中爲：亞里斯多德的。

A178
B178

的範圍；在前者那裡，最終的對象是觀念的種類，在後者這裡是經驗的事實。這裡顯然預設了自然規律和觀念規律之間、關於事實的普全（universell）定律［它們也許僞裝成總體（generell）定律：所有烏鴉都是黑的——這個烏鴉是黑的］和眞正的總體定律（像純粹數學的普遍定律這樣的總體定律）之間、經驗的種群（Klasse）概念和觀念的性屬（Genus）概念等等之間的根本區別。對這些區別的正確評價完全依賴於經驗主義抽象理論的最終任務，而這種理論在目前的流行做法卻是錯誤地理解了所有邏輯之物；對此我們在後面將詳細討論。[16]

2. 在所有認識中，尤其是在所有科學中，有三種聯繫之間的基本區別應當加以注意：

(A) **認識體驗**的聯繫，在這種聯繫中，科學主觀地得以實現，因而這是表象、判斷、明察、猜測、提問等等的**心理學聯繫**，在這些行爲中，研究得以進行，或者，早已被發現的理論得到明確的思索。

(B) 在科學中被探討並且在理論上被認識的**實事**的聯繫，這些實事本身構成這科學的**領域**。研究的和認識的聯繫顯然不同於被研究之物和被認識之物的聯繫。 A179 B179

(C) **邏輯的聯繫**，即理論觀念的特殊聯繫，它構造了一門科學學科、特別是一門科學理論、一個證明或推理等等的眞理統一，或者說，在**眞**命題中的概念統一，在**眞**理聯繫中簡單眞理的統一等等。

16 參閱本書第二卷，第二版，第一〇六—一〇八頁〔第二研究〕的〈引論〉部分。

例如在物理情況中，我們將物理學思維者的心理體驗聯繫，區別於他所認識的物理自然的聯繫，並且又將兩者區別於物理理論中，即分析力學、理論光學等等統一中的眞理的觀念聯繫。即便是控制著事實與假設的關係的或然性論證形式也屬於邏輯之物這條線。邏輯關係是觀念的形式，爲此，人們在這裡談到的總是同一個眞理、同一個推理和證明、同一個理論和理性學科，無論誰在思維「它們」，它們都是**同一個**。這個形式的統一是規律性的有效性統一。這種形式連同所有同類的形式所服從的規律，是純粹邏輯學的規律，這些規律因而囊括地包含了所有科學，而且這種包含並不是對其心理學的和對象性的內涵的包含，而是對其觀念的意義內涵的包含。顯而易見，只有在那些構成一門確定科學的觀念統一的概念、命題、眞理之間的確定聯繫以個案的方式屬於邏輯學的範圍時，它們才能被稱作邏輯聯繫；然而它們本身並不屬於邏輯學的組成部分。

當然，就像這三種不同的聯繫適用於所有其他學科一樣，它們同樣適用於邏輯學和算術；只是在這兩門學科中，被探討的實事不像在物理中那樣是實在的事實，而是觀念的種類。在邏輯學領域內的觀念種類的特殊性中產生出我們時常提到的這樣一個特性，即：構成邏輯學理論統一的觀念聯繫作爲特例屬於邏輯學本身提出的規律。邏輯學規律同時也是這些關係的部分和規則，它們屬於**理論的結合**，並同時屬於邏輯科學的**領域**。

A180
B180

第49節 第三個成見：邏輯學作為明見性理論

我們在下列語句中將第三個成見[17]表述爲：所有眞理都處於判斷之中。但是我們只是在判斷明見的情況下才將一個判斷認知爲眞。「明見」（Evidenz）這個詞——人們這樣說——標誌著一個特殊的、每人都從其內經驗出發而熟悉的心理特徵，標誌著一種特別的感受[59]，它爲與它相連結的判斷的眞實性提供保證。如果邏輯學是一門想在對眞理的認識中對我們有所促進的工藝論的話，那麼，邏輯學規律不言自明地就是心理學的規律。即是說，它們是這樣一些定律，這些定律爲我們澄清了那些心理學的條件，那種「明見性感受」（Evidenzgefühl）的此在還是缺失恰恰就取決於這些心理學條件。與這些定律相聯接的自然便是實際的規定，它們應當在實現那些具有這些突出特徵的判斷的過程中給我們以促進。無論如何，當人們談到邏輯規律或規範時，他們所指的也可能就是以心理學爲基礎的思維規則。

彌爾已接近於持此觀點，他在意圖爲邏輯學和心理學進行劃界時指出：「與邏輯學有關的思維特徵是思維的一些偶然特徵，即這樣一些特徵：它們的在場決定了人們能夠將好的思

A181
B181

---

17 在本書第三章〔所引用的心理主義〕的論據中，這個成見的作用特別表現在第19節中。

[59] 在A版中爲：（它通常被稱之爲感覺）。

維與壞的思維區分開來。」[18]在進一步的闡述中，他一再地將邏輯學稱爲（須從心理學上加以理解的）「明見性理論」或「明見性哲學」（Theory oder Philosophy of Evidence），[19]誠然，他在這裡不是直接地指純粹的邏輯學命題。在德國，這種觀點時常在西格瓦特那裡表現出來。他認爲，「任何邏輯學的操作過程都只能是這樣的，即：它意識到，這種必然的主觀感受〔在前一個段落中被稱之爲『明見的內感受』〕在哪些條件下得以出現，並且在哪些條件下得以普遍地表現出來」。[20]馮特的一些表述也處在同一個方向上。例如我們在他的《邏輯學》中讀到：「在一定的思維聯繫中包含著的明見性特徵和普遍有效性特徵使得……邏輯學的思維規律從心理學的思維規律中產生出來」。這些邏輯學思維規律的「規範特徵僅僅在這裡得到論證，即：思維的心理學聯繫中有某些聯繫確實具有明見性和普遍有效性。因爲只有這樣，我們才有可能對思維一般提出要求：它應當滿足明見性和普遍有效性的這些條件」。——「我們將那些爲了得到明見性和普遍有效性而必須被滿足的條件稱之爲邏輯思維規律……。」他還明確強調：「心理學的思維始終是更爲廣泛的形式。」[21]

18　彌爾：《對威廉．漢彌爾頓爵士的哲學的考察》，第五版，第四六二頁。（這裡引用的是彌爾的英文原文。——中譯注）

19　彌爾：《對威廉．漢彌爾頓爵士的哲學的考察》，第四七三、四七五、四七六、四七八頁。

20　西格瓦特：《邏輯學》，第一卷，第二版，第十六頁。

21　馮特：《邏輯學。對認識原則和科學研究方法的探討》，第一卷；《認識論》，第二版，斯圖加特，一八九三

A182 B182 在上世紀末的邏輯學文獻中，將邏輯學詮釋爲朝向實踐的明見性心理學的做法，明白無疑地得到了精確化並得到廣泛傳播。這裡特別要提到的是赫夫勒與邁農的邏輯學，因爲它可以被視作眞實得以實施的首個嘗試，即：使明見性心理學的觀點在整個邏輯學中以盡可能的堅定性發揮效用。赫夫勒把邏輯學的主要任務稱之爲「對這樣一些（首先是心理學的）規律的研究，根據這些規律，明見性的成立是依賴於我們的想象和判斷的一定特徵的」。[22]「在所有眞實出現的或可想象爲可能的思維現象中」，邏輯學應當「將這種一些思想的某些種類（『形式』）突顯出來，這些思維種類或者直接具有明見性，或者它們是明見性得以成立的必要條件」。[23]其餘的闡述表明，在心理學中，人們是極爲認眞地對待上述問題的。所以，例如：只要邏輯學的方法涉及關於正確思維的學說的理論奠基，它就被標誌爲心理學對所有心理現象所運用的那種邏輯方法；它應當描述現象，尤其是正確思維的現象，並且盡可能將

年，第十九頁。馮特在這裡始終把明見性與普遍有效性並列在一起。至於普遍有效性，他把它分成主觀的普遍有效性——這在他看來只是明見性的結果——以及客觀的普遍有效性——這已超出經驗的可理解性的要求。但由於對這要求的證實和相應的滿足仍以經驗爲基礎，因此似乎就不能把普遍有效性引入到對出發點的原則說明中來。

22 《邏輯學》，在邁農的參與影響下由赫夫勒撰寫。維也納，一八九〇年，第十六頁，上半頁。

23 赫夫勒：《邏輯學》，第十七頁。

它們回溯到簡單規律上，即：從簡單規律出發，去說明複雜規律。[24]接下來，關於推理的邏輯學說還獲得了這樣一個任務：「提出這樣一些規律……即：一個確定的判斷是否可以從前提中明見地被推導出來，這個問題取決於這些前提的哪些標記」。如此等等。

第50節　將邏輯命題等值地改造為關於判斷明見性的觀念條件的命題。因果推理命題不是心理學的命題

現在我們轉向批判。我們儘管還遠未承認那個當前作為習常用語而流行的，然而卻極需要澄清的命題的無疑性，即心理主義論據所提出的命題：所有眞理都處於判斷之中；但是，我們絕不會懷疑，認識眞理並合理地主張眞理，是以發現眞理為前提的。我們也不會懷疑，邏輯的工藝論應當根據那些我們在其中發現判斷中的明見性的心理學條件進行研究。我們甚至還可以朝這個有爭議的觀點再邁進一步。儘管我們現在也想再次表明純粹邏輯學的命題和方法論的命題之間區別的有效性，但我們卻必須明確承認，純粹邏輯命題與明見性的心理學材料[60]有某種關係，並且在某種意義上提供了這種明見性的心理學條件。

24 赫夫勒：《邏輯學》，第十八頁。

[60] 在A版中為：心理特徵。

A183
B183

然而這種關係在我們看來是一種純粹觀念的和非直接的關係。我們否認純粹邏輯命題本身會對明見性和明見性的條件做出任何陳述。我們相信能夠表明，這些命題只有透過運用的途徑、或者說，透過轉用的途徑，才能獲得那些與明見性的關係，亦即類似於以下情況：每個「純粹建立在概念中」的規律都可以被轉用於概念所具有的普遍被表象的經驗個案的領域。然而，如此產生的明見性命題仍然與以前一樣保留著它們的先天性特徵，而它們現在所陳述的明見性條件絕不是心理學條件，亦即絕不是實在[61]條件。在這裡和在任何同類情況中一樣，純粹概念性的命題毋寧說是自己轉變成為關於觀念的不相容性或可能性的陳述。

人們只要簡單地思索一下便會明瞭。透過對某些明見性命題的先天可能的（明見的）改造，人們只要願意便可以從任何純粹邏輯學規律中發現明見性條件。矛盾與排中的組合原則的肯定，是與這樣一個命題相等值的：明見性可以在一個判斷中出現，但只能在一對矛盾判斷中的一個判斷中出現。[25]而「Barbara 式」又與下列命題是等值的：「所有A是C」，這種形式的命題的必然眞理之明見性（或者更確切地說，這個命題的眞理作為必然出現的眞理所具有的明見性），只能在一個推理行為中出現，這個推理行為的前提具有「所有A是B」以

A184
B184

---

25 如果明見性理論確實需要赫夫勒在《邏輯學》的第一三三頁中所提供的那種說明，那麼我們以往對經驗主義，對邏輯原則的誤解的批判，便已經建立起了這門明見性理論。赫夫勒寫道：「對同一對象的一個肯定判

[61] 在A版中爲：因果性的。

及「所有B是C」的形式。對任何邏輯命題都可以作類似的處理。這是完全可以理解的，因爲，「A爲眞」和「某個人有可能明見地做這是A的判斷」，在這兩個命題之間明見地存在著普遍的等值性。當然，有些命題的意義就在於陳述：在眞理的概念中規律性地包含著哪些東西，以及具有某些命題形式的命題的爲眞（Wahrsein）決定著具有相關性命題形式的命題的爲眞；這些命題允許人們對其進行等值的改造，在這些改造中，明見性的可能出現被納入到與判斷的命題形式的關係中。

但是，對這一聯繫的明察同時爲我們提供了反駁將純粹邏輯學化解爲明見性心理學的企圖的手段。「A爲眞」這個命題本身並不意味著它的等值物「某個人有可能做這是A的判斷」所意味的相同的東西。前一個命題並不談論某個人的判斷，甚至不談論一般的某個人的判斷。這裡的情況完全和純粹數學定律的情況一樣。a + b = b + a 的陳述意味著，兩個數

斷和一個否定判斷是互不相容的。」確切地看，這個句子自身是錯誤的[62]，更不用說它可以作爲邏輯學原則的意義有效了。在其對原因與結果的相關性的定義中也潛在著類似的錯誤，如果這一定義正確的話，它可以從所有推理規律中得出錯誤的命題。這個定義是這樣的：「一個判斷F是一個『根據』G的『結論』：如果認A爲眞與認F爲假兩者不相容的話」（《邏輯學》，第一三六頁）。人們注意到，赫夫勒是用不可共存的明見性來說明不相容性（同上書，第一二九頁）。他顯然將有關命題的觀念的「不可共存」（更清楚些說：它們的不共同有效）與視其爲眞、想象等等相應行爲的實在的不可共存混在一起。

[62] 在A版中還有：或至少是可疑的。

的和的數值不依賴於這兩個數在連結中的位置，但它並不談論某個人的計數行爲和加法運算。這些行爲只有經過明見的和等值的改造才會出現。而在具體的情況中（in concreto）（這是先天確定了的），不計數就不會有數字被給予，不做加法運算就不會有和被給予[63]。然而，即使我們放棄了純粹邏輯學命題的原本形式並將它們改變成爲相應等值的明見性命題，心理學也無法從中獲得可以作爲它的固有財產加以運用的東西。它們是一門經驗科學、一門關於心理事實的科學。心理學的可能性因而是實在可能性的一種情況。然而那種明見性的可能性是觀念的可能性。在心理學中不可能的東西卻完全可以爲人們觀念地加以討論。對普遍化了的「3體問題」的解決，也可以說是對「n體問題」的解決可能超越了任何人類的認識能力。然而這問題卻得到了解決，並且因此，與此相關的明見性是可能的。我們具有十進位的上億兆之數，並且我們具有與這些數目有關的眞理。但任何人都無法眞實地想象這些數字以及進行與這些數字有關的加、乘等等。在這裡，明見性在心理學上是不可能的，然而，從**觀念**上說，明見性卻肯定是一種可能的心理體驗。

將眞理概念轉變爲明見判斷活動的可能性概念，這種轉變類似於個體存在概念與感知可能性概念的關係。這兩個概念僅僅在這種情況下才無可爭議地是等值的，即感覺被理解爲明確無疑的感知。據此，**可能**存在著一種感知，它在**一次**直觀中感知到整個世界，感知到

A185
B185

[63] 在A版中爲：不計數就沒有數，不做加法就沒有和。

物體[64]的極大的無限性。當然這種觀念的可能性不是那種可以被某個經驗主體所設想的實在可能性，尤其是因爲這樣一種直觀將會是直觀的無限延續：這種可能性是一種與康德的理念相一致的可能性。

我們強調這樣一些可能性的觀念性，這些可能性與判斷的明見性有關，它們可以從邏輯規律中爲人們所獲得，並且在絕然的明見性中作爲先天有效的可能性顯示給我們。然而在強調這些可能性的觀念性的同時，我們並不想否認它們的**心理學的可利用性**。如果我們從一個爲眞、一個爲假的兩個矛盾命題規律中推導出，在一對可能的矛盾的判斷中有一個，並且只有一個能夠具有明見性的特徵——而且這個推理是明見地合理的推理，只要我們將明見性定義爲這樣一種體驗，在這種體驗中，任何一個判斷者都可覺察到他的判斷的正確性，即判斷與眞理的相符性——，那麼這個新的命題便表述了關於某些**心理體驗**的相容性的眞理，或者說不相容性的眞理。但是，以此方式我們也可以從任何純粹數學定律那裡獲得關於心理之物的領域中可能的和[65]不可能的事件的教益。任何經驗的計數和計算，任何代數變換或幾何構造的心理行爲，只要它們與數學的觀念規律相矛盾，便是不可能的。這些規律只能如此地爲心理學服務。我們可以隨時從這些規律中獲得與某些心理行爲、計數行爲、加、乘……連結的行爲等等有關的先天可能性和不可能性。但是這些規律並不因此就本身是心理學定律。作

A186
B186

[64] 在A版中還有：及其各部分、分子、原子以及所有關係與規定性。

[65] 在A版中爲：或。

爲關於心理體驗的自然科學，心理學的任務在於研究這些體驗的自然限定狀態。因此，在它的領域中尤其包含著數學活動與邏輯活動的經驗—實在[66]狀況。然而它們的觀念狀況和觀念規律則構成一個自爲的王國。這個王國是在純粹的總體定律中構造自身，它由「概念」組成，這些概念不是心理行爲的種屬概念，而是以這些行爲，或者說，以它們的客觀相關項爲具體基礎的觀念概念（Idealbegriff）（本質概念）[67]。如我們所說，3這個數、以畢達哥拉 A187 B187
斯爲名的眞理以及如此等等，不是經驗的個別性或個別性的種屬，它們是我們在計數的、明見性的判斷的等等行爲相關項（Aktkorrelaten）[68]中本質直觀地把握到的觀念對象。

所以，就明見性而言，心理學的任務僅僅在於探討在明見性標題中所包含的體驗的自然條件，即探討那些根據我們的經驗的證實，明見性在其中產生並消失的實在情況。這種自然的條件是興趣的集中，某種精神上的清醒、熟練等等。對它們的研究不會導致對精確內容的認識，不會導致眞正的規律特徵的明晰普遍性，而只會導致模糊的經驗普遍性。但是，判斷的明見性並不僅僅服從於這些心理學的條件，我們也可以將它們標誌爲外在的和經驗的條件，因爲這些條件並非單純建基於判斷的種類形式和質料之中，而是建基於判斷的心靈生活

[66] 在A版中爲：自然的（因果性的）。

[67] 在A版中爲：觀念。

[68] 在A版中爲：行爲（Akt）。

中的經驗情況之中；毋寧說，判斷的明見性也服從於**觀念**的條件。任何一個眞理都是[69]那些具有同樣形式和質料的正確陳述，在可能性上無窮和無限的多樣性的一個觀念統一。任何一個隸屬於這個觀念多樣性的現實判斷，都滿足對其明見性的可能性而言的觀念條件，無論是透過它的形式還是透過它的質料來滿足。純粹邏輯規律便是純粹建基於眞理的概念以及與其相近概念之中的眞理。在將這些規律運用於可能判斷行爲的過程中，它們根據單純判斷形式所陳述的是明見性的可能性或不可能性的觀念條件。在這兩類明見性的條件中，有一類與出現在心理學範圍中的心理本質的種類的特殊構造有關，因爲心理學歸納只能與經驗延伸得一樣遠；但另一類條件作爲觀念的規律性條件卻對任何可能的意識都完全有效。

第51節　這場爭論中的幾個關鍵點

在這場爭論中，最終的澄清說到底首先也依賴於對最根本的認識論區別，即對**實在之物**和**觀念之物**之間區別的正確認識，或者說，依賴於對所有在自身中體現了這個最根本區別的那些區別的正確認識。它們便是那些一再被強調的在實在的和觀念的眞理、規律、科學之間的區別，實在的和觀念的（個體的和特殊的）普遍性和個別性等等之間的區別。當然，任何人都以一定的方式對這些區別有所了解，甚至像休謨這樣走至極端的經驗主義者，也完成

[69] 在A版中爲：體現著。

A188
B188

了對「觀念的關係」（relations of ideas）與「實際的事情」（matters of fact）之間的基本劃分，而這個劃分在他之前已經由偉大的觀念論者萊布尼茲在「理性的眞理」（vérités de raison）和「事實的眞理」（vérités de fait）的標題下予以指明。但是，完成認識論的重要劃分並不意味著正確地把握住了它們的認識論本質。必須明晰地理解，觀念之物自身是什麼，它在與實在之物的聯繫中是什麼，觀念之物怎樣與實在之物相聯繫，觀念之物如何寓於實在之物中並且如何因此而能被認識。根本問題在於，觀念的思維客體——爲了表達得現代一些——是否眞的僅僅是對「思維經濟學的」被簡化說法的告示而已，而如果將它們還原爲它們眞正的內容，那麼就會完全化解爲個體的個別體驗、化解爲關於個別事實的表象和判斷；或者，如果觀念主義者說，那些經驗主義的學說儘管在模糊不清的普遍性中進行陳述，但這門學說卻是禁不起推敲的，那麼他是否有道理。任何一個陳述，例如也包括任何一個從屬於此學說的陳述，都要求意義和有效性，而且任何將這些觀念統一性還原爲實在統一性的企圖都會糾纏在一些無法回避的荒謬性中；將概念化解在個別性的某個範圍中，而同時又沒有某一個概念在思維中賦予這個範圍以統一，這種做法是不可想象的，如此等等。

另一方面，要想理解我們對實在的和觀念的「明見性理論」的區分，必須以明見性和眞理的正確概念爲前提。在近幾十年的心理學文獻中，我們常聽人這樣談到明見性，就好像它是一種偶然的感覺，這感覺在某些判斷中出現，在某些判斷中則不出現，我們最好這麼說，這種感覺是普遍人類地——更確切地說，在每個正常的並且處於正常的判斷情況中的人那裡——與某些判斷相連結地顯現出來，而與另一些判斷則不相連結。任何一個正常人在

A189
B189

有些正常的情況中都會在2+1=1+2的定律中感覺到明見性，就像他在用火燒自己時會感覺到疼痛一樣。當然人們會問，這種特殊感覺的權威建基於什麼之上，它如何做到爲判斷的眞理性提供保證？如何爲判斷打上「眞理的印記」？如何「宣告」判斷的眞理性？還有許多其他諸如此類的形象用語。人們也會問，關於正常的人和正常情況的模糊用語有什麼精確的特徵，而且人們首先會指出，即使訴諸於正常之物也無法使明見的判斷的範圍與合乎眞理的判斷的範圍相一致。最後，任何人都無法否認，即使對於正常的，且在正常情況下判斷的人來說，可能的正確判斷的絕大多數都會缺乏這種明見性。人們總不能將相關的正常性概念理解爲：任何現實的人以及在這種有限的自然限定狀態中的可能的人都不能被稱爲是正常的人。

正如經驗主義完全誤認了思維中觀念之物與實在之物的關係一樣，它也誤認了眞理與明見性之間的關係。明見性並不是一種偶然地或有自然規律地與某些判斷相連結的附帶感覺。它絕不是一種可簡單地被附加在某一種判斷（即所謂「眞實」判斷）中的任何一個隨意的判斷上的心理特徵，以至於相關的、自在和自爲地被考察的判斷的現象學內涵[70]無論具有這特徵還是不具有這特徵，都始終是保持同一的。實事並不是像我們一般所想象的那種感覺內容和與其有關的感覺之間的關係，即：兩個人具有相同的感性感受，但是這些感受在感覺中對他們有不同的觸動。毋寧說，明見性無非就是對眞理的「體驗」而已。當然，眞理被

A190
B190

[70] 在A版中爲：就好像有關的，自在和自爲地被考察的判斷的心理學內涵。

體驗僅僅是在這個意義上，即：一個觀念之物有可能是在實在行爲中的體驗。換言之，*眞理是一個觀念，它的個案是在明見的判斷中的現時體驗*。然而，明見的判斷卻是一個對本原被給予性的意識。非明見的判斷與它的關係類似於對一個對象的隨意的想象設定與對此對象相應的感知之間的關係。這個相應的被感知之物不僅僅是某一個被意指之物，而且作爲被意指之物，它還是在行爲中本原地被給予的，即，它是作爲本身當下的和一覽無餘的而被把握到的。[71]與此相似，明見的被判斷之物不僅僅被判斷（以判斷的、陳述的、斷言的方式被意指），而且在判斷的體驗中作爲自身當下的被給予[72]——當下是這個意義上的當下，即：一個實事狀態如何能夠在這個或那個意義理解中，根據它的種類不同而作爲個別的或普遍的、經驗的或觀念的等等而是「當下的」。將所有本原的給予性的體驗連結在一起的相似性導致了相似的話語：人們將明見性稱作對自身被給予的（眞實的）實事狀態的看、明察、把握，或以可以理解的雙關含意稱作對眞理的看、明察、把握。正如在感知的領域中看不見和不存在不是一回事一樣，明見性的缺乏也並不意味著非眞理性。對意指行爲與被意指的自

[71] 在A版中爲：所以可以形象地說，我們在明見性中看到、明察到、把握到眞理，正如在感知的領域中看不到並不等於不存在一樣，缺乏明見性也不意味著不眞。眞理與明見性的關係類似於一個個體之物的存在與對這個個體之物的相即感知的關係。直觀被表象之物和被設爲存在之物不只是一個被意指之物，而且作爲這個被意指的東西，它在行爲中也是當下的。

[72] 在A版中爲：是自身當下的。

身當下之物[73]的一致性的體驗、對現時的[74]陳述意義和自身被給予的[75]實事狀態之間的一致性的體驗是明見性，而這種協調性的觀念是眞理。但眞理的觀念性構成了它的客觀性。一個此時、此地的命題思想與被給予的[76]實事狀態相一致，這不是一個偶然的事實。這個情況更多地涉及同一的命題含義和同一的實事狀態。「有效性」或「對象性」（或者說，「無效性」，「無對象性」）並不屬於作爲這個時間性體驗的陳述，而是屬於種屬（in specie）陳述，屬於2×2=4等等這樣一類（純粹的和同一的）陳述。

只有根據這種理解，一個判斷U（即：一個對內容、對意義內涵U的判斷）才能以一種明晰判斷的方式進行，人們才能明察到[77]，超越出這個判斷的眞理U是存在的。與此相符，我們也明察到，其他人的明察——只要它是眞正的明察——不可能與我們的明察發生爭執。因爲這僅僅意味著，被體驗爲眞的東西也絕然是眞的，不可能是假的。但這是從眞理體驗與眞理之間的總體本質關係中得出的。因而，只有就我們對明見的理解而言，那種懷疑才

A191
B191

[73] 在A版中還有：，被體驗之物。

[74] 在A版中爲：被體驗到的。

[75] 在A版中爲：被體驗到的。

[76] 在A版中爲：被體驗到的。

[77] 在A版中爲：才能明察到一個判斷U（即：一個對內容、對意義內涵U的判斷），才能明察到U爲眞，才能明察到。

是不可能的；而那種把明見性視爲一種偶然附帶感覺的理解，就無法逃避那種懷疑，它與澈底的懷疑主義顯然是相同的；我們這裡所說的懷疑是指這樣一種懷疑：在我們明察到U的地方，另一個人是否能明察到一個〔與U〕明見不相容的U'呢？明察與明察之間是否會發生不可解的對立呢？如此等等。我們這樣又可以理解，明見性的「感覺」所具有的本質性的前提爲什麼只能是有關判斷內容的眞理。因爲，顯而易見，在沒有東西的地方也就看不到東西，而同樣顯而易見的是，在沒有眞的地方也就明察不到眞，換言之，也就沒有明見性。[78] 26

26 參閱本書第二卷，第六研究，第五章。

[78] 在A版中另起一行：但關於這個問題已經說得夠了。對這些情況的進一步分析可以參閱這部著作後面的有關特殊研究。

第九章　思維經濟學原則與邏輯學

A192
B192

第52節　引論

到此爲止，與我們所反駁的心理主義十分相近的是另一種形式的對邏輯學和認識論的經驗主義論證，這種論證在近幾年裡有了相當廣泛的傳播：這便是阿芬那留斯所說的費力最小的原則或馬赫所說的思維經濟學原則，這是一種對邏輯學和認識論的生物學論證。這個新的學派最終仍然會流入到心理主義中去，這一點在科內利烏斯的《心理學》中已經得到最清楚的表明。在這部著作中，這個相關的原則明確地被稱作是「理智的基本規律」，並同時又被稱作是一個「普遍的心理學基本規律」。[1] 此書認爲，建立在這個基本規律基礎上的心理學同時也爲整個哲學提供了基礎。[2]

在我看來，在這些思維經濟學理論的思想中——它們具有一定的合理性，在適當的限度內也是富於教益的——蘊藏著一個轉折；如果這些思想爲人們普遍地接受，那麼這個轉折一方面將意味著對所有眞正邏輯學和認識論的敗壞，另一方面將意味著對心理學的敗壞。[3] 我們首先要說明，阿芬那留斯和馬赫的原則具有目的論的適應原則的特徵；然後我們將

A193
B193

---

1 科內利烏斯：《心理學》，第八十二頁和第八十六頁。

2 科內利烏斯：《心理學》，第三—九頁（「心理學的方法與地位」）。

3 我在這一章裡必須對阿芬那留斯哲學的主要傾向進行否定性的批判，但這並不與我極力地尊敬這位過早地離開科學的研究者和他所做的那些科學工作的嚴肅性相衝突。

規定這個原則對於心理人類學和實踐科學論來說，所具有的重要內涵以及以此內涵爲基礎的各種研究的合理目的；最後我們將證明這個原則沒有能力爲論證心理學，主要是爲論證純粹邏輯學和認識論提供任何幫助。

第53節　馬赫—阿芬那留斯原則的目的論特徵和思維經濟學的科學意義[4]

無論人們怎樣稱呼這個原則，它都具有進化原則或適應原則的特徵，它涉及一種對科學的理解，即把科學理解爲一種適應，也就是思想對各種不同的現象領域的、盡可能合乎目的的（經濟的、省力的）適應。

阿芬那留斯在他的教授資格論文[5]的「前言」中對這個原則做了如下的說明：「在新的印象出現時，心靈便對其觀念做出盡可能微弱的改變。」他接著又說：「但只要心靈服從有機生存的條件與合乎目的的要求，這裡所說的原則便成爲一種進化的原則：心靈在進行統覺時並不必付出不必要的氣力，並且，如果有幾個可能的統覺，那麼，心靈便偏好那個能獲得

4　在馬赫的「思維經濟」一詞已被普遍運用的情況下，我們可以生造「思維經濟學」一詞來標示所有思維經濟研究的科學總體——至少在下面幾頁中可以這樣做。

5　阿芬那留斯：《哲學作爲根據費力最小原則進行的世界思維。純粹經驗批判導引》，萊比錫，一八七六年，第III頁及後頁。

相同功效而費力較少的統覺，或者說，心靈偏好那個費力相同卻獲得更大功效的統覺；在有利的情況下，心靈本身不願做那種暫且費力較少，但效果也較小或較短的事，而情願去做一件一時比較吃力，但卻能得到較大或較長的效果的事。」

阿芬那留斯透過引入統覺概念而獲得較大的抽象性，但卻由於這個概念的含義廣泛和內容乏而付出昂貴的代價。馬赫的做法是合理的，他把阿芬那留斯透過繁雜的，並且總的說來是可疑的演繹結果突顯出來，即認爲：科學所導致的是一種在有關經驗領域中進行的盡可能完善的目標確定，是一種我們的思想對經驗領域的盡可能經濟的適應。此外，他並不喜歡（這也是合理的）談論原則，而是始終只談科學研究的「經濟本性」，始終只談概念、公式、理論、方法等等的「思維經濟成就」。

因此，這個原則並不是一種合理的理論意義上的原則，不是一種能夠作爲某種合理說明之基礎而發生作用的精確規律（就像純粹數學或數學物理學規律所能做到的那樣），而是一種極有價值的**目的論觀點**，這種觀點在生物科學一般中有很大的效用並且可以合併到普遍的進化思想中去。

這裡可以明顯地看到這個原則與自我保存與種類保存的關係。動物的行爲是受表象和判斷規定的。倘若這些表象和判斷不能充分適應各種事件的進展，那麼以往的經驗便無法被利用，新的事件便無法被預見，手段與目的便得不到妥當的相互配合——所有這些至少是在大略的平均狀況中，在相關個體的生活圈中，就那些威脅著這些個體的有害性或給這些個體帶來利益的有益性而言的——，那麼，保存也就不可能了。如果一個類似人的生物僅僅體驗到

A194
B194

感性內容，而不進行聯想，不養成表象的習慣；也就是說，如果一個生物不具備能力對內容做**對象性**解釋，對外部事物和事件進行感知，或合乎習慣地期待那些事物和事件或在回憶中將它們當下化（vergegenwärtigen），而且如果這個生物在所有這些經驗行為中沒有把握獲得平均的成功——，那麼這個生物怎麼可能一直生存下來？在這方面，休謨就已經談到過「自然的進程和我們觀念的結果之間的一種前定和諧」。[6]而現代的進化論則使人們繼續注意這一觀點並具體地研究與此有關的精神構造的目的論。對於心理生物學來說，這個觀點肯定是會富於收益的，而且其收益不會小於它在物理生物學那裡已經取得的收益。

這個觀點當然不僅僅可以用來解釋盲目思維的領域，而且還可以用來解釋邏輯的、科學的思維領域。人類的長處在於理智。人不只是一種感知地和經驗地[79]朝向他的外界的生物；他還進行思維，他透過概念來克服直觀的侷限。在概念認識中，他可以努力獲得嚴格的因果規律，這些規律使他能夠在較之於一般可能所允許的大得多的範圍內和大得多的可靠性中預見未來現象的進程，再造過去現象的過程，預計周圍事物的可能的行為方式，並在實踐中征服它們。孔德說得很確切：「科學就是預見，預見就是行動（Science d' où prévogance,

A195
B195

6 休謨：《人類理智研究》，第五篇，第二部分。（在格林和格羅瑟主編的版本中為：第二卷，第四十六頁。）

[79] 在A版中為：表象地和判斷地。

prévogance d’où action）。」無論片面過激的認識欲常常會帶給個別的研究者多少煩惱，科學的成果和寶藏最終卻會給整個人類帶來好處。

誠然，在以上所述內容中尚未談到思維的經濟學。但只要我們仔細考慮一下，適應這個觀念所要求的究竟是什麼，那麼思維經濟學的思想便會油然而生。一個生物要做出一些對它自身發展來說必要的或有利的成就，它能夠做得愈快，費力愈少，那麼顯然它的構造便愈合乎目的，就是說，它對其生命條件的適應便愈好。就某一種通常屬於一定的領域並以一定的頻率出現的有害性或有益性而言，這個生物對於抵禦這個有害性或把握這個有益性所做的準備愈快，它所省下的力氣便愈多，並且可以用這些力氣來抵禦新的有害性，或者說，去把握新的有益性。當然，這裡所涉及的還只是一些爲我們大致預估的、含糊的和粗糙羅列在一起的狀況，但可以看出，我們可以對這些狀況進行充分確定的討論，而且至少在某些領域內，我們能夠對這些狀況做出在整體上富有教益的權衡。

這些肯定也對精神成就的領域有效。在認識到精神成就具有促進保存的功能之後，人們就可以從經濟學的觀點出發來考察這些成就，並且從目的論上來檢驗那些在人這裡已眞正實現了的成就。人們能夠以一種可以說是先天的方式來說明某些完善性是思維經濟所推薦的，而後在我們思維操作中——無論它是普遍的思維進程，還是一種在已進化了的思維中的或在科學研究方法中的思維操作的形式和途徑——證實這些完善性已經得到實現。無論如何，這裡開闢出了一個內容豐富的、值得一做的和富於教益的研究領域。心理之物的領域恰恰是生物學領域的一個部分，因此，前者不僅爲抽象的心理學研究——這些研究與物理學的

A196
B196

研究相似，即以基本的規律爲目的——，而且也爲具體的心理學研究，尤其是目的論的研究提供了空間。這些目的論的研究構造出作爲物理人類學的必然對立面的心理人類學，它們是在人類的生活共同體中，並且進一步在整個地球生命的生命共同體中考察人類。

A197 B197

第54節　對思維經濟學合理目標的進一步闡述，主要在純粹演繹方法的領域。思維經濟學與邏輯工藝論的關係

思維經濟學的觀點尤其在被運用於科學領域中時能夠提供極爲重要的結果；它可以清楚地揭示各種不同的研究方法的人類學基礎。只有透過對我們心理構造特徵的關注，一些最富於成果的和最具先進科學特徵的方法才能得到令人滿意的理解。對此，馬赫的說法極爲出色：「誰從事數學而不設法在上述方向上做出澄清，他必然會常常獲得不愉快的印象，就好像紙與筆在智力方面要超過他自己一樣。」[7]

這裡需要做如下思考。我們先考慮一下：人的智識力量是多麼有限，而且那些能夠完全

7　馬赫：《發展中的力學》，一八八三年版，第四六○頁。這一處值得全文引用。接下來是：「以這種方式將數學作爲一門教學對象來從事，這將不會比從事猶太教的神祕學主義和從事幻方使人得到更多的教益。由此而必然形成一個神祕的偏好，這種偏好有時得出其結果。」

爲人所理解的抽象概念複合的範圍是多麼狹窄，而僅僅理解那些以眞正方式完成的複合就已經有多麼艱難；我們再考慮一下，我們以類似的方式即使是在對那些相對複雜的命題關係意義的眞正理解時就已經是多麼有限，而在現實、明晰地進行相對複雜的演繹時就更是如此了；最後再考慮一下，那些主動的、完全明晰的、總是在思想本身之中進行的研究的原初活動範圍又更不用說（a fortiori）有多麼狹小；只要我們考慮到所有這一切，那麼，那些較爲廣泛的理性理論和科學能夠得以建立，這就不得不引起我們的驚嘆。因此，例如像數學學科如何可能這樣的問題便是一個嚴肅的問題，在這些數學學科中，人們不僅僅可以自由自在地調動相對簡單的思想，而且可以調動一些眞正的思想與千頭萬緒的思想聯繫之塔，並且人們還可以透過研究來愈來愈複雜地創造這些思想和思想聯繫。

工藝和方法能夠做到這一點。它們克服著我們精神構造的不完善性，並允許我們間接地、借助象徵的過程以和透過對直觀性、本眞理解與明見性的放棄來推導出這樣一些結果，這些結果是完全可靠的，因爲對方法成就力量的**普遍**論證爲這些結果提供了一勞永逸的保證。這裡所說的所有工藝性（人們在一種確切的意義上談論方法時大都是指這種工藝性）都具有這種思維經濟的保證措施的特徵。它們是從某些**自然的思維經濟過程**中歷史地和個體地產生出來的，因爲研究者的實踐邏輯反思，使人明晰地理解這種工藝性的優點，現在便有意識地將它們加以完善、加以工藝的連結，並以此方式而製造出一些較之於自然的思維機構更爲複雜的，但卻無比有效的思維機制。所以，開創性的研究者是以一種**明晰的**方式，並

A198
B198

在始終顧及我們精神構造的情況下[8]發明出各種方法，他們證明了這些方法的普遍合理性。這些方法一經發明，便可以在任何一個個別的情況中被模糊地，也可以說是機械地加以遵循，其結果的客觀正確性已經得到了保證。

這種將明晰的思維過程廣泛地還原成機械的思維過程的做法，透過一條間接的途徑克服了無法以直接的途徑進行的思維成就所不得不兜的大圈子，這種還原是建立在符號－象徵思維的心理學本性的基礎上。這種思維所具有的不可估量的作用，不僅表現在對盲目程序的構造上——即四則運算以及更高的十進位數運算的計算規定，有了這些規定，結果（有時需借助於對數表、三角函數表等等）會在無任何明晰的思維一同作用的情況下產生出來——，而且也表現在明晰的研究與證明的關係中。這裡需要提及的是，例如所有純粹數學概念都具有奇特的雙重性，這種雙重性尤其表現在算術中：普遍算術符號首先是在原初定義的意義上作為有關數學概念的符號，爾後卻更多地是作為純粹運算符號在發揮作用，即作為這樣一種符號發揮作用，這種符號的含義僅僅受外在運算形式的規定；任何一個符號現在只被視為是某種能夠以特定的形式在紙上被操作的東西。[9]這些代表性的、使符號成為一種玩具的運算

A199
B199

8　當然這不是指：在科學的心理學的幫助下。

9　如果不考慮外部運算形式，而是考慮內部運算形式，那麼人們就會在「某些客體思維」的意義上理解符號，這些客體處於「一定的」相互關係中，可以對這些客體做出「一定的」連結，但這種相互關係和連結只能

A200 B200

概念在算術思維，甚至在算術研究的最廣泛範圍中具有決定性的作用。它們意味著對這些算術思維和研究工作的巨大減輕，它們將算術思維和研究從抽象的艱難高度移置到舒適直觀的軌道中，在這裡，明晰的想象只能在規定的範圍內自由地活動並且花費相對來說較少的力氣，就像在有規則的遊戲中的情況一樣。

與此相關也須要指出，在純粹數學的學科中，眞正的思維以思維經濟學的方式被推卸給表徵性的符號思維，這種推卸在開始時以不爲人注意的方式提供了對原初的思想系列，甚至對科學進行形式普遍化的契機，而正是以這種方式，幾乎在沒有進行特別指向的精神工作的情況下，具有無限廣闊視域的演繹科學便形成了。從原初是關於數和量的學說的算術中產生出、並且在某種程度上是自發地產生出被普遍化的形式算術，在這種算術中，數和量已不再是基本的概念，而只是一些偶然被運用的客體而已。透過那種有意識的反思的進行，流形論作爲進一步的擴展而得以形成，它在自身形式上包含所有可能的演繹系統，並且，對於流形論來說，甚至形式算術的形式系統也只表現爲一種個案而已。[10]

是這樣進行的，即：運算規律和關係規律對這些客體有效，並且是在相應的形式的意義上有效：a+b=b+a 等等。——這樣，便有一系列新的概念產生。這些概念將導致那些原初的學科的「形式」一般化，這裡我們很快就會談及這一點。

10 此處參閱本書第十一章，第69、70節。

對這些和其他類似的方法類型的分析以及對它們成就的有效說明構成一門科學理論的領域，尤其構成關於演繹方法（在最廣泛的意義上是數學方法）的如此重要和富於教益的理論所具有的，也許是最美麗的並且至少是最少受到開墾的領域。當然，僅僅概而括之、僅僅含糊地談論符號的表徵作用、談論省力的程序，諸如此類。這些還不是分析；這裡處處都需要深入的分析，必須對每個不同類型的方法進行切實的研究，並對方法的經濟學成就做出仔細的說明和切實的證明。

如果人們明確地把握了這裡有待解決的任務的意義，那麼，那些前科學的和非科學的思維，所需解決的思維經濟學的問題，便獲得了新的澄清和新的形式。自身保存要求我們對外在的自然做出某種適應；我們可以說，自身保存要求我們具有一種在一定程度上正確判斷事物、預見事物的進程、正確估測因果順序等等的能力。但是，如果我們能夠獲得關於這一切的眞正認識的話，那也只能是在科學中獲得。能夠提供明察的不是天賦，而是科學，我們如何能夠在無明察的情況下，實際地做出正確的判斷和推理呢？某些極爲複雜和極有成效的操作方式，是爲前科學生活的實際需要服務的——只要想一想十進位數字系統便可。如果它們不是明晰地被發明的，而是自然形成的，那麼就必須考慮這樣一個問題：這類事情是如何可能的，盲目機械的操作如何能夠最終與明察所要求的東西相一致。

我們前面簡單論述的那些思考爲我們指明了一條道路。爲了澄清前科學的和非科學的操作方式的目的論，人們將首先透過對相關表象聯繫與判斷聯繫的詳細分析，以及透過對那些發揮作用的素質的詳細分析來確定實際性的東西，即澄清關於思維操作的心理學程序。只要

A201
B201

我們證明，可以間接地、在邏輯上明晰地論證這種思維操作的結果——無論這個結果是必然的，還是帶有某種較大的或然性——必定與眞理相一致，那麼這個思維操作的思維經濟功效便會顯現出來。最後，要想避免把思維經濟程序的自然形成視爲是一種奇蹟（或視爲是上帝智慧的特殊創造結果），人們就必須對日常人的自然的和主要的表象狀況和表象動機做出詳盡的分析，並在分析的基礎上證明，一種如此有效的操作如何可能是而且也如何必定是「自動地」、出於純粹自然的原因而形成的。[11]

A202
B202

以此方式，我們在一定程度上明確說明了思維經濟學所具有的、在我看來是合理的和有益的觀念；思維經濟學有待解決的問題、它的主要方向也得到了大致的特徵描述。它與邏輯學這門實踐意義上的科學認識工藝論的關係是完全可以理解的。顯然邏輯學爲這門工藝論提供了一個重要的基礎，它爲構造關於人類認識的技術方法觀念、爲對這些方法做出有益的專門研究，以及爲推導出預測和發現這些方法的規則提供了根本性的幫助。

11　要想澄清這裡須解決的，並在前面已簡短闡述過的任務的本質，數列的例子是最合適不過了。正因爲它對我極富於啟發性，所以我在我的《算術哲學》（一八九一年）一書的第七章中詳細地探討這個例子，這個例子可以典型地說明這類研究的進行方式，我堅信這類研究必須以這種方式進行。

第55節　思維經濟學對於純粹邏輯學和認識論來說是沒有任何意義的。思維經濟學與心理學的關係

只要這些思想與阿芬那留斯和馬赫的思想走在一起，這裡便不存在分歧，我可以欣然地贊同他們。我的確堅信，馬赫的歷史－方法論的研究尤其會給邏輯學帶來豐富的教益，即便人們不能完全服從（或完全不能服從）他所得出的結論。我覺得，馬赫可惜沒有把握住演繹的思維經濟學的最富於成果的問題，我在前面曾試圖簡短地、但也足夠確定地表述這些問題。而他之所以沒有這樣做，其原因至少有一部分在於他對認識論的錯誤解釋，他相信這種錯誤的解釋必須構成他的研究基礎。但與此相關聯的正是馬赫著述所產生的強大影響。這同時也是他的思想中與阿芬那留斯思想相同的一面，而我恰恰在這一點上不得不對他持反對態度。

如我們所見，馬赫的思維經濟學說以及阿芬那留斯的費力最小學說是與某些生物學的事實有關，它們說到底是進化論的一個分支。因此，不言而喻，與此有關的研究雖然可以澄清實踐的認識論，可以澄清科學研究的方法論，但卻無法澄清純粹的認識論，尤其是無法澄清純粹邏輯學的觀念規律。然而恰恰相反，在馬赫－阿芬那留斯學派的著述中，卻表現出對認識論作思維經濟學論證的意圖。如果這樣來理解或運用思維經濟學的話，那麼我們在前面對心理主義和相對主義所做的所有指責，當然也都可以運用在這裡。因爲，對認識論的

A203
B203

思維經濟的論證最終會回溯到心理學的論證上，所以這裡不需要對我們已提出的論據進行重複，也不需要對它們進行特別加工了。在科內利烏斯那裡有許多明顯的不利因素，這是因爲他企圖從心理人類學的目的論原則中推導出心理學的基本事實，而這些基本事實本身又是推導這個原則的前提，而且，他還企圖借助於心理學來對哲學一般進行認識論的論證。我提醒一下，這個所謂的原則絕不是一個能做出最後說明的理性原則，而只是對各種適應事實（Anpassungstatsachen）之複合體的概括而已，這些事實最終還要——觀念性地——還原到基本事實和基本規律上，無論我們是否能夠進行這種還原。

用作爲基本規律的目的論原則來爲心理學奠基，以圖透過這些原則來說明各種心理作用，這種做法並不會開闢心理學的前景。證明心理作用以及更爲重要的心理構成物的目的論含義，亦即個別地證明：那些事實上在進行自身構造的心理要素的複合體是如何、並透過什麼而擁有了那種對我們先天期待的自身保存而言的有益性關係——這種證明肯定能爲我們帶來教益。但是，如果把以這種方式描述的被給予之物，當作那些原則的「必然結果」提出來，以至於使人產生出**這樣**的印象，好像這裡是在進行眞正的說明，甚至是在進行與此有關的科學論述，即主要用來揭示心理學的最終基礎的論述，那麼這種做法只能造成混亂。

如果一個心理學的規律或認識論的規律所談的是對**最大可能**的功效的追求，那麼這個規律一定是荒唐的。在事實的純粹領域中沒有什麼最大可能，在規律性的領域中也沒有什麼追求。就心理學而言，在每一個情況中都發生一個確定的事件，僅此而已，不多也不少。

經濟學原則的事實性可以歸結爲：人們擁有如表象、判斷和其他思維體驗這類東西，

A204
B204

並且與此相關還擁有感情，這種感情以快樂（Lust）的形式促進著某些構成的方向，以不快 A205 B205
（Unlust）的形式而從這些構成方向中縮回。而後，表象和判斷的構成具有一個普遍的、粗
略的、前進的過程，即：從原初無意義的要素中首先形成個別分散的經驗，然後隨著經驗
的進一步結合，一個或多或少有序的經驗統一得以形成。根據心理學規律，對我們所有人
都共同的這一個世界的表象和對此世界之此在的經驗—盲目的信仰是產生在籠統一致的第
一批心理組合（Kollokationen）的基礎上。但人們可以注意到：這個世界對每一個人來說
都不完全是同一個世界，它僅僅從整體上來說是同一個世界，它只是就此而言是同一個世
界，即：共同的表象和行動的可能性在實踐上得到充分的保證。對於普通人和科學研究者來
說，它不是同一個世界；對於前者來說，它只是一種粗略的規則之間的聯繫，充滿了千萬個
偶然，而對科學研究者來說，它是受絕對嚴格的規律性主宰的自然。

　可以證明，正是透過心理學的途徑和手段，這個足以滿足實踐生活需要的（足以保存自
身的）世界的觀念才發展成並確立爲經驗的對象，這種證明工作肯定是一項具有重大科學
意義的事業；接下來還要進一步證明，正是透過心理學的途徑和手段，在歷代科學研究者
們的精神中才形成了一個經驗統一體的客觀適當的觀念，這個經驗統一體具有嚴格的規律
性，帶有不斷增長的科學內容。但是，所有這些研究在認識論上是無關緊要的。這些研究至
多只能間接地有益於認識論，即可以用來批判在心理學動機上的認識論成見。問題不在於經
驗是如何形成的，不論是素樸的還是科學的經驗，而在於經驗爲了具有有效性必須包含哪些 A206 B206
內容；問題在於，哪些觀念要素和規律爲這些實在認識（更一般地說，整個認識）的客觀有

效性奠定了基礎，並且，究竟應當如何來理解這種成就。換言之，我們所感興趣的不是世界表象的形成和變化，而是科學的世界表象所具有的客觀權利，正是這種客觀權利使得科學的世界表象區別於其他的世界表象，並使科學的世界表象能夠聲稱它的世界是客觀眞實的世界。心理學想要明晰地說明，世界表象是如何樣形成的；世界科學（作爲各種實在科學的總和）想要明晰地認識，什麼是作爲眞正的和現實的世界的實在（realiter）；而認識論則想明晰地理解，是什麼構成了對實在之物的明晰認識的可能性，並且，是什麼構成了客觀觀念方面的科學和認識的可能性。

第56節　續論：思維經濟學對邏輯之物的論證是倒逆的

不管是認識論原則還是心理學原則，節省原則似乎畢竟是一種原則——實際上這是一個假象，這個假象之所以產生，原因主要在於人們混淆了事實被給予之物和邏輯觀念之物，後者是前者隱含的前提。我們明晰地認識到，所有以超出單純描述爲目的的說明具有的最高的目標和觀念上合理的趨勢在於：用盡可能普遍的規律來整理那些自在的「盲目」事實（起初是在一個經過概念改寫的領域中的事實），並且在這個意義上盡可能合理地概括這些事實。這裡很明顯，「最大可能的」、「概括性的」成就在於那個貫穿一切和包納一切的合理性的理想。如果所有事實性的東西都根據規律而得到整理，那麼必定會有一個盡可能普遍的，且在演繹上互相獨立的規律的最小總和，從這些規律中可以純粹演繹地推導出所有其

A207
B207

他的規律[80]。於是，這些「基本規律」便是那種具有盡可能大的包容、盡可能大的功效的規律，對這些規律的認識可以使我們獲得對這個領域的絕對最大的明察，可以使我們能夠對這個領域中的所有能夠說明的東西做出說明［當然，演繹和歸納的無限能力在這裡以理想化（idealisierend）的方式被設定爲前提］。所以，幾何學的公理作爲基本規律說明或包容了全部空間事實；每個普遍的空間眞理（換言之，每個幾何學的空間眞理）都透過這些基本規律而被明晰地還原到那些可以做出最終說明的根據上。

因此我們可以明晰地認識到，最大可能的合理性這個目標或原則也就是理性科學的最高目標。對那些比我們已掌握的規律更普遍的規律的認識確實是更好的認識，因爲這種認識可以追溯到更深層的和更全面的根據上，這是明見無疑的。但這個原則顯然不是一個生物學的和單純思維經濟學的原則，而毋寧說是一個*純粹觀念*的、而且更多是*規範*的原則。因而這個原則在人類的實踐生活和共同生活的事實中是無法以任何方式被取消或被改變的。將最大可能的合理性這個趨向等同於一個生物學的適應趨向，或者，從後者中推導出前者，然後再賦予前者心理基本力量的作用——這都是錯誤的，與這種錯誤相似的唯有心理主義對邏輯規律的誤釋，即將邏輯規律作爲自然規律來理解的做法。如果認爲我們的實踐生活事實地受這個原則管理，那麼這就違背了一個明顯的眞理；我們的事實性思維恰恰不是根據理想來進行的——就好像理想之物是某種類似自然力量的東西一樣。

[80] 在A版中爲：所有其他的規律都可以純演繹地回溯到這些規律上。

邏輯思維本身的觀念趨向是朝向合理性的。思維經濟學家〔恕我如此稱呼（sit venia verbo）〕將這種趨向改變成一個貫穿在人類思維中的實在趨向，並透過模糊的省力原則以及最後透過適應來論證它；而現在這位思維經濟學家又認爲他澄清了我們應當如何進行思維的規範，甚至澄清了合理科學的客觀價值和意義。關於思維中的經濟學，關於用普遍命題來思維經濟地「概括」事實，用更高的普遍性來思維經濟地「概括」較低的普遍性等等，所有這些說法都是有根據的。但這種說法只有透過對事實性思維與明晰地被認識到的觀念規範的比較才能獲得其根據，這些觀念規範因而是一種在自然的秩序中在先的東西（πρότερον τῇ φύσει）。規範的觀念有效性是任何一種關於思維經濟學的有意義說法的前提，因而它不是這種經濟學學說的可能說明結果。我們用觀念的思維來衡量經驗的思維，並且發現事實上後者在某些範圍內是這樣進行的，就好像它是從觀念的原則中被推導出來的一樣。與此相應，我們可以合理地說，我們的精神組織本來就具有一種自然目的論，由於這種目的論的緣故，我們的表象和判斷整體而言（即在滿足通常生存進步的情況下）是以一種彷彿受到邏輯制約的方式進行的。除了少數個別的情況以外，眞正明晰的思維並不保證自身具有邏輯有效性，它自身並沒有明晰地或間接地受到以往明察的有目的的整理。但它事實上具有某種表面的合理性，以至於我們的思維經濟學家能夠在反思經驗思維途徑的同時明晰地證明，這種思維途徑必定能夠提供與嚴格的邏輯結論——在大略的平均值上——相一致的結論；正如我們在前面已論述過的一樣。

A208
B208

因此，這裡的「倒逆」（ὕστερον πρότερον）[12]是可以認識到的。我們在所有思維經濟學之前，就必定已經知道什麼是理想，在我們對有關基本規律和推導規律的認識所具有的思維經濟作用做出解釋和估量之前，我們就必定知道，科學在理想上（idealiter）追求的是什麼？理想上的（idealiter）規律性的關係是什麼？基本規律和推演規律是什麼？它們有何種成效？當然，在對這些觀念進行科學研究之前，我們就具有關於這些觀念的某些模糊概念，因此，人們也可以在建立一門純粹邏輯科學之前就去談論思維經濟學。但本質狀況卻並沒有因此而改變，純粹的邏輯學自身要先於所有的思維經濟學，而將純粹邏輯學建立在思維經濟學基礎上的企圖將永遠是一個悖謬。 A209 B209

還有一點。不言而喻，所有科學說明和理解都是按照心理學規律並在思維經濟學的意義上進行的。但如果人們因此而相信能夠抹滅邏輯思維與自然思維之間的差別、能夠把科學活動說成是僅僅對自然的和盲目的行爲的「繼續」，那就錯了。雖然並非毫無疑義，人們仍可以像談論邏輯理論那樣去談「**自然**」**理論**。但人們而後卻不應忽視，眞正意義上的邏輯理

12 這裡的「倒逆」和本節標題所說的「倒逆」或「逆序」（拉丁化後爲：hysteron próteron），指的是一種邏輯錯誤，即由對自然秩序和邏輯秩序的混淆而導致的顛倒說明：把在先的解釋爲在後的，或將在後的解釋爲在先的。例如尼采曾批評，傳統形上學把思想最後才達到的抽象理論解釋爲本體上最首要的東西，從而是一種倒逆論證。而胡塞爾在這裡則恰恰相反，他認爲思維經濟學把經驗科學看得先於觀念科學，是犯了倒逆論證的錯誤。——中譯注

論所做的工作與自然理論所做的工作絕不相同。邏輯理論與自然理論所具有的目標也不相同，或者毋寧應當這樣說：邏輯理論具有一個目標，而「自然理論」中的目標是被我們安置進去的。如上所述，我們用邏輯理論——這是眞正意義上的理論——來衡量某些自然的（在這裡是指那些不明晰的）思維過程，我們之所以將這些自然的思維過程稱爲自然理論，只是因爲它們能夠導致心理學的結果，這些結果就好像是從邏輯明晰的思維產生出來的，就好像它們眞的是理論一樣。但一旦我們將這些自然思維過程稱爲理論，我們便不禁犯了一個錯誤，即把眞正理論的本質特徵強加於這些「自然」理論，把「自然」理論也視爲是眞正的理論性的東西。作爲心理過程，這種理論的相似者與眞正的理論或許是極爲相似的，但這兩種理論卻始終具有根本差異。邏輯理論是受觀念必然聯繫制約的理論；而在這裡被稱爲自然理論的東西，則是偶然的表象或信念的進程，它不具有明晰的聯繫，沒有約束的力量，但在實踐上卻通常是有用的，就好像這裡的基礎是某種像理論一樣的東西。

思維經濟學派之所以犯下這些錯誤，原因在於其代表人物——與一般心理主義者們一樣——的認識興趣仍保留在科學的經驗方面。他們在某種程度上只見樹木，不見森林。他們致力於作爲生物學現象的科學，卻沒有注意到，他們根本沒有接觸到作爲客觀眞理之觀念統一的科學的認識論問題。他們認爲，以往的認識論是一條歧途，這種認識論把觀念之物視爲是問題；這種認識論之所以還能成爲科學活動的對象，乃是因爲可以用它來證明，相對的思維經濟學作用已經顯露在哲學發展的更深層次上了。但是，這樣一種對認識論主要問題和主要方向的評價愈是有成爲哲學時髦的危險，那麼我們就愈是有必要透過研究來抵制它，同時

A210
B210

我們也愈是有必要透過對原則性的爭論問題的盡可能全面的解釋，尤其是透過對在實體領域和觀念領域中各種根本不同思潮的盡可能深入分析來獲得一種明晰的澄清，這種澄清是對哲學進行一個最終有效奠基的前提。而這部著作正是希望能夠對此做出微薄的貢獻。

第十章　批判性考察的結尾

A211
B211

第57節　對我們邏輯追求的種種明顯誤釋以及對此的思考

我們迄今為止的研究主要是批判性的。我們相信，這些研究已經顯示，經驗邏輯學或心理主義邏輯學的任何一種形式都是站不住腳的。在科學方法論意義上的邏輯學的最重要基礎是在心理學之外的。「純粹邏輯學」是一門理論的、獨立於所有經驗，因而也獨立於心理學的科學。它才使科學認識的技術論（通常的理論實踐意義上的邏輯學）得以可能；必須承認這樣一門純粹邏輯學的觀念是有充分根據的，必須認眞地完成建立這門獨立的科學的必要任務。——我們能滿足於這些結論嗎？我們甚至能否希望人們承認它們是結論呢？因為這不就意味著我們這個時代的邏輯學——這門成功在握的、由重要研究者加工過並廣泛受到承認的科學——是在歧途上做著徒勞無效的努力嗎？[1] 人們幾乎不會想承認這一點。觀念主義的

A212
B212

1　屈爾佩說：邏輯學「無疑不僅僅是發展得最好的哲學學科之一，而且也是最可靠的和最封閉的哲學學科之一」（《哲學引論》，一八九七年，第四十四頁），這也許是正確的，但是根據我對邏輯學的科學可靠性和封閉性的估計，我不得不同時也把這種狀況理解為我們這個時代科學的哲學的落後狀況的標誌。而且我要提出一個與此相關的問題：如果將所有科學的思維力量都用來解決那些可明確規定的，並且首先是肯定可解決的問題，無論這些問題顯得多麼有限、多麼平凡，甚或顯得多麼無聊，人們不就有可能逐漸了解這樣一種令人悲傷的境況了嗎？毫無疑問，這首先關係到純粹邏輯學和認識論。這裡有大量精確的、確定的和可以一勞永逸地解決的工作要做。只須人們動手去做了。「精確科學」（人們肯定也把純粹邏輯學和認識論視為是精

確科學）的偉大也正應當歸功於它們的謙虛性，它們從最小處著手，並且用一句名言來說，它們「將其全部力量凝聚在最小點上」。這些在整個立場中微小然而可靠的開端一再地向這些科學證明它們是以後大躍進的基礎。當然，這種志向如今在哲學中也十分普遍；但我清楚地看到，它是在一個錯誤的方向上發展的，即：最好的科學精力都被用於心理學——即作爲說明性自然科學的心理學，哲學對它的興趣實際上僅僅在於它是一門關於心理過程的科學。但人們當然不承認這一點，人們甚至認爲，心理學對哲學學科的奠基是一個巨大的進步。這種觀點在邏輯學中也不罕見。如我沒有看錯的話，這是一種流行的觀點，埃爾森漢斯最近這樣來表述它：「當代邏輯學對邏輯問題的處理日趨有效，這首先要歸功於它對其對象在心理學方面的深化」（《哲學雜誌》，第一〇九期，一八九六年，第二〇三頁）在這裡的研究開始之前，或者說，在認識到由數學哲學中的心理主義觀點給我帶來的那些不可解決的困難之前，我也說過同樣的話。但現在，當我能最明晰地覺察到這個觀點的錯誤時，我雖然爲科學心理學的此外大有可爲的發展而高興，並非常關心它的發展，但我不期待它能夠提供眞正哲學的澄清。然而，爲了不引起誤解，我必須立即補充：我嚴格地區分經驗心理學和作爲它的基礎的（也以另一種方式作爲認識批判之基礎的）現象學；後者被理解爲關於體驗的純粹本質學說[81]。在本書的第二卷[82]中，這一點將得到清楚的闡述。

[81] 在A版中爲：關於內經驗的描述現象學在我看來是一個例外，它是經驗心理學的基礎，並且同時在完全另一種方式上也是認識批判的基礎。

[82] 在A版中爲：部分。

批判也許在對原則問題的考慮上會引起人們的不安；但大多數人只要看一眼從彌爾到埃德曼和利普斯的一系列卓越著作，就會重新恢復他們動搖不定的信念。人們會對自己說，總有一些辦法能解開這些論據，並且使它們和這門繁榮的科學的內容相和諧，而如果沒有這種辦法，那麼問題也許僅僅在於對這門科學做認識論上的重新估價而已，這種重新估價取消了這門科學的本質內涵，這種重估雖然不無重要性，但卻不會具有革命性的成就。無論如何，對某些東西的把握應當更準確些，對個別輕率的闡述應當做適當的限制，或者對這些研究的順序要進行修改。將一些純粹的邏輯定律純粹地組合在一起，並且把經驗心理學的闡述與邏輯工藝論區分開來，這或許確實有獨到之處。——那些感受到了觀念主義論據的力量，但沒有足夠的勇氣做出結論的人便滿足於上面那些想法。

A213
B213

此外，我們所理解的邏輯學必須受到澈底改造，這種改造之所以遭到反對和懷疑，是因爲它可能很容易，尤其是很容易在膚淺的考察中被人視爲是一種**純然**的反應。只有仔細地考察我們分析的內容才能得知，我們的目的不在於做出純然的反應，重新接觸近代哲學所具有的合理傾向的做法並不意味著要修復傳統邏輯學；然而我們很難希望能夠透過這些指明來克服所有的不信任以及能夠預防對我們的意向的誤解。

第58節　我們與過去時代偉大思想家之間的聯繫，首先是與康德的聯繫

我們實際上能夠訴諸如康德、赫巴特、洛采以及在此之前萊布尼茲這些**偉大思想家**們的

A214
B214

權威，但在流行的偏見面前，也許這種狀況並不能爲我們提供支撐，甚至這更可能會加深人們的不信任。

最一般地說，我們已回溯到康德對純粹邏輯學與應用邏輯學的區分上了。事實上，我們可以贊同他在這方面論述中最出色的部分，當然要附帶適當的條件。例如：爲康德所十分喜愛並被他用來進行相關劃界的那些概念，我指的是知性和理性的概念，當然不能在其原來的心靈能力的意義上爲我們所接受。知性、理性作爲某個規範的思維行爲的能力在其概念中便預設了純粹邏輯學——純粹邏輯學對規範做出定義，因此，我們即使回溯到這些概念上也不會變得更聰明，就像透過舞蹈能力（即藝術地跳舞的能力）來說明舞蹈藝術、透過繪畫能力來說明繪畫藝術等等也不會使我們變得更聰明一樣。不如說，知性和理性的術語僅僅被我們用來標誌那種對「思維形式」及其觀念規律的指向，邏輯學的這個指向是與經驗的認識心理學的指向完全相反的。因此，在做出這些限制、解釋和進一步的規定之後，我們會感受到與康德的學說已經很接近了。

但這種調和難道不會有損於我們的邏輯觀的名譽嗎？純粹邏輯學（實際上是唯一的科學）在康德看來是「**簡短而枯燥**」的，而「對知性的基本學說的學術闡述就應當是如此」。[2]

2 康德：《純粹理性批判》，〈先驗邏輯學引論〉，哈騰斯坦版，第三卷，第八三頁。

大家都熟悉由耶舍編輯的康德講座並且知道，邏輯學確實在令人憂慮的程度上與這些特徵要求相符。因此，難道我們所追求的楷模就是這種貧困得無可形容的邏輯學嗎？沒有人會願意習慣於[83]這種將科學還原到亞里斯多德－經院哲學邏輯學立場上的想法。而這裡的結果卻似乎在於像康德自己所教導的那樣：邏輯學自亞里斯多德以來便具有一門封閉科學的特徵。經院哲學所做的幾個堂而皇之的概念規定，以及由此而導出的對三段論的盡情發揮——並不是一種令人感到振奮的景觀。

對此，我們當然要進行反駁：我們感到自己距離康德的邏輯觀要比距離彌爾和西格瓦特的邏輯觀更爲接近，這並不意味著我們贊同康德邏輯觀的全部內容，並不意味著我們贊同他對他的純粹邏輯學觀念的特定構設。我們在主要傾向上與康德一致，但我們並不認爲他明晰地看透了這門學科的本質並且闡明了這門學科本身的相應內涵。

A215
B215

第59節　與赫巴特和洛采的聯繫

此外，比康德距離我們更近的是赫巴特，這主要是因爲赫巴特更鮮明地突出了一個主要觀點，並且用它來明確地劃分純粹邏輯之物和心理學之物，這一點就是「概念的」客觀性，亦即純粹邏輯意義上的表象的客觀性。

[83] 在A版中爲：參與。

赫巴特在其心理學主要著作[3]中寫道：「每個所思僅就其性質來看，都是邏輯學意義上的一個概念。」這裡的問題「不在於思維主體；思維主體本身只能在心理學的意義上擁有概念，而人的概念、三角形的概念等等並不屬於某一個人特有。總的說來，任何概念在邏輯含意中都只是一次現存的；如果概念的數目會隨表象這些概念的主體的數目，甚至隨不同的思維行爲的數目一同增長，因而從心理學上看會產生和形成一個概念，那麼情況就不是如此了。」我們（在上書第6節中）繼續讀到：「近代哲學的『本質』（entia）即便在沃爾夫那裡也只是邏輯學意義上的概念而已……。『事物的本質是不變的』（essentiae rerum sunt immutabiles）這個舊命題也說明了這個問題。這個命題僅僅意味著：概念是某種完全非時間性的東西；只要概念在其所有邏輯關係中爲眞，那麼由概念構成的科學定律和推理對古人和對我們——對天上人和地上人——就都爲眞並且始終爲眞。但這個意義上的概念，即體現了對所有人和所有時間都有效的共同知識的概念，完全不是一種心理學的東西……。從心理學來看，概念是這樣一種表象，這種表象將邏輯含義上的概念當作其被表象之物；或者說，這種表象使概念（被表象之物）現實地被表象出來。如此看來，每個人便都有他自己的概念；阿基米德研究他自己的圓圈概念，牛頓同樣研究他自己的圓圈概念；這樣在心理學的意義上便有兩個圓圈概念，而在邏輯學看來，所有數學家都只有一個圓圈的概念。」

A216
B216

3　赫巴特：《心理學作爲科學》，第二卷，第一二〇節（原版，第一七五頁）。

類似的論述我們在《哲學引論教程》的第二篇中也可以找到。這裡的第一句話便是[4]：「我們的整個思想的考察可以從兩個方面進行：一方面是將這些思想當作我們精神的活動來考察，另一方面則是考察透過這些活動所思的東西。在後一種情況中，它們叫作概念（Begriffe），這個詞標誌著被把握到的東西（Begriffene），因而它們必須從我們接受思想、產生思想和[84]再造思想的方式與方法中抽象出來。」在同書的第35節中，赫巴特否認兩個概念完全相同的可能性；因爲「如果這樣的話，這兩個概念在透過它們而被思考的東西方面便無法相互區分，就是說，它們作爲概念便完全無法相互區分。相反，對同一個概念的思維卻可以被重複多次，可以在不同的情況下被造出和被引發，可以爲無數理性生物所從事，而這個概念卻並不因此而變爲多個概念」。他在注釋中提醒人們：「應當記住，概念既不是思維的實在對象，也不是現實的思維行爲。後一種謬誤現在仍有影響；因而有些人將邏輯學視爲是理智的自然史，並相信在其中認識到了理智的天生規律和思維形式；心理學便因此而遭到毀壞。」他在另一處[5]還說，「如果有必要，人們可以透過一種完整的歸納來證明，在所有那些無可爭議地，屬於純粹邏輯學的學說中，從有關概念的對立關係和主從關係

A217
B217

4 赫巴特：《哲學引論教程》，第五版，第三十四節，第七七頁。

5 赫巴特：《心理學作爲科學》，第二卷，第一一九節（原版，第二卷，第一七四頁）。

[84] 在A版中爲：或。

的學說到演繹推理學說，沒有一個學說是以某種心理學的東西爲前提的。整個純粹邏輯學都與**所思之物**的狀況、與我們表象的內容有關（儘管不是專門與此內容本身相關）；但與思維的活動、與思維的心理學的，亦即形上學的可能性完全無關。只有應用邏輯學才像應用倫理學那樣需要心理學知識，這是指在這樣一種程度上的需要，即：人們對他們按已有規定而想構建的材料必須根據其屬性來對它進行斟酌。」

我們在這方面可以找到一些富於教益的重要闡述，而流行的心理學與其說對這些闡述做嚴肅的思考，不如說是把它們放在一邊置之不理。但與赫巴特權威的聯繫也不應遭到誤解。這種聯繫絕不是一種向赫巴特所設想的，並由他的眞正學生德羅比施出色地實現了的邏輯學觀念和操作方式的回復。

赫巴特的偉大功績，尤其就上面所述三點而論，肯定在於他對概念的觀念性的強調。他所創造的概念之概念便已是一大貢獻，無論人們現在是否贊同他的術語。但另一方面我覺得，赫巴特沒有能超越出那些零碎的和不完全成熟的啟示性想法的範圍之外，而且他用一些錯誤的、但可惜卻造成了重大影響的想法完全毀壞了他的最好意向。

赫巴特沒有注意到內容、被表象之物、所思這些表達所具有的基本雙關含義，它們一方面標誌著相應表達的觀念的、同一的含義內涵，另一方面又標誌著各種被表象的對象性。依我之見，赫巴特在對概念之概念的規定中沒有說出這樣一句唯一能做出澄清的話，即：邏輯學意義上的概念或表象無非就是相應表述的同一含義。

然而更爲重要的是赫巴特的一個根本疏忽，他認爲邏輯概念的同一性本質在於它的**規範**

A218
B218

性。這樣，他便偏離了眞正的同一性的意義，即偏離了在分散的體驗雜多性中含義統一的意義。這裡喪失的恰恰是同一性的基本意義，根據這個意義，觀念之物與實在之物被一條不可逾越的深壑分割開來；而取而代之的規範性意義則給邏輯學的基本觀點造成了混亂。[6] 與此密切相關，當赫巴特將邏輯學作爲對思維而言的道德與作爲理智的自然史的心理學對立起來時，他以爲找到了一個拯救的公式。[7] 他沒有想象過隱藏在這個道德後面的純粹理論科學（在通常意義上的道德那裡情況與此相似），更沒有想象過這門科學的範圍和自然界限以及它與純粹數學的內在統一性。因而在這一點上，有關貧困性的指責在切中康德邏輯學和亞里斯多德－經院哲學邏輯學的同時，也不無合理地切中了赫巴特的邏輯學，儘管後者另一方面透過在其狹窄範圍內進行的那些自發而精確的研究的習性而顯示出優越性。與這種根本疏忽相關聯的還有赫巴特認識論上的混亂，他的認識論自己表明，它完全無法認識到，在邏輯思維的主觀過程與外在現實的實在過程之間貌似深刻的和諧問題本身——如我們在後面將會證實的那樣——是一個由於含糊不清才得以產生的假問題。

所有這些情況也適用於那些處在赫巴特影響域中的邏輯學家，尤其適用於洛采，他採納

A219 B219

6 參閱本書第二卷[85]中有關種類的統一性一章。

7 赫巴特：《心理學教本》，第三版，第一八〇節，第一二七頁，一八八二年特版。

[85] 在A版中爲：部分。

了赫巴特的某些啟發性思想，極其敏銳地對它們進行透徹的思考，並對它們做出原創性的進一步闡釋。我們在許多方面要感謝他；但可惜，我們發現赫巴特在種類的[86]和規範的同一性上的混亂也毀掉了洛采的出色開端。他的邏輯學巨著儘管極富原創性的[87]、與這位深刻的思想家相匹配的思想，但卻因此而成爲一種心理主義邏輯學和純粹邏輯學的不和諧的雜湊。8

第60節　與萊布尼茲的聯繫

萊布尼茲也是這裡宣導的邏輯學觀點所依據的偉大哲學家之一。我們相對來說與他離得最近。我們之所以感到相較於康德，赫巴特的邏輯學信念比康德距離我們更近，也正是因爲他相對於康德而更新了萊布尼茲的觀念。但顯然，赫巴特自身表明，他沒有能力哪怕只是接近於吸取萊布尼茲的所有財富。他遠遠地落在萊布尼茲這位哲學巨人所做的，將數學、邏輯

B220　A220

8　本書的第一版曾計畫在第二卷的附錄中對洛采的認識論進行分析，但因篇幅關係而未能付印。[88]

[86]　在A版中爲：可以說是柏拉圖的。

[87]　在A版中爲：極爲奇特的。

[88]　在A版中爲：我們在此書的後面部分將有機會深入地批判分析洛采的認識論學說，尤其是他關於邏輯之物的實在和形式含意的那一章。

學合而爲一的偉大設想之後。我們要就這些尤爲觸發我們同情感的設想說幾句話。

近代哲學在開始時所具有的動機，即對科學進行完善和重構的觀念，促使萊布尼茲爲改造邏輯學做出了不懈的努力。但他比他的前輩更明晰地把握了經院哲學的邏輯學，他不是把它詆毀成空洞無物的公式垃圾，而是把它理解爲眞正邏輯學的一個寶貴的前階段，它雖不完善，但卻能爲思維提供眞實的幫助。[9]他鍥而不捨地力圖達到這樣一個目標：**將經院哲學的邏輯學進一步發展成爲一門具有數學形式和嚴格性的學科，一門在最高和最廣泛意義上的普遍數學**。

我在這裡以《人類理智新論》[10]中的論述爲依據。[11]在這些論述中，三段論形式的學說被擴展爲關於「形式論證」（arguments en forme）的完全普遍的學說，萊布尼茲將這種「形式論證」的學說標誌爲「一門其重要性尚未被充分認識的普遍數學」。他接下來說：「自然，人們必須知道，我不僅僅把形式的論證理解爲那種在學院中所用的經院哲學式的論證，而且還把它理解爲那種借助於形式的力量而得出的合理推論，這種合理推論不需要補充

9 例如可以參閱萊布尼茲在給瓦格納的信中對傳統邏輯學的詳細辯護——儘管這種辯護「無論如何也不如傳統邏輯學本身來得偉大」。——《萊布尼茲哲學著作集》，埃德曼版，第四一八—四二〇頁。

10 以下簡稱爲《新論》。——中譯注

11 第四卷，第十七章，例如可以參閱第四節，《萊布尼茲哲學著作集》，埃德曼版，第三九五頁 a。

任何其他的成分；所以一個複合推理（sorites）（一個避免了各個成分重複的三段論系列）
，甚至一篇開列得正確的帳目、一種代數的演算、一種無窮小的分析，在我看來都差不多 A221
是『形式論證』，因爲它們的推理的形式都是已預先得到證明的，以致我們可以肯定不會
出錯。」[12]這裡所構想的普遍數學（Mathématique universelle）的領域因而比萊布尼茲所
構想的邏輯演算的範圍還要廣大得多，他曾經竭力構想這樣一種邏輯演算，但最後未能完
全成功。實際上在萊布尼茲的普遍數學中必定也包含著通常的量的意義上的整個普全數理
模式（Mathesis universalis）（即萊布尼茲的最狹窄的普遍數理模式概念），尤其是因爲他 B221
自己也一再地將純粹數學的論證標誌爲「形式論證」。同樣，普遍數學也必定包含著像「組
合術」（ars combinatoria），或「普遍種類」（speciosa generalis），或「抽象形式論」
（doctrina de formis abstracta）這樣一類東西，[13]這一類東西構成較廣泛意義上的普全數
理模式，但並不構成上述最廣泛意義上的普全數理模式，而最廣泛意義上的普全數理模式又
與作爲從屬學科的邏輯學相區別。我們在這裡尤其感興趣的是「組合術」，萊布尼茲在上書

---

12 胡塞爾在這裡引用的是萊布尼茲《人類理智新論》法文版原文。中譯文根據德文版（萊比錫，一九二六年，由凱西爾翻譯並加序、加注，第三版，第五八〇頁、第五八一頁）並參照中文版（商務印書館，一九八二年，由陳修齋翻譯並加序、加注）譯出。——中譯注

13 參閱《萊布尼茲數學著作集》，佩爾茲版，第七卷，第二四頁、第四十九—五十一頁、第五四頁、第一五九頁、第二〇五—二〇七頁，等等。

的第七卷第六十一頁上將它定義爲「對形式或規則、相似性、關係等等進行普遍陳述的學說」，[14]他在那裡將它當作質的普遍科學（scientia generalis de qualitate）而與量的普遍科學（scientia generalis de quantitate）（即通常意義上的普遍數學）相對立。對此可以參閱《萊布尼茲哲學著作集》，格哈特版，第七卷，第二九七頁及後頁上的重要說明：「此外，在我看來，組合術就是這樣一門科學——或者可以一般地說——就是這樣一種特徵描述或描述術，它探討事物的形式或公式，就是說，它探討事物的一般的質（qualitate）或探討事物的相似和不相似的關係；例如：在已有的要素 a、b、c 等等之中——它們可以表示事物的質或者其他東西——能夠透過相互連結而產生出各種完全不同的公式。它因此而與代數區別開來，代數所探討的是〔事物的〕量（quantitates）的公式或〔事物的〕相等和不相等的關係。因而代數隸屬於組合術，並且始終要運用組合術的規則，這些規則是一些更爲總體的規則，它們不僅在代數中得到運用，而且也在破譯術中，在各種類型的遊戲中，甚至在綜合幾何學中按古代的方法而得到運用，簡言之，它們在所有涉及相似性關係的情況中都得到運用。」[15]在那些了解現代「形式」數學和數理邏輯學的人看來，萊布尼茲的這些，遠遠趕在

A222

14 這裡引用的是《萊布尼茲哲學著作集》中的拉丁文原文。——中譯注

15 這裡引用的是《萊布尼茲哲學著作集》中的拉丁文原文。譯文根據德文版萊布尼茲《有關哲學奠基的主要著作集》（萊比錫，一九二四年，由布亨瑙翻譯，由凱西爾審閱並作序、加注出版，第一卷，第二版，第五十頁）譯出。——中譯注

他的時代前面的直覺具有明確的界限，並且極爲令人讚嘆。我在這裡要強調的是，萊布尼茲關於「總體科學」（scientia generalis）或關於「推理計算」（calculus ratiocinator）的殘篇也同樣極爲令人讚嘆，只是特倫德倫堡的批判雖然高雅，但卻膚淺，他無法從這些殘篇中讀出多少有用的東西。[16]

同時，萊布尼茲在他的表述中一再強調指出將邏輯學擴展爲一門數學的概率論的必要性。他要求數學家們解決賭博中所隱含的那些問題，並認爲這樣能給經驗思維以及對經驗思維的邏輯批判帶來巨大的促進。[17]簡言之，萊布尼茲以他天才的直覺預見了邏輯學自亞里斯多德以來的最偉大收穫：概率論以及在十九世紀後半期才開始成熟的對（三段論和反三段論）推理的數學分析。他的《論組合術》一書[18]使他成爲純粹流形論這門與純粹邏輯學相近，甚至內在地結合在一起的學科的精神之父。[19]

這一切顯示，萊布尼茲已經立足於我們這裡所宣導的純粹邏輯學觀念的基礎之上。對他

B222

16 參閱特倫德倫堡：《歷史的哲學文獻》，第三卷。

17 例如可以參閱《新論》，第四卷，第六章，第五節，《萊布尼茲哲學著作集》，埃德曼版，第三八八頁及後頁；同上書，第四卷，第二章，第十四節，第三四三頁。也可參閱同上書，「普遍科學」殘篇，第八四頁、第八五頁等等。

18 即萊布尼茲發表於一六六六年的著述《論組合術》（*Dissertatio de arte combinatoria*）。——中譯注

19 參閱本書第69節和第70節。

來說，沒有什麼會比這樣的想法更遙遠了，即：一門富於成效的認識藝術的本質基礎是在心理學之中。他認爲這種本質基礎完全是先天的。它們甚至構造了一門具有數學形式的學科，這門學科本身與純粹數學一樣，在自身中便包含了實際支配認識的天職。[20]

第61節　從具體研究到認識批判的證實以及純粹邏輯學觀念的部分實現的必然性

然而，較之於康德和赫巴特，萊布尼茲的權威所得到的承認更少，尤其是因爲他無法爲這些偉大的意圖加上已實施的成就的分量。他屬於一個過去的時代，而新科學相信自己已遠遠超越了這個時代。在一個已得到廣泛實施的、被誤以爲富有成果和可靠的科學面前，權威顯得無足輕重。尤其是這些權威缺少關於這門相關學科的足夠明確的和得到實際擴展的概念，於是這些權威的影響必然也就更小。很明顯，如果我們不想半途而廢，不想讓我們的批

A223　B223

---

20 例如萊布尼茲認爲，在最狹窄意義上的普全數理模式（Mathesis universalis）是與「數學邏輯」（Logica Mathematicorum）相重合的（同上書，佩爾茲版，第七卷，第五四頁），而他又把這個數學邏輯（又稱爲「數學的邏輯」（Logica Mathematica），同上書，第五十頁）定義爲「與量有關的判斷術和發現術」（Ars judicandi atque inveniendicirca quantitates）。這當然也適用於在較廣意義上和最廣意義上的普全數理模式。

判性思考毀於一旦，我們就必須完成這樣一個任務，即：*在充分廣泛的基礎上構造起純粹邏輯學的觀念*。我們要在含有實事的具體論述中提供關於純粹邏輯學的本質研究的內涵與特徵的更準確的描述，並且更明確地規定純粹邏輯學的概念，只有這樣，我們才能排除一種偏見，這種偏見認爲純粹邏輯學所涉及的是一個由一些相當平凡的命題所構成的狹窄領域。與此相反，我們可以看到，這個學科的範圍是可觀的，這不僅是指它所擁有的系統理論的內涵而言，而且首先是指它的哲學奠基和評價所需的那些困難而重要的研究而言。

此外，即使人們誤以爲純粹邏輯學的眞理領域狹小，這種看法本身也不能作爲一個論據來說明，應當把純粹邏輯學僅僅作爲邏輯工藝論的一種輔助手段來對待。純粹理論的旨趣要求我們對這個在自身中構成一個理論封閉統一的東西加以闡明，而且是在這種理論的封閉性中，而不是將它僅僅作爲某個用於外在目的的輔助手段來加以闡明。另外，如果至此爲止的研究至少已經表明：對純粹邏輯學本質以及它相對於所有其他科學所具有的特殊地位的正確理解，是整個認識論中最重要的問題之一，那麼對純粹邏輯學及其純粹性和獨立性進行眞實的闡述，也就是這門哲學基礎科學（認識論）的生動旨趣所在。[89]當然，認識論只是不應被理解成一門追循形上學的學科，或者甚至被理解爲一門與形上學相重合的學科，而應理解爲一門先於形上學，同樣也先於心理學和所有其他學科的科學。

B224　A224

[89] 在A版中還有：我甚至不知道，認識論究竟是否還配得上一門完整的科學的稱號，假如整個純粹邏輯學不能被視爲是認識論的組成部分，或者反過來說，假如認識論研究不能被視爲是純粹邏輯學的哲學附錄。

附錄：朗格和鮑爾查諾的提示

無論我的邏輯觀與朗格的相距有多遠，我同意他的下列做法，並且認爲這種做法是對我們這門學科的一個貢獻，即：在一個普遍低估純粹邏輯學的時代，他堅定不移地相信：「*對邏輯學的純粹形式要素進行分類處理的努力將會給科學帶來本質的促進*。」[21]我對他的贊同所涉及的範圍還要更廣一些，就最一般方面而言，涉及這門學科的觀念，只是朗格沒有能夠從本質上對它加以澄清。他不無理由地認爲對純粹邏輯學的分類可以導致他稱之爲「邏輯學的絕然之物」的諸學說的形成，「這些學說與數學定理相同，能夠以絕對強制性的方式發展自身……」值得注意的是他又補充說：「*強制性眞理現存*（Vorhandensein）的單純事實是一個如此重要的事實，以至於人們必須認眞地探討這個事實的任何一個痕跡。從這點 A225 看來，如果有人因爲形式邏輯價值小或因爲它作爲人類思維活動理論的不充分而放棄這種研究，那麼他便是混淆了理論目的和實踐目的，因而必須對之予以拒絕。對他的批評可以視爲一種類似於我們對這樣一位化學家的批評：這位化學家拒絕分析一個化合物，理由是它在化 B225 合中極有價值，而個別的組成部分則預計根本沒有價值。」[22]在另一處他同樣正確地指出：

21 朗格：《邏輯研討》，第二頁。

22 朗格：《邏輯研討》，第七—八頁。

「形式邏輯作爲絕然的科學具有完全獨立於其有用性的價值，因爲任何一個先天有效眞理的系統都應受到最高的尊重。」23

朗格在如此熱烈地主張純粹形式邏輯學的觀念的同時，卻並不知道，這個觀念早在相對而言很高的程度上得到實現。我當然不是指對形式邏輯學的眾多論述，這些論述主要是在康德和赫巴特的學說中形成的，而且這些論述與它們所提的主張極少相符[90]；我這裡所指的是帕思哈特·鮑爾查諾於一八三七年所著的《科學論》，這部著作在邏輯「要素論」中遠遠超出了世界文獻所能提供的所有邏輯學體系設想。鮑爾查諾雖然沒有明確地說明和贊同我們意義上的純粹邏輯學的獨立界域；但事實上（de facto），在此著作的第一、二卷中，純粹邏輯學已作爲他所理解的意義上的科學論之基礎，而受到純粹地和科學嚴格地闡述，他賦予純粹邏輯學以如此豐富的原創的、有科學保證的和至少是有用的思想，以至於人們爲此必須將他視爲所有時代中最偉大的邏輯學家之一。歷史上他與萊布尼茲的關係較爲接近[91]，他在重要的思想和基本觀點上與萊布尼茲一致，在哲學的其他方面他也首先依據萊布尼茲。當然，他也沒有充分利用萊布尼茲邏輯直覺的財富，尤其是數學三段論和普遍數理模式方面的

23 朗格：《邏輯研討》，第一二七頁。

[90] 在A版中爲：極少能滿足他們所提的要求。

[91] 在A版中爲：就他的位置來看，他緊靠萊布尼茲。

直覺財富。但當時人們對萊布尼茲的遺稿知之甚少，而且當然還缺乏理解萊布尼茲之鑰匙的「形式」數學和「流形論」。

在這部令人讚嘆的著作的字裡行間處處都證明，鮑爾查諾是一位敏銳的數學家，他用同樣的科學嚴格的精神來管理邏輯學，他本人第一個將此精神運用於對數學分析的基本概念和公理的理論探討上，並因此而爲數學分析提供了新的基礎。數學的歷史將會永遠記載這一光輝成果。我們在鮑爾查諾——這位黑格爾的同時代人——那裡找不到體系哲學的深刻多義性的痕跡，這種哲學的目的不在於成爲理論分析性的世界知識，而在於成爲富於思想的世界觀和世界智慧，而且它在對根本不同意向的不幸混淆中，嚴重地阻礙了科學的哲學的進步。鮑爾查諾的思想構成具有數學的樸實性和平淡性，但也具有數學的清晰性和嚴格性。只有在更深入地探索了這門學科總體構成的意義與目的之後才能揭示，在冷靜的定義或公式的闡述中隱涵著多麼偉大的精神工作和精神成就。一位在觀念主義學派的偏見和思維習慣以及語言習慣中成長起來的哲學家——而我們大家都還沒有完全脫離它們的影響——會很容易把這種科學方式視爲是一種無觀念的淺薄，或者還會把它視爲是一種笨拙和繁瑣。但作爲科學的邏輯學必須建立在鮑爾查諾著作的基礎上，邏輯學必須從這部著作中學會對它來說必需的東西：數學區分的準確性、數學理論的精確性。而後它會在另一種立場上評價數學家們置哲學的蔑視不顧而成功地建立起來的邏輯學的「數學化理論」。因爲他們可以完全吸收鮑爾查諾邏輯學的精神，儘管鮑爾查諾本人還沒有預料到這門邏輯學的形成。至少，未來的邏輯學史編纂者不會再犯像於伯韋格（他通常是極爲縝密的）所犯的那種疏忽，他居然把一部《科學

B226

A227

論》級別的著作與克尼格爾的《女人的邏輯學》放在同一個層次上。[24]

鮑爾查諾的成就愈是一氣呵成，人們就愈不能把它（完全是在這位眞誠的思想家本人的意義上）視爲是最終完成了的成就。這裡只提一點：認識論方向上的缺陷是極爲明顯的。他沒有研究（或者，沒有足夠地研究），如何眞正從哲學上對邏輯思維的成就進行說明，如何 B227
從哲學上對邏輯學科本身做出評價。無論如何，一位在已經可靠劃定界限的領域中，像數學家那樣在理論上建造理論的研究者，並不需要去過多關心那些原則問題，這樣一種研究者是可以回避上面的問題的；但是，如果一個人面臨這樣的任務，他要向一個看不到並且也不承認這個學科或者將這個學科的本質任務混同於異質任務的人說明這樣一門學科的特殊權利以及它的對象本質，那麼這個人便不能回避上面的問題。對面前的這部《邏輯研究》與鮑爾查諾的著作的比較將會顯示，這些研究絕不是對鮑爾查諾的思想構成的單純評論或批判性的修補說明，儘管從另一方面來看，這些研究確實受到由鮑爾查諾——此外還有洛采——所發出的決定性的推動。

24 於伯韋格從一開始便可以從這兩部書的書名看出差異。此外，人們日後也會覺得，像於伯韋格那樣根據各個偉大的哲學家來歷史地處理邏輯學，是一種奇特而不正常的現象。

第十一章 純粹邏輯學的觀念

A228

至此爲止的批判性考察已經在一定程度上爲純粹邏輯學觀念的提出做了準備，我們在這裡則要試圖從概念上澄清純粹邏輯學的觀念，這樣，我們便可以了解下面第二卷[92]的具體研究所要達到的目的，至少可以獲得關於這個目的的一個暫時的，由幾個基本特徵所規定的大致印象。

第62節　科學的統一性。實事的關係和眞理的關係

科學首先是一種人類學的統一，即思維行爲、思維素質連同某些有關的外在活動的統一。我們的興趣並不在於去了解：是什麼東西將這個統一規定爲人類學的統一，尤其是規定爲心理學的統一。我們的興趣毋寧在於了解，是什麼東西使得科學成爲科學，而它無論如何也不是思維行爲被歸於其中的心理學聯繫以及整個實在的聯繫，而是某種客觀的或觀念的聯繫，這種聯繫賦予這些思維行爲以統一的對象關係，也包括在此統一性中的觀念有效性。

但這裡還須要更大的確定性和明晰性。這裡所說的客觀的聯繫觀念地（ideell）貫穿在科學思維之中，並且賦予科學思維並因此而賦予科學本身以「統一」，對這個客觀的聯繫，我們可以做雙重的理解：一方面是**實事**的聯繫，這些實事意向地關係到思維體驗（現實的和可能的思維體驗）；另一方面是**眞理**的聯繫，在這種聯繫中，實事的統一本身獲得其客觀有

[92] 在A版中爲：部分。

B228

A229 效性。前者與後者是一起先天地（a priori）被給予的，是相互不可分離的。沒有什麼事物的存在不受到這樣或那樣的規定；而一個事物受到這樣或那樣的規定，這恰恰便是自在真理（Wahrheit an sich），它構成自在存在（Sein an sich）的必然相關項。顯然，對於個別眞理或事態有效的東西，也對眞理的聯繫或事態的聯繫有效。但這種明見的不可分割性並不就是同一性。在有關的眞理或眞理聯繫中顯露出實事和實事聯繫的存在[93]。但眞理的聯繫不同於「眞實地」處在眞理聯繫中的實事聯繫；這一點會立即表現在下面的情況中：對眞理有效的眞理並不等於就是對在那些眞理中被設定的實事有效的眞理。[1]

B229 被給予我們的是這樣兩種在判斷中的統一，或者更確切地說，在認識中的統一，它們只能抽象地、相互獨立地被想象——一方面是對象性的統一，另一方面是眞理的統一。這個表達已經足夠廣泛，它既可以把簡單的認識行爲，也可以把無論有多麼複雜的、邏輯統一的認識聯繫包容在自身之中：任何一個認識聯繫作爲整體本身就是一個認識行爲。在我們現在進

1　爲了避免產生誤解，我明確強調：對象性、對象、實事等等這類詞在這裡始終是在最廣泛的意義上，即在與我所偏愛的認識這一術語相一致的意義上被運用的。（認識的）對象既可以是一個實在之物，也可以是一個觀念之物；既可以是一個事物或一個過程，也可以是一個種類或一個數學關係；既可以是一個是（Sein），也可以是一個應是（Seinsollen）。當然這也適用於像對象性的統一、實事的聯繫等等這類表述。

[93]　在A版中爲：構造出實事和實事聯繫的有效性。

行一個認識行爲時，或者，我更喜歡這樣說，在我們生活在這個認識行爲中時，我們「所從事的是一個對象之物（Gegenständliches）」，這個對象之物被認識行爲以認識的方式所意指、所設定；如果這個認識行爲是最嚴格意義上的認識，就是說，如果我們所做的判斷帶有明見性，那麼這個對象之物便是本原地（originär）被給予的。這個事態現在並非單純臆指地（vermeintlich），而是現實地（wirklich）出現在我們的眼前，而在其中的這個對象是作爲它本身所是出現在我們眼前，即是說，不是作爲別的東西，而是完全作爲這個認識中被意指的那個對象：作爲這些特性的載體、作爲這些關係的環節等等。這個對象並非單純臆指地，而是現實地具有這些特性，而且它正是作爲現實具有這些特性的對象而被給予我們的認識；而這無非意味著，作爲這樣一種對象，它不是單純地被意指（被判斷），而是被認識；或者：這對象如此存在著，這就是已成爲現時的眞理，是在明見的判斷體驗中已個別化的眞理[94]。如果我們反思這種個別化的過程並進行觀念化的（ideirend）抽象[95]，那麼，被把握的對象便不是那個對象之物，而是眞理本身[96]。我們在這裡[97]將眞理把握爲短暫的主觀認識行爲的觀念相關項，把握爲相對於可能的認識行爲和認識個體的無限雜多而言的那個一。

[94] 在A版中爲：是在明見的判斷中的體驗。
[95] 在A版中爲：這個行爲。
[96] 在A版中爲：對象便不是那個對象之物，而是眞理本身，並且，眞理以對象的方式被給予。
[97] 在A版中還有：——在觀念化的抽象中——。

B230 A230

與認識聯繫觀念地（idealiter）相符合的是眞理聯繫。如果理解是正確的，那麼眞理的觀念性聯繫就不僅是眞理的複合，而且還是複合的眞理，因此它們本身作爲整體服從於眞理的概念。這其中也包括科學，對「科學」一詞要做客觀理解，即是說，科學是已被統一的眞理。在眞理與對象之間存有的普遍關係這裡，同一門科學的眞理的統一是與統一的對象性相符合的：統一的對象性也就是科學領域的統一。與科學領域的統一有關，這門科學的所有個別眞理都可以叫作實事上共屬的（zusammengehörig），當然，我們在後面將會看到，「共屬」這個表達的意義要比通常所理解的更廣泛。[2]

第63節　續論：理論的統一

現在我們要問：是什麼規定了科學的統一以及領域的統一。因爲，並不是只要把諸眞理歸集爲一個眞理的集合體，就能建造出一門科學，這種歸集有可能是非常外在的。我們在第一章中說過，[3]科學包含著某種論證聯繫的統一。然而這也仍然不夠。因爲，這個說法儘管

A231

2　參閱本書第64節的結尾部分。

3　參閱本書第6節。誠然，我們在那裡所說的科學是一個有侷限性的概念，它指的是理論－說明的、抽象的科學。但這並不構成本質性差異，只要我們特別關注一下抽象科學的突出地位便可，下面我們會對此加以說明。

指出：論證本質上屬於科學的觀念，但卻沒有說明，哪一種論證的統一構成了科學。

為了達到明晰性，我們首先要做出幾個普遍的確定。

科學認識本身是源於根據（Grund）的認識。認識某個事物的根據，這就是說，明察到 B231
有這樣狀況或那樣狀況的必然性。必然性作為一個眞理的客觀謂語（這樣它便叫作必然眞理）差不多就意味著有關事態的規律有效性。[4]因而，明察到一個事態是合規律的或明察到這個事態的眞理是必然有效的，以及，認識到這個事態的根據或認識到這個事態的眞理，這 A232
兩種表述是等值的。誠然，人們常常在自然的雙關意義中也把每個自身陳述一個規律的普遍眞理都稱為必然眞理。如果我們使這種眞理與前面所規定的意義相符，那麼它毋寧應當被標示為一種說明性的規律根據（Gesetzgrund），從這個根據中產生出一批必然眞理。

眞理又分為個體的（individuell）眞理和總體的（generell）眞理。個體的眞理（明確地或隱蔽地）包含著有關個體個別性的現實實存的論斷，而總體的眞理則完全不含有這些論斷，而且只允許對個體的（純粹出自概念的）可能實存做出闡明。

4 因而這裡所指的不是有關判斷所具有的一種主觀的、心理學的特徵，例如：這裡所指的根本不是一種迫不得已的感覺，如此等等。我們在第39節中已經大致說明，觀念對象以及觀念對象的觀念謂語與主體行為的關係是怎樣的。詳細論述可參閱第二卷[98]。

[98] 在A版中為：部分。

個體眞理本身是**偶然的**。如果人們在個體眞理這裡談及源自根據的說明，那麼在這裡就涉及在某些被預設的**境況**中對這些說明的必然性的證明。就是說，如果一個事實與其他事實的**聯繫**是一種規律性的聯繫，那麼，根據那些規定著這類聯繫的規律，並且在與此相應境況的前提下，這個事實的存在便被規定爲是必然的存在。

如果我們涉及的不是對一個事實眞理的論證，而是對一個**總體**眞理（就它可能被運用於它自身所包含的各個事實本身這一點而言，它又具有一個規律的特徵）的論證，[5] 那麼我們便會看到某些總體的規律，這些規律在殊相化（Spezialisierung）[而非個體化（Individualisierung）]的過程中以及在演繹的推導過程中提出那些須要論證的定律。對總體規律的論證必然會引導到某些按其本質無法再論證的規律上。這些規律就叫作**根據規律**（Grundgesetz）。[6]

B232

觀念上封閉的各個規律都建立在**一個**根據規律的基礎上，並且透過演繹而從這個根據規律中產生出來，這個根據規律是諸規律的最終根據；這些觀念上封閉的規律之總體的系統統

5　德文中「論證」的原本詞義就是「給出根據」（den Grund angeben）。——中譯注

6　「根據規律」（Grundgesetz）本來應當譯作「基本規律」。但胡塞爾在這裡將它與「規律根據」（Gesetzgrund）相對照。所以這裡便也相應地譯作「根據規律」，但此後便仍維持「基本規律」的譯法。——中譯注

一就是**系統已完善的理論的統一**。這個根據規律或是由一個根據規律，或是由一組**同質的**（homogen）根據規律組成。

A233 我們在普遍算術、幾何學、分析力學、數學天文學等學科中擁有這種嚴格意義上的理論。人們通常把理論這個概念理解爲一個相對的概念，即：一個相對於它所制約的雜多個別性而言的概念，它爲這些個別性提供說明的根據。普遍算術爲數量定律和具體的數字定律提供說明性的理論；分析力學爲力學事實提供說明性的理論；數學天文學爲萬有引力的事實提供說明性的理論，如此等等。但是，理論之所以有可能運用這種說明的功能，這乃是在我們的絕對意義上的理論之本質的自明結果。──人們在一種鬆散的意義上，把理論理解爲一個演繹的系統，在這個系統中最終的根據還不是嚴格詞義上的根據規律，但卻作爲眞正的根據而使得我們更接近根據規律。在封閉理論的階段順序中，這種鬆散意義上的理論構成一個階段。

B233 我們還要注意下列區別：每個說明關係都是一個演繹關係，但不是每個演繹關係都是說明關係。所有根據都是前提，但不是所有前提都是根據。儘管每個演繹都是必然的，即：每個演繹都服從於規律；但是，推論是遵循規律（推理規律）進行的並不意味著，推論源於規律而且在確切的意義上「建基於」（gründen）規律之中。當然人們也習慣於把每個前提，尤其是一個普遍的前提，標誌爲從中得出的「結論」之「根據（Grund）」──這是一個必須加以注意的雙重含義。

第64節　賦予科學以統一的本質性原則和非本質性原則。抽象的、具體的和規範的科學

現在我們能夠回答上面所提的問題了，這些問題就是：是什麼在規定著一門科學所具有的諸眞理的共屬性？是什麼構成了一門科學的「實事性」（sachlich）統一？

賦予科學以統一的那些原則可以分爲兩種，即本質性的和非本質性的原則。

一門科學所具有的諸眞理是本質一致的，只要它們之間的連結是立足於那些首先使科學成爲科學的東西之上的；而且如我們所知，這種東西就是源於根據的認識，就是說，它們是指（確切的意義上的）說明或論證。一門科學的諸眞理的本質統一就是說明的統一。但所有說明都指明一個理論，並在對根據規律、對說明原則的認識中得以完結。因此，說明的統一就意味著理論的統一，根據上面所述，也就意味著論證規律的同質統一，最終也就意味著說明原則的同質統一。

在一些科學中，理論的著眼點（Gesichtspunkt）、原則性統一的著眼點，規定了這些科學的領域，因而它們在觀念的封閉性中包含了所有可能的事實和總體的個別性，而這些事實和個別性的說明原則就在一個基本規律之中。這種科學被人們並不十分合適地稱之爲抽象科學。對它們最恰當的表述實際上是理論科學。可是這個表述是在與實踐科學和規範科學的

B234　A234

對立中被運用，我們在前面也正是讓它保留了這種意義。根據克里斯的建議，[7]人們也可以把這種科學幾乎同樣特徵性地標示為「**法理學的科學**」，只要它們在規律中擁有統一的原則以及本質的研究目的。**說明的**科學這個一同被運用的名稱也是確切的，如果這個名稱所要強調的是說明的**統一**而非說明本身。[99]

但對於第二點來說還存在著一些將諸真理歸整為**一門**科學的**特別著眼點**[100]，其中最容易理解的一個著眼點便是一種毋寧說是字面意義上的**實事的統一**。人們將所有在內容上與**同一個個體對象**或與同一個**經驗的種屬**有關的真理連結在一起。這便是**具體的**，或用克里斯的術語來說，「**本體論的科學**」的狀況，如地理學、歷史學、天文學、自然史、解剖學等等。地理學真理的統一在於它們與地球的關係，氣象學的真理則更受限制，它們涉及地球的氣候現象，如此等等。

A235

7 克里斯：《概率計算原則》，一八八六年版，第八十五—八十六頁，以及《科學哲學季刊》，第十六期（一八九二年），第二五五頁。但克里斯是用「法理學的（nomologisch）」和「本體論的（ontologisch）」這兩個術語來區分判斷，而不是像這裡所做的那樣，用它們來區分科學。

[99] 在A版中還有：因為，說明屬於任何一門科學本身的本質。

[100] 在A版中為：非本質的。

人們也習慣於把這些科學標示爲描述的科學，而且我們的確可以承認這些名稱的有效性，只要描述的統一受對象的或種類的經驗統一所規定，而且在這些科學中確實存在著這種規定科學的統一的描述統一。但是，人們當然不能這樣來理解這個名稱，就好像描述科學的目的僅僅在於描述，這便違背了那個對我們來說具有決定作用的科學概念。

由於那種面向經驗統一的說明，有可能會進入到一些彼此相距甚遠，甚至完全不同類的理論之中，因此我們有理由把具體科學的統一稱之爲一種非本質的統一。

無論如何有一點很明顯，抽象的或法理學的科學是眞正的基礎科學，從這些科學的理論組成中，具體科學可以獲得所有使它們成爲科學的東西，亦即理論性的東西。可以理解，具體科學只要把它們所描述的對象之物與法理學的科學的較低級規律相聯接，而且無論如何還要指明上升著的說明的主要方向就夠了。因爲向諸原則的還原以及建立說明理論一般（erklärende Theorien überhaupt），這些工作屬於法理學的科學的特有研究領域，並且，在那些充分發展了的法理學的科學中，這些工作已經在最普遍的形式上得到了完成。當然這裡尚未對這兩種科學的相對價值做任何陳述。理論的興趣並不是唯一的興趣，也不是獨自規定價值的興趣。美學的、倫理的、最廣泛詞義上的實踐的興趣可以與個體之物相連結，並且賦予對它們的個別描述與說明以最高的價值。但只要純粹理論的興趣是決定性的，那麼個體的個別之物和經驗的連結便是自爲地無效的，或者它們僅僅作爲方法論的貫穿點而對普遍理論的構造有效。理論的自然研究者，或者說，純粹理論思考和數學化思考語境中的自然研究者，他們是用一種與地理學家或天文學家不同的眼光來觀看地球和星球的；對於理論的自

B235　A236　B236

然研究者來說，地球和星球本身是無所謂的，它們只是一些受萬有引力作用的事物的例子而已。

最後我們還要提到科學統一的**另一個同樣非本質的**原則。這個原則產生於一個統一的評價的興趣，即是說，這個原則在客觀上受一個統一的基本價值（或者說，受一個統一的基本規範）的規定，我們在本書第二章的第14節中已詳細地討論過這一點。因而，這個原則在**規範**學科中構成了眞理的**實事**共屬性，或者說，構成了領域的統一。顯然，人們在談到**實事**的共屬性時會最自然地把它理解爲一種建立在實事本身之中的共屬性；因而人們所說的實事的共屬性是指那種源自理論規律的統一或具體實事的統一。在這種理解中，規範的統一和實事 A237 的統一相互對立。

根據我們前面已做的闡述，規範的科學依賴於理論科學──首先是依賴於在「法理學」科學的最嚴格意義上的理論科學──，這種依賴的方式在於，我們又可以說，規範科學從理論科學中獲得所有那些使它們成爲科學的東西，這種東西就是理論性的東西。

第65節　關於科學或理論一般的可能性的觀念條件問題

A. 與現實認識有關的問題

現在我們提出「**科學一般的可能性條件**」的重要問題。由於科學認識的本質目的只有 B237 透過在「法理學」科學的嚴格意義上的理論才能達到，所以我們用「**理論一般的可能性條**

件」的問題來取代「科學一般的可能性條件」的問題。理論本身由諸眞理組成，這些眞理的連結形式是演繹形式。故而對我們問題的回答還包含著對一個更一般的問題的回答，即眞理一般（Wahrheit überhaupt）的可能性條件以及演繹的統一一般（deduktive Einheit überhaupt）的可能性條件的問題。——當然，之所以採用這種提出問題的形式，乃是因爲顧及到了歷史上的相似問題。我們在這裡所做的顯然就是對「經驗的可能性條件」問題進行十分必要的普遍化。經驗的統一對康德來說是對象的規律性的統一；就是說，經驗的統一從屬於理論統一的概念。

然而我們對這個問題的意義還須要做更仔細的闡明。首先可以在主觀的意義上理解它，在這個意義上，我們最好把它表述爲關於理論認識一般的可能性條件的問題，更一般地說，關於推理一般的和認識一般的可能性條件的問題，也就是對於任意一個人類生物而言的可能性問題。這些條件部分是實在的，部分是觀念的。我們在這裡忽略不計第一類條件，即心理學條件。不言而喻，與心理學有關的認識可能性包含了我們在思維中所依賴的所有因果性條件。根據我們前面的闡述，[8] 觀念條件可以是雙重的類型，它們或者是意向活動的條

8　參閱本書第32節。那裡的目的在於確定懷疑主義的確切概念，因而我沒有做出如此細緻的區分，而只是將這兩者相互對立：理論認識的意向活動條件和理論本身的客觀—邏輯條件。但在這裡，我們必須最清晰地說明所有與此有關的關係。因此，有必要先把邏輯條件也視爲是認識條件，然後再將它們與客觀理論本身

A238

件，即：它們建基於認識本身的觀念之中，而且是先天地建基於這個觀念之中，它們並不顧及人的認識在其心理約束性方面的經驗特殊性。或者，它們是**純粹邏輯**的條件，意即，它們純粹地建基於認識的「內容」之中。從一方面來看，先天明見的是，例如思維主體必然能夠進行所有類型的行爲，理論的認識就是在這些行爲中得以實現的。特別是我們作爲思維生物必須具備這樣一種明察的能力，即：明察到作爲眞理的命題以及作爲另一些眞理之結論的眞理；並且，明察到規律本身、作爲說明的根據的規律、作爲最終原則的根據規律，如此等等。但從另一方面來看同樣明見的是，無論眞理本身，尤其是規律、根據、原則是否被我們明察到，它們本身仍然是它們所是。並不是它們只有在能夠爲我們明察到時才有效，而是我們只有在它們有效時才能明察到它們，因此我們必須將它們視爲是對它們的認識之可能性的客觀的或觀念的條件。據此，屬於眞理本身、屬於演繹本身、屬於理論本身（即屬於這些觀念統一的普遍**本質**）的先天規律必須被描述爲這樣一種規律，這種規律表達著認識一般的，或者說表達著演繹認識一般和理論認識一般的可能性的觀念條件，而且這些條件純粹建基於認識的「內容」之中。

A239　B238

直接聯繫起來。這當然不會影響我們觀點的本質，相反會使我們的觀點得到更明晰的澄清。同樣的情況也適用於對經驗—主觀認識條件的考慮，它們與意向活動的和純粹—邏輯的認識條件相並列。顯然我們在這裡利用了對邏輯學明見性理論所做的批判性考察。參閱本書第50節結尾部分。明見性無非就是認識本身的特徵。

這裡所涉及的顯然是先天的認識條件，它們可以在脫離於所有與思維主體和主體性觀念之關係的情況下受到考察和研究。這些相關的規律在其含義內涵中根本不具有這種與主體的關係；正如我們在前面所詳細闡述過的那樣，[9]這些規律從不談論、甚至不以觀念的方式談論認識活動、判斷活動、推理活動、表象活動、論證活動這類東西，而是談論眞理、概念、命題、推論、根據和結論等等。但不言而喻，這些規律也會經歷明見的轉變，透過這種轉變，它們獲得與認識和認識主體的明確聯繫，並且自身做出與認識的實在可能性有關的陳述。在這裡也和在其他地方一樣，關於實在可能性的先天論斷是透過將觀念的（透過純粹總體命題而表達出來的）關係轉用於經驗的個別性而逐漸形成的。[10]

B239

我們已經把作爲意向活動條件的觀念的認識條件，與客觀—邏輯學的條件區分開來，從根本上看，這些觀念的認識條件無非就是那些屬於純粹認識內容的規律性明察的轉變而已，這些明察透過這種轉變，可以有效地用來對認識進行批判，並且透過進一步的轉變，可以有效地用來對認識進行實踐—邏輯學的規範。（因爲即便是純粹邏輯學規律的**規範性**轉變，在這裡也與前面所說的課題相銜接。）

A240

9　參閱本書第47節。

10　參閱本書第47節中算術的例子。

第66節 B.與認識內容有關的問題

從這些考察中可能得出這樣的結論，在認識一般的可能性，尤其是理論認識的可能性的觀念條件問題上，我們最終還要回溯到某些規律上，這些規律純粹地建基於認識的內容之中，或者說，純粹地建基於認識內容所隸屬的範疇概念之中，而且這些規律如此抽象，以至於它們不再包含任何作爲一個認識主體的行爲的認識。正是這些規律，或者說，正是構建這些規律上的範疇概念，才構成了那些在客觀─觀念意義上可以理解爲理論一般的可能性條件的東西。因爲我們不僅可以在理論的認識方面提出可能性條件的問題，正如我們至今爲止所做的那樣，而且我們也可以在理論認識的內容方面，亦即直接就理論本身提出這個問題。必須反復強調的是，我們這樣就把理論，同樣也把眞理、規律這類東西理解爲可能認識的一個確定的觀念內容。與對這個內容的雜多個體個別認識行爲相符合的是這樣一個眞理，這個眞理也就是這個觀念同一的內容。以同樣的方式，與雜多的個體複合認識──在任何一個這樣的複合認識中，同一個理論現在或以後、在這些或那些主體中得到認識──相符的是這樣一個理論，即作爲此觀念同一內容的理論。這樣，這個理論便不是由行爲構造起來的，而是由純粹觀念的要素、由眞理構造起來的，而且這種構造是在純粹觀念的形式中進行的，是在根據與結論的形式中進行的。

如果我們現在把可能性條件的問題直接與這個客觀意義上的理論相聯繫，即與理論一般相聯繫，那麼這個可能性便只能具有純粹概念地被思維的客體所具有的那種意義。這樣

A241 B240

我們便從客體被帶回到概念，而可能性就意味著有關概念的「有效性」，或者說得更確切些，意味著有關概念的有本質性（Wesenhaftigkeit），這和常常被標示爲概念的「實在性」（Realität）的東西是一回事，它與「虛像性」（Imaginarität）相對立，或者我們最好說，它與無本質性（Wesenlosigkeit）相對立。人們在這個意義上談論實在定義，這些定義保證了概念的可能性、有效性、實在性，人們同樣也在這個意義上談論實數和虛數的對立，談論各種幾何構成的對立等等。顯然，可能性這個措辭由於轉用到概念上而具有雙重意義。眞正意義上可能的是包含在有關概念之中的對象的存在。這種可能性透過對概念本質的認識而得到先天的保證，而對概念本質的認識好比是根據對一個包含在概念中的對象的直觀表象而明晰地顯現給我們的。但由於這種轉用，概念的本質性本身也被標示爲可能性。

與此相關，關於一種理論一般的可能性問題以及關於這門理論所依據的條件的問題便獲得了一個可輕易把握的意義。理論一般的可能性或本質性當然是由對某個確定的理論的明晰認識來保證的。但進一步的問題在於：是什麼在觀念—規律的普遍性中決定了這種理論一般的可能性？也就是問，是什麼構成了理論本身的觀念「本質」？理論的「可能性」是由原始「可能性」構成的，這種原始的可能性是什麼？換言之，理論的本質概念是由原始的本質概念構成的，這種原始的本質概念是什麼？再進一步的問題是：那種建基於這些概念之中、賦予所有理論本身以統一的純粹規律是什麼？也就是問，那種包含在所有理論的形式之中並先天地規定了這些理論可能的（本質的）變化與方式的規律是什麼？

如果這些觀念概念（Idealbegriffe）或規律劃定了理論一般的可能性的範圍，換言之，

B241　A242

如果它們表達了本質上包含在理論這個觀念中的東西，那麼就可以直接得出：任何一個被主張的理論只有在與這些概念或規律相一致時，它才是理論。對一個概念的邏輯論證，即對這個概念的觀念可能性的論證，乃是透過向此概念的直觀的或演繹的本質的回復而完成的。因而，對一個已有理論本身的（就是說，根據它的純粹形式而進行的）邏輯論證需要回復到理論形式的本質上，從而也需要回復到這樣一些概念和規律上，這些概念和規律構成理論一般的觀念成分（「理論可能性的條件」），而且還先天地和演繹地支配著理論這個觀念向任何可能的理論類型的轉化。這裡的情況與更廣泛的演繹領域中的情況完全一樣，例如與各種簡單的三段論的情況一樣。儘管這些三段論自身可以被明察到，但它們卻只有在向形式的推理規律的回復中，才能得到最終的和最深刻的論證。由此便逐漸產生了對三段論關係的先天根據的明察。在任何一個更複雜的演繹那裡，特別是在一個理論那裡，情況也是如此。在明晰的理論思維中，我們明察到被說明的事態的根據。如果我們要想更深刻地明察構成這種思維的理論內容的理論關係本質，以及更深刻地明察這種思維的成就的先天規律根據，我們就只有回溯到形式和規律上，以及回溯到這些形式和規律所屬的完全不同的認識層次的理論關係上。

指明更深刻的明察和論證，也許會有助於使理論研究的無與倫比的價值得以顯現，這些理論研究可以幫助我們解決前面所提的問題：這裡所談的是建立在理論的本質之中的系統理論，或者說，這裡所談的是先天的、理論的、法理學的科學，它與科學本身的觀念本質有關，也就是說，它與科學本身所具有的、在系統理論方面的內涵有關，與科學本身的經驗及

A243　B242

人類學方面無關；在更深的意義上也可以說，這裡所談的是理論的理論、科學的科學。不過，使我們的認識得以豐富的這種成就當然必須與這些問題本身以及與解決這些問題的內涵本身區分開來。

第67節　純粹邏輯學的任務。第一：確定純粹含義範疇、純粹對象範疇以及它們的規律性複合

我們努力的目標在於更深入地理解純粹邏輯學這門先天學科的觀念，根據這裡對這個觀念所做的暫時確定，我們可以把它所須解決的任務大致分成三組：

第一項任務在於確定或科學地澄清較爲重要的概念，並且主要是確定所有**原始的概念**，這些概念使客觀聯繫之中的認識關係，特別是使理論關係「成爲可能」。換言之，這裡的目的在於那些構造了理論統一這個觀念的概念，或者也在於那些與上述概念有著觀念規律聯繫的概念。可以理解，這裡已經出現了一些第二層次上的構造性概念，即：有關概念的概念以及其他觀念統一的概念。已有的理論是一種對被給予的各種定律的演繹連結，而這些定律本身則是某種對被給予的各種概念的連結。如果這些被給予性尚不確定，理論所具有的「形式」的觀念便得以產生，於是素樸的概念便爲概念的概念以及其他觀念的概念所取代。在它們之中已經包括這樣的概念：概念、命題、眞理等等。

基本連結形式的概念當然是構造性的，那些完全一般地對於定律的演繹統一而言的基本

A244　B243

連結形式的概念尤其是構造性的，例如：聯言的、選言的、假言的連結形式，它們將定律結合成爲新的定律。此外還有將較低級的含義要素結合成爲簡單定律的連結形式，並且這又會導向各種類型的主語形式、謂語形式，導向聯言的、選言的結合形式，導向複數形式等等。確定的規律規整著逐步進行的複合，透過這種複合，新的和更新的形式的多樣性便從原初的形式中產生出來。這裡要考察的研究範圍自然還包括這些**複合規律**，這些規律使我們有 B244 可能獲得那些可以根據原初概念和形式推導出的諸概念的組合性概況，這裡要考察的研究範圍自然也包括這個組合性概況本身。[11]

與至此爲止所提到的概念以及與**含義範疇**，有著切近的規律性聯繫的是另一些與它們相關的概念，如對象、事態、一、多、數、關係、連結等等。這些概念是純粹的或**形式的對象範疇**。它們因而也必須受到考察。這兩個方面所涉及的都始終是這樣一些概念，這些概念的功能已經表明，它們是**不依賴於任何一種認識質料的特殊性的**，所有在思維中特別出現的概念和對象、命題和事態等等都必須納入到它們之中；因而這些概念唯有在涉及不同「思維功能」時[101]才能產生，就是說，這些概念唯有在可能的思維行爲本身之中或在它們之中可把握 A245

11　參閱本書第二卷，第四研究。

[101]　在A版中爲：透過對不同的「思維功能」的反思。

到的相關項中，才可能擁有其具體的基礎。12

現在我們必須確定所有這些概念，必須個別地研究它們的「**起源**」。並不是我們對純粹邏輯學的有關概念表象或概念表象素質的產生這類心理學問題的興趣不大。這裡涉及的不是**這個**問題；這裡涉及的是**現象學的**[102]**起源**，或者說——如果我們寧可完全排除關於起源的不合適的、模糊的措辭的話——這裡涉及的是對有關概念的**本質的明察**，就方法論方面而言，這裡涉及的是對單義的、明確區分了的語詞含義的確定。要想達到這個目的，我們就只能透過在相即的觀念化（Ideation）中對各個本質進行直觀的**當下化**（Vergegenwärtigung），或者，如果我們所涉及的是複雜的概念，就只能透過對寓居於這些概念之中的基本概念之本質性的認識，以及對它們的連結形式的概念之本質性的認識。

所有這些都僅僅是準備性的，而且看起來是微不足道的任務。它們在很大程度上必然帶有術語闡釋形式的外觀，並且很容易被外行視爲是小題大作的枯燥文字遊戲。但只要這些概念尚未被區分、只要這些概念尚未透過在觀念化的直觀中向它們本質的回溯而得以澄清[103]，那麼任何進一步的努力都將是毫無希望的。概念的模棱兩可在邏輯學領域所帶來的厄運要大

12 參閱本書第62節結尾部分或第二卷，第六研究，第44節。

[102] 在A版中爲：邏輯學的。

[103] 在A版中爲：被澄清。

B245

於在任何一個其他的認識領域；只有在邏輯學領域，概念的混亂才會如此嚴重地阻礙認識的進步，甚至阻礙著認識的開端；只有在邏輯學領域，概念的混亂才會如此嚴重地妨礙對眞正目標的明察。這部《導引》所做的批判性考察處處都指明了這一點。

對此第一組問題的意義做再高的估價也不爲過，而且問題在於，整個邏輯學學科的最大困難是否恰恰就在它們這裡。

第68節　第二：建立在這些範疇中的規律和理論

第二組問題涉及對這樣一些規律的尋找，這些規律建基於兩個種類的範疇概念之中，而且這些規律不僅涉及這些概念的複合的可能形式，以及透過這種複合而完成的對理論統一的變化改造的可能形式，[13]而且更多地是涉及已形成的構成形式的客觀有效性，即：它們一方面涉及純粹建立在範疇構成形式上的含義一般的眞與假，另一方面（就它們的對象相關項而言）又涉及建立在它們的單純範疇形式上的對象一般、事態一般等等的有與無。[104]這些朝向

13　參閱本書第二卷，第四研究。

[104]　在A版中爲：這些規律建立在範疇概念之中，並且，這些規律不僅涉及這些概念的複合，而且更多地是涉及由這些概念所構成的已形成的理論統一的客觀有效性。

A246

含義與對象一般的邏輯—範疇普遍性，因而也是可想象的最高普遍性[14]的規律，本身又在構造著理論。一方面，即在含義這方面，是推論的理論，例如三段論，但它只是一個推論的理論。另一方面，即在相關項這方面，純粹多的學說（Vielheitslehre）建基於多的概念之中，純粹數的學說（Anzahlenlehre）建基於數的概念之中，如此等等。——每一門學說都是一個自身封閉的理論。因此，所有與此有關的規律都導向在有限數量上的一批原始的或基本的規律，它們直接植根於範疇的概念之中，並且必然（借助於它們的同質性）論證著一門包羅萬象的理論，這門理論將那些個別的理論作爲相對封閉的組成部分包含在自身之中。

這裡的意圖在於規律的領域，因爲在這些規律的形式普遍性中包含著所有可能的含義和所有可能的對象，所以任何特殊的理論和任何特殊的科學都服從於這些規律，任何一門只要是有效的理論和科學都必須根據這些理論來運行[105]。並不是說任何一門個別理論都把這些規律中的每個個別規律預設爲其可能性和有效性的根據。毋寧說是那些觀念上完善的範疇理論和規律構成了一個包羅萬象的基礎，任何一個確定的、有效的[106]理論都從這個基礎中獲得屬於其形式的本質性觀念根據：它們是這樣一種規律，任何理論都根據這些規律來進行，任何

B246

14 參閱本書第二卷，第一研究，第29節結尾部分。

[105] 在A版中爲：任何一項理論研究都必須根據這些規律來運行。

[106] 在A版中爲：（即眞實的、有效的）。

理論都只有從這些規律出發才能作爲有效的理論，而在其「形式」方面得到具有最終根據的合理證實。只要理論是一種由個別眞理和聯繫構成的全面統一，那麼顯而易見，那些包含在眞理的概念之中以及包含在這種或那種形式上的聯繫的可能性之中的規律，就一同被包容在這個被劃定的領域之內。儘管理論的概念是一個較爲狹窄的概念，或者毋寧說，由於理論的概念是一個較爲狹窄的概念，對此概念的可能性條件的研究是一個比對眞理一般和對命題聯繫的原始形式的研究[15]更加全面的任務。A247

第69節　第三：有關可能的理論形式的理論或純粹流形論

B247 如果我們完成了所有這些研究，那麼一門與理論一般可能性條件有關的科學的觀念便會得到充分的展示。但我們馬上看到，這門科學超出自身又指明了一門塡補性的科學，這門塡補性的科學**先天地涉及理論的本質種類（形式）以及從屬的關係規律**。一言以蔽之，如此便產生出一個關於理論一般的更全面科學的觀念，這門科學在其基礎部分中研究那些構造性地包含在理論的觀念中的本質概念和本質規律，然後過渡到對這觀念的區分上，而且它並不研究這理論本身的可能性，而是**先天地研究這些可能的理論**。

15 參閱本書第65節，第二三六頁及後頁（邊碼 A 236f./B 235f.）

就是說，在充分完成了上述任務的基礎上，我們有可能用純粹範疇的概念來確定地構造出可能理論的多種概念，我們有可能構造這樣一些理論的純粹「形式」，這些理論所具有的本質性已得到規律性的證明。但這些不同的形式並非相互之間沒有聯繫。我們會遵照一定的程序來構造可能的形式，遵照一定的程序來縱觀這些形式之間的規律性聯繫，就是說，我們也能夠遵照一定的程序，將一些透過變更而發揮規定作用的基本要素轉移到另一些這樣的要素之中，如此等等。即使我們不是擁有所有普遍定律，我們也將至少會擁有一些對於特定種屬的理論形式而言的普遍定律，這些定律在這個已劃定的範圍內統治著這些形式的合乎規律的展開、連結和變化。

顯然，這裡所要提出的定律必然會具有與第二組理論的原理和定理不同的內涵和特徵，例如與三段論規律或算術規律不同的內涵和特徵。但另一方面，從一開始就很明顯，對這裡提出的定律的演繹（因爲這裡不可能有眞正的基本規律）必定只能立足於第二組理論。

這是一門關於理論一般的理論科學的最終的和最高的目標。這一目標對於認識實踐來說也不是一個無關緊要的目標。毋寧說，將一門理論納入到它的形式等級之中，這種做法具有最重大的方法論意義。因爲，隨著演繹的和理論的領域的展開，理論研究的自由活力也開始增長，諸方法的財富和成果也開始增長。因此，透過極爲有效方法的幫助、透過向範疇的類型的回溯、或者（這完全是一回事）透過向理論形式的回溯、此外也有可能進一步透過向更廣泛的形式或形式種群（Formklasse）及其規律的過渡，我們能夠解決那些在一個理論學科之內或在這學科的某一個理論之內所提出的問題。

A248
B248

第70節　對純粹流形論這個觀念的闡釋

前面所做的這些論述可能會使人感覺有些模糊。但它們所涉及的不是一些含混不清的想象，而是一種具有確定內涵的構想，對這一點，最普遍意義上的「形式數學」或現代數學的最高成果流形論已做了證明。實際上這門理論恰恰就是（在相關性的變化中）對我們剛才所提出的理想的部分實現。——這當然不是說，原初受數字領域和數值領域方面的興趣引導，並因此也被此興趣所限的數學家本身正確地認識到了這門新學科的觀念本質，而且在自己完全上升到對一門包羅萬象的理論的最高抽象上。這門可能的、僅僅在形式上被確定的理論的概念之對象相關項就是一個可能的、由此形式理論來主宰的認識領域一般的概念。但這樣一個概念被數學家（在他的那個圈子裡）稱之為一個流形（Mannigfaltigkeit）。因而對這個領域的規定僅僅在於：它隸屬於那種形式的理論，或者說，它的客體之間可能具有某種連結，這些連結服從於某些具有這種或那種形式（形式在這裡是唯一確定性的東西）的基本規律。這些客體在質料方面是完全不確定的。——數學家在論述它們時寧可說「思維客體」。這些思維客體既不被直接地規定為個體的個別性或種類的個別性，也不間接地受它們質料的[107]種或屬所規定，而是僅僅透過被劃歸為它們的各種連結所具有的形式而得到規定。這些連結本身和它們的客體一樣，在內容上是未被規定的，被規定的僅僅是它們的形式，也就是

A249
B249

[107] 在A版中為：內在的。

說，那些被認爲對它們有效的基本規律的形式在規定著這些連結。而這些基本規律的形式又像規定領域那樣，或者毋寧說，又像規定領域形式那樣規定著構造性的理論，或者更確切地說，規定著理論形式。例如：在流形論中，+不是數字相加的符號，而是一種連結一般的符號，對這種連結有效的是 a + b = b +a 等等形式的規律。流形的思維客體使這種「運算」（以及其他據此而可被證明爲先天相容的「運算」）得以可能，這便是對流形的規定。

一門流形論的最普遍觀念就是一門這樣的科學，它確定地組織各種可能理論（或領域）的本質類型並研究它們相互間的規律性關係。這樣，所有現實的理論都是那些與它們相應的理論形式的殊相化，或者說，單項化（Singularisierungen），正如所有經過理論加工的認識領域都是個別的流形一樣。如果在流形論中有關的形式理論果眞得到施行，那麼，爲建立這種形式的所有現實理論而做的全部演繹性工作便也隨之得到了完成。

這是一個具有最高方法論含義的著眼點，沒有這個著眼點，對數學方法的理解便無從談起。同樣重要的是前面已用向純粹形式的回復加以說明的那種做法，即把純粹形式納入到更全面的形式或形式種群之中。這裡實際上就是數學所具有的那種出色的方法論工藝的主要部分所在，這一點不僅可以透過對流形論的觀察來證明，它是幾何理論和幾何理論形式普遍化的結果，而且，這種方式的第一個，且是最簡單的一個事例也可以提供證明，這個事例就是實數領域（或者說，實數的相應理論形式，「實數的形式理論」）擴展爲形式的、有了雙重延伸的普通複數領域。事實上，只有從這個見解中才能找到鑰匙來解決那些始終未澄清的問題，例如：在數的領域中怎麼可能在方法上探討像實在概念這類不可能的（無本質的）概

A250
B250

念。然而這裡並非是對此做進一步闡釋的地方。

當我在前面談到產生於幾何理論的普遍化之中的流形論時，我指的是關於n維流形的學說，無論它是歐幾里得的流形，還是非歐幾里得的流形，此外還指格拉斯曼[16]的因次論和羅萬·漢彌爾頓[17]的理論，後者與前者相近，首先在幾何學上可以替代前者。這些流形論中也包括李[18]變換群的學說，康托爾[19]對數和流形的研究，以及許多其他的學說和研究。

透過曲律的變更，類似空間的流形的不同種屬可以相互過渡，與此方式相同，只要一位哲學家對黎曼—亥姆霍茲[20]理論有初步的了解，他便可以大致地想象出，規律性的紐帶是如何把不同類型的純粹理論形式連結在一起的。我們可以輕易地證明，只要認識了這些作爲純

16 海爾曼·格拉斯曼（Hermann Günther Graßmann，一八〇九—一八七七年），德國數學家和語言研究家，格拉斯曼規律的發現者。——中譯注

17 羅萬·漢彌爾頓（William Rowan Hamilton，一八〇五—一八六五年），英國數學家和天文學家，在數學和力學領域均有建樹。——中譯注

18 李（Marius Sophus Lie，一八四二—一八九九年），挪威數學家，在幾何學、微分方程式方面有創見，建立了連續變換群理論。——中譯注

19 康托爾（G. F. L. Philipp Cantor，一八四五—一九一八年）。參閱本書第22節中的相關譯注。——中譯注

20 黎曼（G. F. Bernhard Riemann，一八二六—一八六六年）。德國數學家，一生中對數學各個領域都做出了劃時代的貢獻。亥姆霍茲（Hermann von Helmholtz，一八二一—一八九四年），德國自然研究家，從數學上確定了由邁耶所發現的力的守恆定律。——中譯注

粹範疇理論形式的理論的眞實意向，所有形上學的迷霧、所有那些屬於數學研究的神祕色彩都將被蕩之殆盡。如果我們稱空間爲現象世界的排列形式，那麼，關於「諸空間」的說法，例如平行公理所指的「諸空間」，便是一個悖謬。同樣[108]，如果幾何學被稱之爲關於現象世界的空間的科學，那麼各種幾何學的說法便也是一個悖謬。但如果我們把空間理解爲世界空間的**範疇形式**，並且與此相關地把幾何學理解爲一般意義上的幾何學的範疇理論形式，那麼空間就被納入到一個有規律地劃定了範圍的種屬之中，這個種屬是純粹範疇性地被規定的流形的種屬，在涉及這個種屬時，人們自然便可以在更全面的意義上談論空間。同樣，幾何學理論也就被納入到一個相應的種屬之中，這個種屬是那些理論上相互聯繫著的、受到純粹範疇性規定的理論形式的種屬，這樣，人們便可以在相應擴展了的意義上將這個種屬稱之爲這些「空間」流形的「幾何學」。無論如何，這門關於「n維空間」的學說實現了前面所定義的理論學（Theorienlehre）所具有的一個理論上封閉的部分。這些先天的、純粹在範疇上得到規定的各個理論形式（形式演繹系統）相互有規律地聯繫成爲一個系列，在這個系列中，歐幾里得關於三維空間流形的理論是一個最終的觀念個別性。「我們的」空間，即通常意義上的空間，與這種流形本身的關係在於，流形是「我們的」空間所具有的一種純粹的範疇形式，也就是說，流形是這樣的一個觀念種屬，「我們的」空間構成這個觀念種屬中的一個個體個別性，但它並不構成這個觀念種屬中的一個最終的特殊差異。——另一個出色的

B251

[108] 在A版中爲：還有。

例子是關於複數系統的學說，在這些系統以內，關於「普通」複數的理論既不是單個的個別性，也不是最後的種差。與相應的理論有關，總數、序數、量數、向量（quantité dirigée）以及如此等等的算術在某種程度上是純粹個體的個別性。與每個個別性相符合的是形式的種類觀念，或者說，是關於絕對的總數、關於實數、關於普通複數等等的學說，我們應當在更爲普遍的形式意義上理解這裡的「數」的概念。

B252

第71節　工作的分配。數學家的成就和哲學家的成就

A252

因而這是一些被我們在前面所定義過的意義上視爲屬於純粹邏輯學或形式邏輯學領域的問題，同時我們對這門邏輯學的領域進行了盡可能的擴展，使它與我們所設想的一門關於理論的科學的觀念相一致。在這門科學所包含的理論中，有很大一部分早已將自身構造成爲「純粹分析學」，或者更確切地說，構造成爲形式的[109]數學，並且和其他一些不再是在完整[110]意義上的「純粹」學科，即形式學科，例如幾何學（作爲關於「我們的」空間的科學）、分析力學等等一起受到數學家們的探討。而從這些實事的本性來看，人們的確必須進行一種分工。建構理論、嚴格地在方法上解決所有形式問題，這將始終是數學家的本眞研

[109] 在A版中爲：純粹的（尤其是形式的）。

[110] 在A版中爲：同一。

究領域。特別的方法與研究素質在這裡設爲前提，而且它們在所有純粹理論那裡本質上都是相同的。近來可以看到，數學家們甚至也要求學習和掌握以往被歸入哲學最本己領域的三段論理論——這門長期以來一直被誤認爲是已完結的理論，而且這門理論在數學家們的手中獲得了意想不到的發展。同時，在數學家們這方面還發現並以眞正數學的精緻，構造了關於新的推理種屬的理論，這些理論或是被傳統的邏輯學忽視了，或是被傳統邏輯學誤識了。沒有人能夠禁止數學家們去利用所有那些可以根據數學形式和方法來進行探討的東西。只有那些不了解作爲現代科學，尤其是不了解作爲形式數學的數學，並且仍然用歐幾里得和亞當·里澤[21]來衡量數學的人，才會仍保留那種普遍的偏見，就好像數學之物的本質是在於數和量一樣。如果哲學家反對「數學化」的邏輯學理論，並且不想把他暫時的養子轉交給親生父母，那麼超出其自然許可權的不是數學家，而是哲學家。哲學的邏輯學家們在談到數學推理理論時喜歡帶著輕蔑的態度，但這種態度卻無法改變這樣一個事實，即：在這些理論中和在所有嚴格發展了的理論中一樣（我們當然必須在嚴格的意義上來理解這句話），數學的探討形式是唯一科學的形式，只有它才能提供系統的封閉性和完整性，只有它才能爲所有可能的問題以及解決這些問題的可能的形式提供一個概觀。

但如果對所有眞正理論的探討都屬於數學家的研究領域，那麼留給哲學家的東西還有

---

21 里澤（Adam Riese，一四九二—一五五九年），德國數學家，有許多計算方面的論著。——中譯注

A253　B253

什麼呢？這裡必須注意，數學家實際上並不是純粹的理論家，而只是一個富於創造的技術師，他彷彿是一個僅僅關注著形式聯繫的構造師，把理論作爲一個藝術作品建造起來。就像實踐的機械師在建造機器時並不須要去最終明察自然的本質和自然規律的本質一樣，數學家在構造數、值、推理、流形的理論時，也不須要去最終明察理論一般的本質以及決定著這些理論的概念和規律的本質。所有「特殊科學」的情況也與此相似。「自然秩序上的在先之物」（πρότερον τῇ φύσει）恰恰不是「爲我的在先之物」（πρότερον πρὸς ἡμᾶς）。[22] 使通常的、富有實踐成效的科學成爲可能的東西，幸好不是這種本質性的明察，而是科學的直覺和方法。正因爲如此，我們不僅需要個別科學的創造工作和方法工作，它們更多是以實踐的解決和統治爲目的，而不是以本質性的明察爲目的，而且我們還需要一種持續的「認識批判的」和唯一屬於哲學的反思，這種反思僅僅聽從理論興趣的支配，並且幫助理論興趣獲得它應有的權利。哲學研究以完全不同的方法和素質爲前提，同樣，哲學研究要達到的是完全不同的目的。哲學不想插手特殊研究者的工作，而只想明察他在方法和實事方面的成就的意義和本質。對於哲學家來說，我們熟悉這個世界，我們擁有作爲公式的規律，根據這些規律，我們可以預言事物未來的進程，可以重構事物過去的進程，但這還不夠；他還要弄清

B254
A254

22 對「自在的（在自然秩序中的）在先之物」和「爲我的在先之物」的劃分源自亞里斯多德：實際上原因是在先之物，但我們在先認識的往往是結果，因此這兩者是不盡相同的。——中譯注

「事物」、「進程」、「原因」、「結果」、「空間」、「時間」等等的本質[111]；此外，他還要弄清，這些本質對思維著它們的思維的本質，對認識著它們的認識的本質，對意指著它們的意指（Bedeutung）的本質等等具有哪些奇特的親和力。如果說科學爲了系統地解決它的問題而建造各種理論，那麼哲學家則要問，理論的本質是什麼？是什麼使理論得以可能？如此等等。只有哲學研究才爲自然研究者和數學家的科學成就提供了補充，從而使純粹的和眞正的理論認識得以完善。特殊研究者的發現術（ars inventiva）和哲學家的認識批判是相互補充的科學活動，只有透過這些科學活動，那種完整的、包容了所有本質關係的[112]理論明察才能得以形成。

以下的個別研究是對純粹邏輯學這門學科的哲學方面所做的準備性工作，這些研究將揭示，哪些是數學家不願做也不能做的工作，然而卻是人們非做不可的工作。

第72節　對純粹邏輯學觀念的擴展。純粹或然性學說作爲經驗認識的純粹理論

我們至此爲止所闡述的純粹邏輯學概念包含著一個理論上封閉的問題範圍，這些問題與理論的觀念有本質的關係。只要任何一門科學都不可能不具有那些出於根據的說明，即不可

B255

[111] 在A版中爲：在本質中的「事物」、「進程」、「自然規律」等等。

[112] 在A版中爲：和全部的。

能不具有理論，那麼純粹邏輯學就最普遍地包含著**科學一般**的可能性的觀念條件。但另一方面要注意，如此理解的純粹邏輯學絕不因此而將**經驗科學**一般的觀念條件作為特別案例包含在自身之中。誠然，有關這些條件的問題是更為有限的問題；經驗科學也是科學，而且從它的理論內涵來看，經驗科學顯而易見要服從於前面所劃定的純粹邏輯學領域中的規律。但是觀念規律不僅僅以演繹統一規律的形式規定著經驗科學的統一；正如經驗科學也不能被還原為單純的純粹理論一樣。理論光學，亦即光學的數學理論並不會窮盡光學的科學；同樣，數學力學也不會窮盡整個力學，如此等等。但經驗科學的理論產生於認識過程之中，並在科學進步過程中發生多重的變化，而這整個認識過程的複雜機制同樣也不僅僅服從於經驗的規律，而且還服從於觀念的規律。

A255

經驗科學中的所有理論都只是假設性的理論。它們不提供那種出自明晰確然的基本規律的說明，而只提供出自**明晰或然**的基本規律的說明。所以，這些**理論**本身只具有明晰的或然性，它們只是暫時的，而非永久的理論。這在某種方式上也是針對那些需要在理論上得到說明的事實而言。雖然我們是從這些事實出發，它們被我們視作被給予的，我們只是想要「說明」它們。但是，由於我們上升到了說明性的假設，由於我們透過演繹與證實——有可能在多次改變之後——而把它們設定為或然性規律，這樣，事實本身也不會保持原狀不變，而是在不斷進步的認識過程中發生了變化。借助於這種被視為是可行的假設的認識的增長，我們愈來愈深入到實在存在的「真實本質」之中，我們在不斷進步的過程中，修正我們對顯現出的事物的理解，這些理解總是或多或少地帶有不相容性。對我們來說，事實原初只是在感知

B256
A256

的意義上（以及類似在回憶的意義上）「被給予」。在感知中，我們誤以爲在我們面前的是事物本身和過程本身，也可以說，我們誤以爲我們可以無間隔地直觀和把握事物本身和過程本身。我們在感知判斷中表述我們在感知中直觀到的東西；這便是科學最初的「被給予的事實」。但在認識進步的過程中，我們所承認的那些感知現象在「現實的」事實內涵方面的東西卻發生了變化；那些直觀地被給予的事物——「第二性質的」現象——被視爲是單純的「現象」；而爲了規定在它們之中的眞實之物，換言之，爲了客觀地規定認識的經驗對象，我們需要一個與這種客觀性意義相適合的方法，以及一個透過這種方法而獲得的[113]（並且不斷擴展的）科學的規律認識的領域。

但是，正如笛卡兒和萊布尼茲所認識到的那樣，在所有客觀科學的經驗操作之中起主宰作用的不是心理學的偶然性，而是一個觀念的規範。[114]我們要求：在對說明性規律的價值評判中以及在對現實事實的規定中，每次只有一種被合理證實了的做法，而且這是對於科學所達到的任何階段而言。如果因爲新的經驗事例的湧現，一個或然性規律或理論被證明爲不可靠，那麼我們並不能從中推出這樣的結論，即：對這門理論的科學論證也必然是錯誤的。在以往經驗的領域中，以往的理論是「唯一正確的」理論，在擴展了的經驗領域中，有待重

[113] 在A版中爲：一個相當大的。

[114] 在A版中爲：但是，正如萊布尼茲——他也許是第一個如此敏銳地——強調過的那樣，我們在所有這些過程中的操作都不是盲目的，都並非不具有觀念的權利。

新論證的理論是「唯一正確的」理論，它是唯一透過具體的經驗思考[115]而得到合理證實的理論。與此相反，儘管透過其他客觀合理的途徑已經表明，某一門經驗理論在已有的經驗認識的水準上是唯一合適的理論，我們也許仍然會判斷說，這門經驗理論的論證是錯誤的。我們從這裡可以看出：即使在經驗思維的領域中、在或然性的領域中也必定有觀念的要素和規律，經驗科學一般的可能性、關於實在之物的或然性認識的可能性[116]便先天地建基於這些要素和規律之中。與這個純粹規律性領域有關的不是理論這個觀念，或者更普遍地說，不是眞理這個觀念，而是經驗說明的統一這個觀念，或者說，或然性這個觀念；這個純粹規律性的領域構成了邏輯工藝論的第二大基礎，並且一同屬於這個應做相應擴展理解的意義上的純粹邏輯學的領域。

在下面的個別研究中，我們將限制在更爲狹窄的領域內，限制在質料的本質順序中的首要領域內。

B257 A257

[115] 在A版中爲：或然性思考。

[116] 在A版中爲：經驗科學的可能性、關於一般實在之物的或然性認識的可能性。

作者本人告示[1]

1 載於《科學哲學研究季刊》，第二十四期，一九〇〇年，第五一一—五一二頁。

埃德蒙德·胡塞爾：《邏輯研究》
第一部分：《純粹邏輯學導引》，馬克斯·尼邁耶出版社，哈勒／薩爾河畔，*一九〇〇年，前言XII頁，正文二五七頁。

《純粹邏輯學導引》構成《邏輯研究》的引論部分，它想爲一種新的邏輯學觀點和邏輯學探討開闢道路。它試圖指明，我們這個時代所極爲崇尚的對邏輯學的心理學奠基，乃是建立在對各個本質不同的問題層次的混淆之上，建立在對這裡所涉及的兩門科學——經驗心理學與純粹邏輯學——所具有的特徵與目的的原則錯誤的前設之基礎上。在詳盡的分析中，心理主義邏輯學所具有的認識論方面的欠缺，尤其是其懷疑論方面的欠缺將會得到揭示，並且同時也會證明，至此爲止的邏輯學之所以具有不相應的探討方式，之所以缺乏明晰性和理論嚴格性，其原因就在於它對最本質的基礎和問題的誤識。因此，在反對流行的心理主義的同時，《導引》試圖重新復活，但也重新構建一門純粹邏輯學的觀念。它將導致對一門在理論上獨立於所有心理學和事實科學的科學之界定，這門科學在其自然界限中也一同包含著整

* 由於在一八九九年十二月和一九〇〇年七月寄出的幾冊書上標明的是萊比錫的法伊特公司出版社，因此我在此還要明確地指出，此書在公開出版前已經更換了出版社。

個純粹幾何學和流形論。它與作爲方法論、作爲科學認識工藝論的邏輯學——這門邏輯學的合法性當然沒有受到懷疑——的關係被理解爲與純粹幾何學和土地丈量術之間的關係相類似。邏輯工藝論的根本理論基礎並不是在認識心理學之中——儘管它也受到考察——，而是在純粹邏輯學之中。

這門純粹邏輯學無非是一種對傳統形式邏輯學的改造而已，或者也是對康德或赫巴特學派的純粹邏輯學的改造。雖然作者將後一種尚未被忘卻的努力視爲是極具價值的前階段，但他仍然堅信，這些努力在這門相關學科的目標與界限方面缺乏足夠的清晰性；它們還在理論趨向和實踐趨向之間、在心理學趨向和純粹觀念趨向之間躊躇徘徊。

純粹邏輯學是觀念規律和理論的科學系統，這些規律和理論純粹建基於觀念含義範疇的意義之中，也就是說，建基於基本概念之中，這些概念是所有科學的共有財富，因爲它們以最一般的方式規定著那些使科學在客觀方面得以成爲科學的東西，即理論的統一性。在這個意義上，純粹邏輯學是關於觀念的「可能性條件」的科學，是關於科學一般的科學，或者，是關於理論觀念的觀念構成物的科學。

對純粹邏輯學的充分澄清，亦即對這門邏輯學的本質概念和理論的澄清，對它與所有其他科學的關係以及對它如何制約所有其他科學的方式的澄清——這種澄清需要極爲深入的現象學的（亦即純粹描述的、非發生心理學的）和認識論的研究。人們可以說，這項在認識論上對邏輯學進行澄清的任務與批判地澄清思維和認識一般，即批判地澄清認識論本身的任務基本上是一致的。在本書第二部分中將會進行現象學的和認識論的單項研究，這些研究試圖解決對邏輯學和邏輯思維之澄清的主要問題。

《導引》的文字在一八九九年十一月底已經印出，由於偶然的情況而延遲出版，第二部分已經付印並將在今年冬天出版。

參考文獻

（本參考文獻僅含胡塞爾本人所引用的書目）

Avenalius, R.（阿芬那留斯）：《哲學作爲根據費力最小原則進行的世界思維。純粹經驗批判導引》，萊比錫，一八七六年（簡稱爲：《哲學作爲根據費力最小原則進行的世界思維》）（*Philosophie als Denken der Welt gemäß dem Prinzip des kleinsten Kraftmaßes. Prolegomena der reinen Erfahrung*, Leipzig, 1876）。（胡塞爾藏書）

Bain, A.（拜因）：《邏輯學》，倫敦，一八七九年版（Logic, London, 1879）。（胡塞爾藏書）

Beneke, F. E.（貝內克）：《作爲思維工藝論的邏輯學教程》，柏林，一八三二年（*Lehrbuch der Logik als Kunstlehre des Denkens*, Berlin, 1832）。（胡塞爾藏書）

——《作爲思維工藝論的邏輯學體系》，柏林，一八四二年（*System der Logik als Kunstlehre des Denkens*, Berlin, 1842）。（胡塞爾藏書）

Bergmann, J.（貝格曼）：《邏輯學的基本問題》，第二版，柏林，一八九五年（*Grundprobleme der Logik* 2., Berlin, 1895）。（胡塞爾藏書）

——《純粹邏輯學：普通邏輯學》，第一部分，柏林，一八七九年（*Reine Logik: Allgemeine Logik*, I. Theil, Berlin, 1879）。（胡塞爾藏書）

Bolzano, B.（鮑爾查諾）：《科學論。對邏輯學的一個詳細的和大部分是新的論述，顧及到迄今爲止的邏輯探討者》，蘇爾茲巴赫，一八三七年（*Wissenschaftslehre. Versuch einer ausführlichen und größtentheils neuen Darstellungen der Logik mit steter Rücksicht auf deren bisherigen Bearbeiter*, Sulzbach, 1837）。（胡塞爾藏書）

Cornelius, H.（科內利烏斯）：《心理學作爲經驗科學》，萊比錫，一八九七年（簡稱爲：《心理學》）（*Psychologie als Erfahrungswissenschaft*, Leipzig, 1897）。（胡塞爾藏書）

Drobisch, M. W.（德羅比施）：《邏輯學新論：根據其最簡單的狀況並顧及到數學和自然科學》，第四版，萊比錫，一八七五年（*Neue Darstellung der Logik nach ihren einfachsten Verhltnissen mit Rücksicht auf Mathematik und Naturwissenschaft*, 4., Leipzig, 1875）。（胡塞爾藏書）

Erdmann, B.（埃德曼）：《邏輯學》，第一卷，第一版，哈勒，一八九二年（*Logik* 1. Band, Halle, 1892）。（胡塞爾藏書）

Ferrero, G.（費雷羅）：《心理學規律作爲符號論》，巴黎，一八九五年（*Les lois psychologiques du Symbolosme*, Paris, 1895）。

Frege, G.（弗雷格）：《算術基礎。對數的概念的一個邏輯學、數學研究》，布雷斯勞，一八八四年版（*Die Grundlagen der Arithmetik. Eine logisch mathematische Untersuchung über den Begriff der Zahl* , Breslau, 1884）。（胡塞爾藏書）

——《算術的基本規律。從概念文字派生的》，第一卷，耶拿，一八九三年（*Die Grundgesetze der Arithmetik, begriffschriftlich abgleitet*, I. Bd., Jena, 1893）。（胡塞爾藏書）

Hamilton, W.（漢彌爾頓）：《邏輯學講座》，第三版，第一冊，載於《形上學和邏輯學講座》，主編：H. L. 曼則爾、J.韋奇，共四冊，第三冊出版於：愛丁堡／倫敦，一八七四年（*Lectures on Logic*, vol. I, 3d ed., revisted: *Lectures on Metaphysics and Logic*, ed. by H. L. Mansel and J. Veitch in 4 volums, vol. III, Edinburgh and London, 1874）。（胡塞爾藏書）

Herbart, J. Fr.（赫巴特）：《心理學作爲科學。新建在經驗、形上學和數學的基礎上》，第二卷，分析的部分，哥尼斯堡，一八二五年（簡稱爲：《心理學作爲科學》）（*Psychologie als Wissenschaft, neu gegründet auf Erfahrung, Metaphysik und Mathematik*, II., analytischer Theil, Königsberg, 1825）。（胡塞爾藏書）

——《心理學教本》，第三版，G.哈滕斯坦編，漢堡和萊比錫，一八八三年（*Lehrbuch zur Psychologie*, 3., hrsg. von G. Hartenstein, Hamburg und Leipzig, 1883）。（胡塞爾藏書）

——《哲學引論教程》，第五版，G.哈滕斯坦編，漢堡/萊比錫，一八七四年（*Lehrbuch zur Einleitung in die Philosophie*, 5., hrsg. von G. Hartenstein, Hamburg/Leipzig, 1874）。（胡塞爾藏書）

Heymans, G.（海曼斯）：《科學思想的規律與要素。認識論基礎教程》，第一版，二卷本，萊比錫，一八九〇年和一八九四年（*Die Gesetze und Elemente des wissenschaftlichen Denkens. Ein Lehrbuch der Erkenntnistheorie in Grundzüge*, 1., 2 Bde., Leipzig, 1890 und 1894）。（胡塞爾藏書）

Höfler, A. u. Meinong, A（赫夫勒和邁農）：《邏輯學。哲學概論》，在邁農的參與影響下由赫夫勒撰寫，上半部分，維也納，一八九〇年（簡稱爲：《邏輯學》）（*Logik. Philosophische Propädeutik*, unter Mitwirkung von A. Meinong verfaßt von A.Höfler, erster Halbteil, Wien, 1890）。（胡塞爾藏書）

Hume, D.（休謨）：《人類理解研究》，主編：T. H. 格林、T. H. 格羅瑟，倫敦，一八八二年（*An Enquiry concerning Human Understanding*, ed. by T. H. Green and T. H. Grose, London, 1882）。（胡塞爾藏書）

Husserl, E.（胡塞爾）：《算術哲學。心理學和邏輯學的研究》，第一卷，薩爾河畔的哈勒，一八九一年（簡稱爲：《算術哲學》）（*Philosophie der Arithmetik. Psychologische und logische Untersuchungen*, I. Band, Halle-Sale, 1891）。

——〈關於一八九五—一八九九年德國邏輯學著述的報告。第一條項〉，載於《系統哲學文庫》，第九卷（一九〇三年），第一一三—一三二頁；「第三條項」，第三九三—四〇八頁（Bericht über deutsche Schriften zur Logik in den Jahren 1895-99, Erster Artikel: *Archiv für systematische Philosophie*, 9, 1903, S.113-132; Dritter Artikel: S. 393-408）。

——《科學哲學研究季刊》，第二十四期，一九〇〇年，第五一一—五一二頁（*Vierteljahrsschrift für wissschaftliche Philosophie*, 24, 1900, S. 511-512）。

——《純粹現象學和現象學哲學的觀念》，第一卷：《純粹現象學通論》，哈勒，一九一三年（簡稱爲：《觀念》）（*Die Ideen zu einer reinen Phänomenologie und phänomenologischer Philosophie* I, *Allgemeine Einführung in die reine Phänomenologie*, Halle, 1913）

Kant, I.（康德）：《純粹理性批判》，載於《康德全集。按年代順序排列》，G.哈滕斯坦編，萊比錫，第三卷，一八六七年（*Kritik der reinen Vernunft*, in: *Sämtliche Werke in chronologische Reihenfolge*, hrsg. von G. Hartenstein, 3. Bd., Leipzig, 1867）。（胡塞爾藏書）

——第八卷，《邏輯學。一個講座手冊》，G. B. 耶舍編，載於《康德全集。按年代順序排列》，G.哈滕斯坦編，萊比錫，第八卷，一八六八年（簡稱爲：《邏輯學》）（*Logik. Ein Handbuch zu Vorlesungen*, hsrg. von G. B. Jäsche, in: *Sämtliche Werke in chronologische Reihenfolge*, hrsg. von G. Hartenstein, 8. Bd., Leipzig, 1868）。

Knigger, Ph.（克尼格爾）：《一種爲女人而寫的邏輯學論述》，漢諾威，一七八九年（*Versuch einer Logic für Frauenzimmer*, Hannover, 1789）。

Kries, J. v.（克里斯）：《概率計算原則。一個邏輯研究》，布萊斯高的弗萊堡，一八八六年（*Die Prinzipien der Wahrscheinlichkeitsrechnung. Eine logische Untersuchung*, Freiburg i. Br., 1886）。（胡塞爾藏書）

——〈論實在判斷和關係判斷〉，載於《科學哲學季刊》，第十六期，一八九二年，第二五三－二八八頁（Über Real- und Beziehungsurteil, in: *Vierteljahrsschrift für wissschaftliche Philosophie*, 16, 1892, S. 253-288）。

Kroman, K.（克羅曼）:《我們的自然認識》，（德文版）翻譯：菲舍爾－本松，哥本哈根，一八八三年（*Unsere Naturerkenntnis*, übers. von Fischer-Benzon, Kopenhagen, 1883）。（胡塞爾藏書）

Külpe, O.（屈爾佩）:《哲學引論》，第一版，萊比錫，一八九七年（*Einleitung in die Philosophie*, 1., Leipzig, 1897）。（胡塞爾藏書）

Lasson, A.（拉松）:〈一八九四－一八九五年法國哲學文獻出版年報〉，載於《哲學雜誌》，新序列，第一一三卷，一八九九年，第六十五－一一〇頁（Jahresbericht über Erscheinungen der philosophischen Literatur in Frankreich 1894-1895, in: *Zeitschrift für Philosophie und philosophische Kritik*, Neue Folge, 113, 1899, S. 65-110）。

Lange, F. A.（朗格）:《邏輯研討——對形式邏輯學和認識論的新論證》，H. 柯亨編，伊瑟隆，一八七六年（簡稱爲：《邏輯研討》）（*Logische Studien. Ein Beitrag zur Neubegründung der formalen Logik und Erkenntnistheorie*, hrsg. von H. Cohen, Iserlohn, 1876）。（胡塞爾藏書）

Leibnitz, G. W.（萊布尼茲）:〈致加布里爾．瓦格納的信。論理性批判或邏輯學的用處〉（一六九六年），載於《萊布尼茲哲學著作集》，J. E. 埃德曼主編，柏林，一八四〇年，第四一八－四二六頁（Schreiben an Gabriel Wagner. Vom Nutzen der Vernunftkritik oder Logik（1696）, *Opera Philosophica quae extant latina, gallica, germanica omnia*, hrsg. von J. E. Erdmann, Berlin, 1840）。（胡塞爾藏書）

——《人類理智新論》，載於《萊布尼茲哲學著作集》，J. E. 埃德曼主編，柏林，一八四六年（簡稱爲：《新論》）（*Nouveaux essais sur l'entendement humain*, in: *Opera Philosophica quae extant latina, gallica, germanica omnia*, hrsg. von J. E. Erdmann, Berlin 1840）。（胡塞爾藏書）

——《哲學著作集》，格哈特編，第七卷（*Die philosophischen Schriften*, Gerhardts Ausgabe, Bd. VII）。（該書在正文中被胡塞爾引用，但在校勘版中未列入文獻索引。——中譯注）

——《數學著作集》，第二組，第三卷，C. I. 格哈特編，載於《萊布尼茲全集。源自漢諾威皇家圖書館手稿》，G. H. 佩爾茲編，第三序列，數學，第七卷，哈勒，一八六三年（*Mathematische Schriften*, 2. Abteilung, III. Band, hrsg. von C. I. Gerhardt, in: *Gesammelte Werke. Aus den Handschriften der Königlichen Bibliothek zu Hannover*, hrsg. von G. H. Pertz, 3. Folge, Mathematik, VII, Band, Halle 1863）。（胡塞爾藏書）

Liebmann, O.（利普曼）：〈必然性的種類〉，載於《思想與事實。哲學論文、格言和研究》，第一冊，斯特拉斯堡，一八八二年，第一－四十五頁（*Gedanken und Tatsachen. Philosophische Abhandlungen, Aphrorismen und Studien*, 1. Heft, Straßburg 1882, S. 1-45）。（胡塞爾藏書）

Lipps, Th.（利普斯）：〈認識論的任務和馮特的邏輯學，第一部分〉，載於《哲學月刊》，第二十六期，一八八〇年，第五二九—五三九頁（簡稱爲：《認識論的任務》）（Die Aufgabe der Erkenntnistheorie und die Wundt'sche Logik, I, in: *Philosophische Monatshefte*, Nr. 26, 1880, S. 529-539）。（胡塞爾藏書）

——《邏輯學的基本特徵》，漢堡／萊比錫，一八九三年（*Grundzüge der Logik*, Hamburg u. Leipzig, 1893）。（胡塞爾藏書）

Lotze, H.（洛采）：《邏輯學。關於思維、研究、認識的三部書：哲學體系》，第一部分，第二版，萊比錫，一八八〇年（簡稱爲：《邏輯學》）（*Logik. Drei Bücher vom Denken, vom Untersuchen, vom Erkennen: System der Philosophie*, I. Teil, 2. Aufl., Leipzig, 1880）。（胡塞爾藏書）

Mach, E.（馬赫）：《發展中的力學：對其歷史——批判的闡述》，萊比錫，一八八三年（*Die Mechanik in ihrer Entwicklung historisch-kritisch dargestellt*, Leipzig, 1883）。（胡塞爾藏書）

Mill, J. St.（彌爾）：《演繹的和歸納的邏輯學體系。對證明學說的原理和科學研究方法的原理之闡述》，經作者同意並在其參與影響下由Th. 貢佩爾茲譯成德文並加注，萊比錫，一八七二／一八七三年（簡稱爲：《邏輯學》）（*System der deductiven und inductiven Logik. Eine Darstellung der Grundzüge der Grundsätze der Beweislehre und der Methoden wissenschaftlicher Forschung*, mit Genehmigung und unter Mitwirkung des Verfassers übersetzt und mit Anmerkung versehen von Th. Comperz. Leipzig, 1872/1873）。（胡塞爾藏書）

——《對威廉·漢彌爾頓爵士的哲學以及對他著述中討論的原則性哲學問題的考察》，第五版，倫敦，一八七八年（簡稱爲：《對威廉·漢彌爾頓爵士的哲學的考察》或《考察》）。（*An Examination of Sir William Hamilton's Philosophy and of the Principal Philosophical Questions discussed in his Writings*, 5th ed., London, 1878）。（胡塞爾藏書）

Natorp, P.（納托普）：〈關於對認識的主觀的和客觀的論證〉，《哲學月刊》，第二十三期，一八八七年（Über objektive und subjektive Begründung der Erkenntnis, in: *Philosophische Monatshefte* XXIII, 1887）。

——《根據批判方法進行的心理學引論》，弗萊堡，一八八八年（簡稱爲：《心理學引論》）（*Einleitung in die Psychologie nach kritischer Methode*, Freiburg, 1888）。

——《社會教育學。在共同體基礎上進行的意志教育的理論》，斯圖加特，一八八九年（簡稱爲：《社會教育學》）（*Sozialpädagogie. Theorie der Willenserziehung auf der Grundlage der Gemeinschaft*, Stuttgart, 1899）。（胡塞爾藏書）

——《根據批判方法進行的普通心理學》，第一卷：《心理學的客體與方法》，圖賓根，一九一三年版（簡稱爲：《普通心理學》）（*Allgemeine Psychologie nach kritischer Methode, Band I, Objekt und Methode der Psychologie*, Tübingen 1913）。（胡塞爾藏書）

Riehl, A.（里爾）：《哲學批判主義及其對實證科學的意義》，三卷本，第二卷，一八七六—一八八七年（*Der philosophische Kritizismus und seine Bedeutung für die positive Wissenschaft*, 3 Bde., II. Band, 1876-1887）。（胡塞爾藏書）

Sigwart, Chr.（西格瓦特）：《邏輯學》，第一卷，第三版，《關於判斷、概念、推論的學說》，布萊斯高的弗萊堡，一八八九年（*Logik* I, 3, *Die Lehre vom Urteil, vom Begriff, vom Schluß*, Freiburg i. Br., 1889）。

Stumpf, C.（斯圖姆夫）：〈心理學與認識論〉，載於《巴伐利亞皇家科學院哲學語言學組論文集》，第十九卷，第二組，一八九一年，第四六六—五一六頁（Psychologie und Erkenntnistheorie, in: *Abhandlungen der philosophisch-philologischen Classe der königlich bayerischen Akademischen Wissschaften*, XIX. Band, II. Abtheilung, 1891, S. 466-516）。（特印本爲胡塞爾所藏）

Trendelenburg, F. A.（特倫德倫堡）：〈論萊布尼茲關於一門普遍描述方式的構想〉，載於《歷史的哲學文獻》，第三卷：《論文雜集》，柏林，一八六七年，第一—四十七頁（Über Leibnizens Entwurf einer allgemeinen Charakteristik, in: *Historische Beiträge zur Philosophie*, III. Band, *Vermischte Abhandlungen*, Berlin 1867, S. 1-47）。（胡塞爾藏書）

Windelband, W.（文德爾班）：〈批判的方法還是發生的方法?〉，載於《序曲。有關哲學引論的文章和講話》，第一版，布萊斯高的弗萊堡，一八八四年（簡稱爲：《序曲》）

（Kritische oder genetische Methode, in: *Präludien. Aufsätze und Reden zur Einleitung in die Philosophie*, 1. Auflage, Freiburg i. Br., 1884）。

Wundt, W.（馮特）：《邏輯學。對科學研究的認識原則與方法的一個探討》，第一卷：《認識論》，第二版，斯圖加特，一八九三年（簡稱爲：《邏輯學》）（*Logik. Eine Untersuchung der Prinzipien der Erkenntnis und der Methoden wissenschaftlicher Forschung*, I. Band, *Erkenntnislehre*, 2. Auflage, Stuttgart, 1893）。（胡塞爾藏書）

人名索引

（人名後的數字爲原書A、B版頁碼，即本書邊碼）

四畫

五畫

六畫

七畫

八畫

九畫

十畫

十一畫

十二畫

概念索引

（概念後的數字爲原書A、B版頁碼，即本書邊碼）

一畫

二畫

三畫

四畫

五畫

六畫

七畫

八畫

十畫

十一畫

十三畫

十四畫

十五畫

十六畫

十七畫

十八畫

十九畫

經典名著文庫 175

邏輯研究　第一卷

純粹邏輯學導引

Logische Untersuchungen：Erster Band

Prolegomena zur reinen Logik

作　　者 ── 埃德蒙德・胡塞爾（Edmund Gustav Albrecht Husserl）
譯　　者 ── 倪梁康
發 行 人 ── 楊榮川
總 經 理 ── 楊士清
總 編 輯 ── 楊秀麗
文庫策劃 ── 楊榮川
本書主編 ── 蔡宗沂
特約編輯 ── 張碧娟
封面設計 ── 姚孝慈
著者繪像 ── 莊河源
出 版 者 ── 五南圖書出版股份有限公司
地　址 ── 臺北市大安區 106 和平東路二段 339 號 4 樓
電　話 ── 02-27055066（代表號）
傳　眞 ── 02-27066100
劃撥帳號 ── 01068953
戶　名 ── 五南圖書出版股份有限公司
網　址 ── https://www.wunan.com.tw
電子郵件 ── wunan@wunan.com.tw
法律顧問 ── 林勝安律師事務所　林勝安律師
出版日期 ── 2022 年 10 月初版一刷
定　　價 ── 500 元

國家圖書館出版品預行編目資料

邏輯研究．第一卷，純粹邏輯學導引 / 埃德蒙德・胡塞爾 (Edmund Gustav Albrecht Husserl) 著；倪梁康譯 . -- 初版 -- 臺北市：五南圖書出版股份有限公司，2022.10
面；公分 . -- (經典名著文庫；175)
譯自：Logische Untersuchungen：Erster Band Prolegomena zur reinen Logik.
ISBN 978-626-343-047-1(平裝)
1.CST: 邏輯　2.CST: 現象學　3.CST: 知識論
150　　111010770